合格

テキスト

よくわかる **簿記** シリーズ

TEXT

日商
簿記 **1** 級

工業簿記・原価計算

II

❖ はしがき

　現代はIT社会といわれるように，情報・通信技術の飛躍的な発達にはめざましいものがあり，企業経営においても合理化・効率化や，より戦略的な活動の推進のためIT技術の積極的な導入が図られています。とりわけ経理分野では，コンピュータの利用により，簿記の知識はもはや不要とすらいわれることもあります。しかし，これらの情報機器は計算・集計・伝達のツールであり，得られたデータを生かすには簿記会計の知識をもった人の判断が必要であることを忘れてはなりません。

　また，国境という垣根のないグローバル社会を迎え，企業は世界規模での戦略的経営を要求されるようになっています。ビジネスマンにとっては財務や経営に関する基礎知識は必須のものとなりつつありますが，簿記会計を学習することによりその土台を習得することができます。

　本書は，日本商工会議所主催簿記検定試験の受験対策用として，TAC簿記検定講座で使用中の教室講座，通信講座の教材をもとに，長年蓄積してきたノウハウを集約したものであり，「合格する」ことを第一の目的において編集したものです。特に，読者の皆さんがこの一冊で教室と同じ学習効果を上げられるように，次のような工夫をしています。

　1．学習内容を具体的に理解できるよう図解や表を多く使って説明しています。
　2．各論点の説明に続けて『設例』を設け，論点の理解が問題の解法に直結するように配慮しています。
　3．より上級に属する研究的な論点や補足・参考的な論点は別枠で明示し，受験対策上，重要なものを効率よく学習できるように配慮してあります。
　4．本書のテーマに完全準拠した問題集『合格トレーニング』を用意し，基礎力の充実や実践力の養成に役立てるようにしました。

　なお，昨今の会計基準および関係法令の改訂・改正にともない，日商簿記検定の出題区分も随時変更されています。本書はTAC簿記検定講座と連動することで，それらにいちはやく対応し，つねに最新の情報を提供しています。

　本書を活用していただければ，読者の皆さんが検定試験に合格できるだけの実力を必ず身につけられるものと確信しています。また，本書は受験用としてばかりでなく，簿記会計の知識を習得したいと考えている学生，社会人の方にも最適の一冊と考えています。

　現在，日本の企業は国際競争の真っ只中にあり，いずれの企業も実力のある人材，とりわけ簿記会計の知識を身につけた有用な人材を求めています。読者の皆さんが本書を活用することで，簿記検定試験に合格し，将来の日本を担う人材として成長されることを心から願っています。

2023年10月

TAC簿記検定講座

Ver. 8.0 刊行について

　本書は，『合格テキスト　日商簿記1級　工原II』Ver. 7.0について，最近の試験傾向に対応するために改訂を行ったものです。

❖ 本書の使い方

　本書は，日商簿記検定試験に合格することを最大の目的として編纂しました。本書は，ＴＡＣ簿記検定講座が教室講座の運営をとおして構築したノウハウの集大成です。

　本書の特徴は次のような点であり，きっとご満足いただけるものと確信しています。

各テーマの冒頭にそのテーマで学習する範囲を示してありますので，事前に学習範囲を知ることができます。

論点などを理解するために必要な内容をテーマごとにまとめましたので，無駄のない学習を行うことができます。

発展的な論点の「研究」，理解を助けるための「補足」，予備的な知識の「参考」などにより，総合的な理解ができるようになっています。

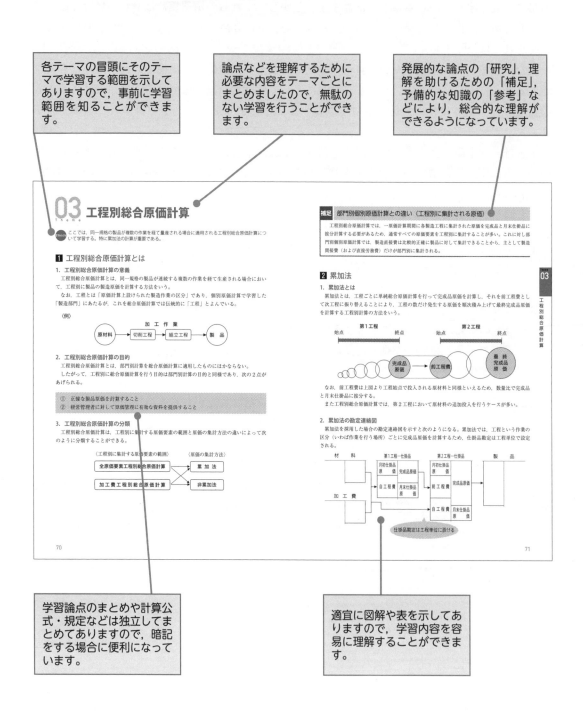

学習論点のまとめや計算公式・規定などは独立してまとめてありますので，暗記をする場合に便利になっています。

適宜に図解や表を示してありますので，学習内容を容易に理解することができます。

なお，より簿記の理解を高めるため，本書に沿って編集されている問題集『合格トレーニング』を同時に解かれることをおすすめします。

ＴＡＣ簿記検定講座スタッフ一同

学習論点のまとめや計算公式などは独立してまとめてありますので，暗記をする場合に便利になっています。

論点説明の確認用に「設例」を示してありますので，これにしたがって学習を進めることで理解度をチェックできます。

❖ 合格までのプロセス

　本書は，合格することを第一の目的として編集しておりますが，学習にあたっては次の点に注意してください。

1．段階的な学習を意識する

　学習方法には個人差がありますが，検定試験における「合格までのプロセス」は，次の3段階に分けることができます。各段階の学習を確実に進めて，合格を勝ち取りましょう。

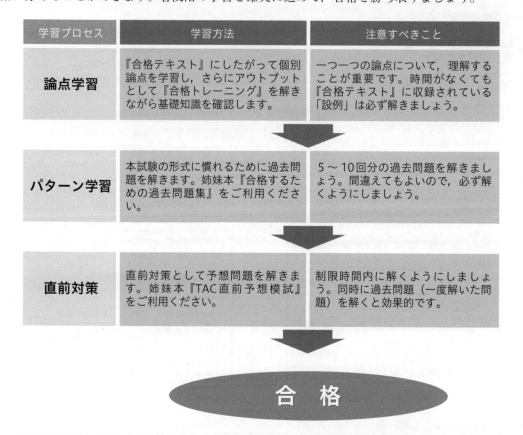

学習プロセス	学習方法	注意すべきこと
論点学習	『合格テキスト』にしたがって個別論点を学習し，さらにアウトプットとして『合格トレーニング』を解きながら基礎知識を確認します。	一つ一つの論点について，理解することが重要です。時間がなくても『合格テキスト』に収録されている「設例」は必ず解きましょう。
パターン学習	本試験の形式に慣れるために過去問題を解きます。姉妹本『合格するための過去問題集』をご利用ください。	5～10回分の過去問題を解きましょう。間違えてもよいので，必ず解くようにしましょう。
直前対策	直前対策として予想問題を解きます。姉妹本『TAC直前予想模試』をご利用ください。	制限時間内に解くようにしましょう。同時に過去問題（一度解いた問題）を解くと効果的です。

合　格

2．簿記は習うより慣れろ

　簿記は問題を解くことで理解が深まりますので，読むだけでなく実際にペンを握ってより多くの問題を解くようにしましょう。

論点学習　▶　「設例」を解く　▶　『合格トレーニング』の問題を解く　▶　次の論点学習

3. 学習計画を立てる

検定試験を受験するにあたり，学習計画は事前に立てておく必要があります。日々の積み重ねが合格への近道です。学習日程を作り，一夜漬けにならないように気をつけましょう。（「論点学習計画表」は（11）ページに掲載していますので，ご利用ください。）

学習テーマ		計　画		実　施	
テーマ01	総合原価計算の基礎	月	日	月	日
テーマ02	仕損・減損が生じる場合の計算	月	日	月	日
テーマ03	工程別総合原価計算	月	日	月	日
テーマ04	組別・等級別総合原価計算	月	日	月	日
テーマ05	連産品の原価計算	月	日	月	日
テーマ06	標準原価計算の基礎	月	日	月	日
テーマ07	標準原価計算における仕損・減損	月	日	月	日
テーマ08	原価差異の会計処理	月	日	月	日
テーマ09	標準の改訂	月	日	月	日

● 学習サポートについて ●

TAC簿記検定講座では，皆さんの学習をサポートするために受験相談窓口を開設しております。ご相談は文書にて承っております。住所，氏名，電話番号を明記の上，返信用切手84円を同封し下記の住所までお送りください。なお，返信までは7～10日前後必要となりますので，予めご了承ください。

〒101-8383　東京都千代田区神田三崎町３－２－18
資格の学校ＴＡＣ　簿記検定講座講師室　「受験相談係」宛

（注）受験相談窓口につき書籍に関するご質問はご容赦ください。

❖ 効率的な学習方法

これから学習を始めるにあたり，試験の出題傾向にあわせた効率的な学習方法について見てみましょう。

1．科目と配点基準

日商簿記１級検定試験は，商業簿記・会計学・工業簿記・原価計算の４科目が出題され，各科目とも25点満点で合計100点満点となります。合計得点が70点以上で合格となりますが，１科目でも得点が10点未満の場合には合計点が70点以上であっても不合格となるため，合否判定においても非常に厳しい試験になっています。したがって各科目をバランスよく学習することが大切であり，苦手科目を極力作らないことが合格のための必要条件といえます。

商業簿記・会計学		工業簿記・原価計算	
商業簿記 25点	会計学 25点	工業簿記 25点	原価計算 25点
合　計：100点			

2．出題傾向と対策

(1) 商業簿記・会計学

① はじめに

商業簿記・会計学の最近の試験傾向としては，商業簿記の損益計算書または貸借対照表完成の「総合問題」と会計学の「理論問題」を除き，その区別がなくなってきています。

したがって，商業簿記対策，会計学対策というパターンで学習するよりも，「個別問題対策」，「理論問題対策」，「総合問題対策」というパターンで学習するのが，効果的であるといえます。

科　目	出題分野	出題パターン
商業簿記 会計学	個別会計	個別問題 理論問題 総合問題
	企業結合会計	個別問題 理論問題 総合問題

② 各問題ごとの学習法

(イ) 個別会計について

ここでは，個々の企業が行った取引にもとづき，期中の会計処理や個々の企業ごとの財務諸表を作成する手続きなどを学習します。学習項目は，各論点ごとの個別問題

対策が中心となりますが，各論点ごとの学習と並行して，理論問題対策や学習済みの論点を含めた総合問題対策もトレーニングなどで確認するようにしましょう。

(ロ) 企業結合会計について

ここでは，本支店会計，合併会計，連結会計といったいわゆる企業結合会計を学習します。この論点についても出題形式としては，個別問題，理論問題，総合問題の3パターンが考えられますが，理論問題や総合問題としての特殊性はあまりないので，個別問題対策をしっかりやっておけば理論問題や総合問題でも通用するはずです。ただし，出題頻度の高い論点なので，十分な学習が必要です。

(2) 工業簿記・原価計算

科 目	出題パターン
工 業 簿 記	勘 定 記 入 財 務 諸 表 作 成
原 価 計 算	数 値 の 算 定

現在の日商1級の工業簿記・原価計算は科目こそ分かれていますが，出題される内容自体は原価計算です。したがって科目別の対策というよりも，論点ごとの対策を考えたほうが合理的です。

① 個別原価計算

工業簿記において，勘定記入形式での出題が中心です。

工業簿記の基本的な勘定体系をしっかりと把握し，原価計算表と勘定記入の関係を押さえましょう。そのうえで，必須の論点である部門別計算を重点的に学習しましょう。

② 総合原価計算

主に工業簿記において出題されます。

仕損・減損の処理は1級の総合原価計算においては基本的事項ですから，確実に計算できるようによく練習しておきましょう。

また，そのうえで，工程別総合原価計算，組別総合原価計算，等級別総合原価計算，連産品の計算などの応用論点をしっかりとマスターしましょう。

③ 標準原価計算

工業簿記において，勘定記入形式での出題が中心です。

標準原価計算における仕掛品の勘定記入法をしっかりと把握したうえで，仕損・減損が生じる場合の計算，標準工程別総合原価計算，配合差異・歩留差異の分析を勘定記入と併せて重点的にマスターしましょう。

④ 直接原価計算

直接原価計算については，工業簿記において，財務諸表作成での出題が中心です。直接原価計算の計算の仕組みをしっかりとつかんで，特に直接標準原価計算方式の損益計算書のひな型を正確に覚え，スムーズに作成できるようにしましょう。

⑤ ＣＶＰ分析・意思決定など

ＣＶＰ分析，業績評価，業務執行的意思決定，構造的意思決定については，原価計算において，数値算定形式での出題が中心です。個々の論点における計算方法を一つ一つしっかりとマスターしましょう。

❖ 試験概要

　現在，実施されている簿記検定試験の中で最も規模が大きく，また歴史も古い検定試験が，日本商工会議所が主催する簿記検定試験です（略して日商検定といいます）。

　日商検定は知名度も高く企業の人事労務担当者にも広く知れ渡っている資格の一つです。一般に履歴書に書ける資格といわれているのは同検定3級からですが，社会的な要請からも今は2級合格が一つの目安になっています。なお，同検定1級合格者には税理士試験（税法に属する試験科目）の受験資格を付与するという特典があり，職業会計人の登竜門となっています。

級　別	科　　目	制限時間	程　　　　　　　度
1級	商業簿記 会計学 工業簿記 原価計算	〈商・会〉 90分 〈工・原〉 90分	極めて高度な商業簿記・会計学・工業簿記・原価計算を修得し，会計基準や会社法，財務諸表等規則などの企業会計に関する法規を踏まえて，経営管理や経営分析を行うために求められるレベル。
2級	商業簿記 工業簿記	90分	高度な商業簿記・工業簿記（原価計算を含む）を修得し，財務諸表の数字から経営内容を把握できるなど，企業活動や会計実務を踏まえ適切な処理や分析を行うために求められるレベル。
3級	商業簿記	60分	基本的な商業簿記を修得し，小規模企業における企業活動や会計実務を踏まえ，経理関連書類の適切な処理を行うために求められるレベル。
簿記初級	商業簿記	40分	簿記の基本用語や複式簿記の仕組みを理解し，業務に利活用することができる。（試験方式：ネット試験）
原価計算 初　級	原価計算	40分	原価計算の基本用語や原価と利益の関係を分析・理解し，業務に利活用することができる。 （試験方式：ネット試験）

　各級とも100点満点のうち70点以上を得点すれば合格となります。ただし，1級については各科目25点満点のうち，1科目の得点が10点未満であるときは，たとえ合計が70点以上であっても不合格となります。

主催団体	日本商工会議所，各地商工会議所
受験資格	特に制限なし
試　験　日	統一試験：年3回　6月（第2日曜日）／11月（第3日曜日）／2月（第4日曜日） ネット試験：随時（テストセンターが定める日時） ※　1級は6月・11月のみ実施。
試　験　級	1級・2級・3級・簿記初級・原価計算初級
申込方法	統一試験：試験の約2か月前から開始。申込期間は各商工会議所により異なります。 ネット試験：テストセンターの申込サイトより随時。
受験料(税込)	1級 ¥7,850　2級 ¥4,720　3級 ¥2,850　簿記初級・原価計算初級 ¥2,200 ※　一部の商工会議所およびネット試験では事務手数料がかかります。
問い合せ先	最寄りの各地商工会議所にお問い合わせください。 検定試験ホームページ：https://www.kentei.ne.jp/

※　刊行時のデータです。最新の情報は検定試験ホームページをご確認ください。

❖ 論点学習計画表

学習テーマ	計 画		実 施	
テーマ01　総合原価計算の基礎	月	日	月	日
テーマ02　仕損・減損が生じる場合の計算	月	日	月	日
テーマ03　工程別総合原価計算	月	日	月	日
テーマ04　組別・等級別総合原価計算	月	日	月	日
テーマ05　連産品の原価計算	月	日	月	日
テーマ06　標準原価計算の基礎	月	日	月	日
テーマ07　標準原価計算における仕損・減損	月	日	月	日
テーマ08　原価差異の会計処理	月	日	月	日
テーマ09　標準の改訂	月	日	月	日
テーマ10　本社工場会計	月	日	月	日

※　おおむね1～2か月程度で論点学習を終えるようにしましょう。

合格テキスト　日商簿記1級　工業簿記・原価計算Ⅱ　CONTENTS

合格テキスト

日商簿記 **1** 級

工業簿記原価計算 II

01 総合原価計算の基礎
Theme

Check ここでは，総合原価計算の基礎として，月末仕掛品の評価方法を中心に学習する。

1 総合原価計算とは

1. 個別原価計算と総合原価計算

工企業において製品原価を計算する方法は，製品の生産形態により個別原価計算と総合原価計算に分類することができる。

(1) 個別原価計算

すでに（「テキストⅠ」において）学習したように，個別原価計算は，主に受注生産を行う場合に用いられる製品原価の計算方法であり，顧客の注文に応じて，特定の製品を製造するための製造指図書を発行し，その製造指図書ごとに製造原価を集計することにより製品原価を計算する方法をいう。

(2) 総合原価計算

これに対し，総合原価計算は市場生産に代表されるように，同一の標準規格品を連続して生産する場合に用いられる製品原価の計算方法をいい，原価計算期間における総製造原価をその期間の総生産量で割ることにより，その製品単位あたりの（平均）製造原価を求める方法をいう。

〈例〉

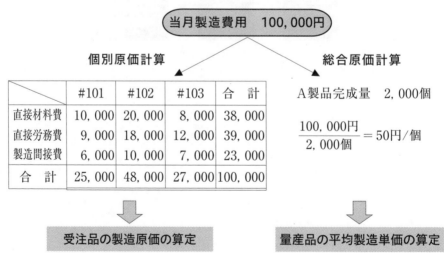

	#101	#102	#103	合 計
直接材料費	10,000	20,000	8,000	38,000
直接労務費	9,000	18,000	12,000	39,000
製造間接費	6,000	10,000	7,000	23,000
合 計	25,000	48,000	27,000	100,000

個別原価計算

総合原価計算

A製品完成量 2,000個

$$\frac{100,000円}{2,000個}=50円/個$$

受注品の製造原価の算定

量産品の平均製造単価の算定

一口メモ　受注生産と市場生産

生産の形態を，販売活動と製造活動の関係を基準に区分したものをいい，受注生産（注文生産）の場合は，受注してから生産する「販売後の生産」であるのに対し，市場生産（見込生産）の場合は，市場調査などによる販売計画にもとづいて生産する「販売前の生産」という特徴がある。

2. 総合原価計算の基礎知識

(1) 総合原価計算の分類

総合原価計算には，生産される製品の種類や工程別計算の有無などにより次のような分類がある。

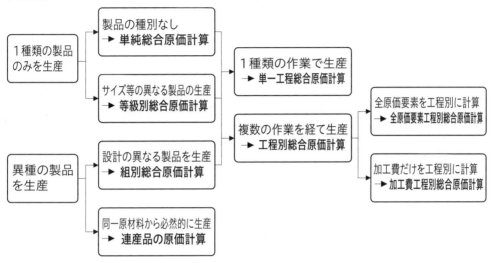

(2) 総合原価計算における原価の分類

製品の原価を計算するうえで，製造原価は，まず形態別分類（材料費，労務費，経費）を基礎として，これをさらに製品との関連において製造直接費と製造間接費に分類するが，総合原価計算では，素材などの直接材料をまず製造工程の始点で投入し，あとはこの直接材料を切削，組立などによって加工するような生産形態が多い。そのため，製造原価を直接材料費と加工費（＝直接材料を加工するためのコスト）の2種類に分類するのが一般的である。

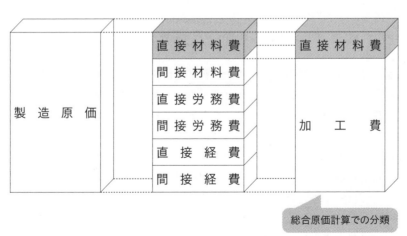

(3) 原価の進捗度と完成品換算量

① 原価の進捗度

完成品を製造するために必要なコストを100％としたとき，仕掛品などに投入されたコストの大きさを割合で示したものを「進捗度」といい，1単位あたりの原価の負担率を表す。

なお，この進捗度は投入される原価要素の種類ごとに測定される。

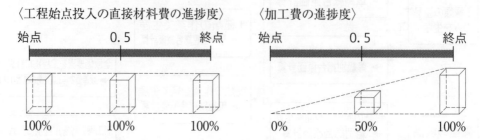

〈工程始点投入の直接材料費の進捗度〉　〈加工費の進捗度〉

(注) 直接材料を加工作業に比例して投入する場合（＝平均投入）は，直接材料費の進捗度も加工費と同じようになる。

② 完成品換算量

仕掛品などの数量に上記に示した原価の進捗度を掛けたものを「完成品換算量」という。

たとえば，ある月に完成品が10個，仕掛品が10個生産された場合，完成品換算量は次のように計算される。

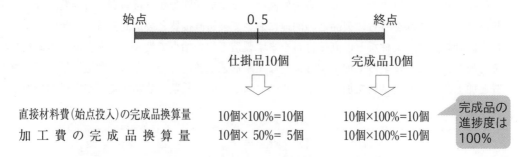

総合原価計算では，一原価計算期間の総製造原価をその期間の総生産量で割ることで量産品の単位あたりの（平均）製造原価を計算する。しかし，上記のように月末において仕掛品が存在する場合には，総製造原価はいったん完成品原価と月末仕掛品原価に按分しなければならない。

その理由は，いまだ製造途中にある仕掛品は完成品に比べて製造コストの投入割合が低いため，一原価計算期間の総製造原価を単に完成品と月末仕掛品の合計数量で割っても正確な単位原価の計算は行えないからである。

そこで，完成品原価と月末仕掛品原価を正確に計算するためには，仕掛品の数量に進捗度を掛けて完成品量に換算したうえで総製造原価を按分する。

なお，工程始点で投入される直接材料費の進捗度はつねに100％であるため「完成品換算量＝数量」となり，完成品と月末仕掛品の数量比で按分計算すればよい。

たとえば，当月の直接材料費，加工費がともに30,000円であった場合の按分計算は次のようになる。

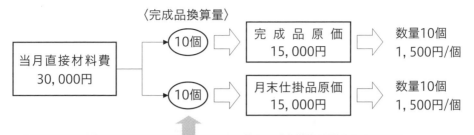

上記の計算から，月末仕掛品1個あたりの原価は次のようになっていることが確認できる。

直接材料費 …… 完成品と同額の1,500円/個（原価の進捗度は100%）
加　工　費 …… 完成品の半額の1,000円/個（原価の進捗度は50%）

参考 原価計算基準21：単純総合原価計算

単純総合原価計算は，同種製品を反復連続的に生産する生産形態に適用する。単純総合原価計算にあっては，一原価計算期間（以下これを「一期間」という。）に発生したすべての原価要素を集計して当期製造費用を求め，これに期首仕掛品原価を加え，この合計額（以下これを「総製造費用」という。）を，完成品と期末仕掛品とに分割計算することにより，完成品総合原価を計算し，これを製品単位に均分して単位原価を計算する。

⑷ 総合原価計算の勘定連絡図

総合原価計算の勘定連絡にはさまざまなバリエーションがあるが，代表的な例を示すと以下のようになる。

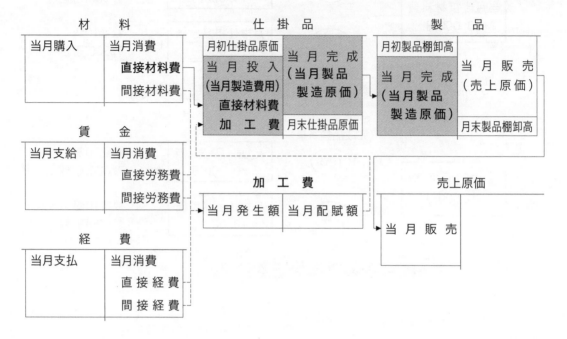

なお，仕掛品勘定については，原価要素別に設定する場合もある。

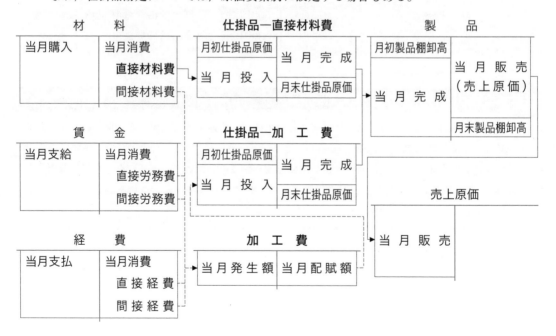

❷ 単一工程単純総合原価計算

1. 単一工程単純総合原価計算の意義

単一工程単純総合原価計算とは, 1種類の標準規格品を単一の作業により生産している場合に適用される総合原価計算をいう。総合原価計算を適用する生産形態のなかではもっとも基本的なものであるため, 「純粋総合原価計算」とよぶときもある。

2. 月末仕掛品の評価

月初にも仕掛品の在庫がある場合には, 当月製造費用だけでなく月初仕掛品原価も考慮して原価を按分する必要がある。この場合は平均法, 先入先出法などを適用して, まず月末仕掛品原価を計算し, 次いで下記の式で完成品原価を計算する。

$$完成品原価 = 月初仕掛品原価 + 当月製造費用 - 月末仕掛品原価$$

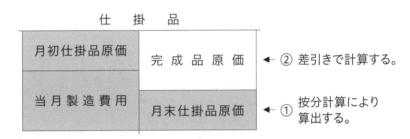

(注) 『棚卸資産の評価に関する会計基準』を受け, 日本商工会議所は平成21年1月7日, 第122回（平成21年6月実施）以降の簿記検定試験において, 後入先出法を出題しないことを公表しています。

(1) 平均法 (Average Method; AM)

平均法は, 月初仕掛品についてもあたかも今月から新たに製造に着手したかのように考え, 月初仕掛品原価と当月製造費用の合計額を完成品原価と月末仕掛品原価に按分する方法をいう。

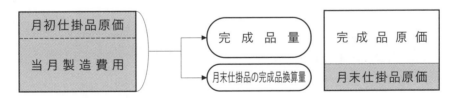

〈月末仕掛品原価の計算式〉

$$月末仕掛品直接材料費 = \frac{月初仕掛品直接材料費 + 当月直接材料費}{完成品量 + 月末仕掛品数量} \times 月末仕掛品数量$$

(注) 直接材料は工程始点ですべて投入する場合を前提としている（以下も同様とする）。

$$月末仕掛品加工費 = \frac{月初仕掛品加工費 + 当月加工費}{完成品量 + 月末仕掛品の完成品換算量} \times \begin{array}{c}月末仕掛品の\\完成品換算量\end{array}$$

　次の資料にもとづき，月末仕掛品原価，完成品総合原価，完成品単位原価を求めなさい。なお，完成品と月末仕掛品への原価の配分方法は平均法を採用している。

（資　料）

1．生産データ

月初仕掛品　　200個（0.6）
当月投入　　1,600
合　計　　1,800個
月末仕掛品　　300　（0.3）
完　成　品　1,500個

2．原価データ

	直接材料費	加　工　費
月初仕掛品原価	25,200円	22,140円
当月製造費用	216,000円	232,260円

　なお，直接材料はすべて工程の始点で投入している。また，生産データの（　　）内の数値は加工費進捗度を示す。

【解　答】

月末仕掛品原価　　54,600円
完成品総合原価　441,000円　　　完成品単位原価　　294円/個

【解　説】

(1)　直接材料費の按分

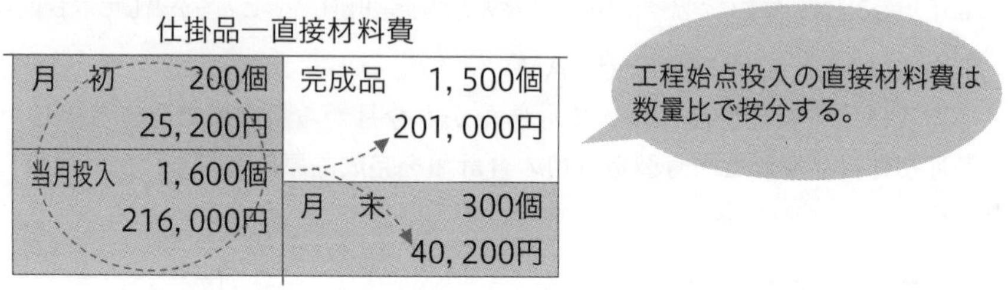

仕掛品－直接材料費

月　初　　200個	完成品　　1,500個
25,200円	201,000円
当月投入　1,600個	月　末　　300個
216,000円	40,200円

工程始点投入の直接材料費は数量比で按分する。

月末仕掛品：$\dfrac{25,200円+216,000円}{1,500個+300個}×300個=40,200円$

完　成　品：$25,200円+216,000円-40,200円=201,000円$

(2) 加工費の按分

仕掛品—加工費

200個×0.6 →

月 初 120個	完成品 1,500個
22,140円	240,000円
当月投入 1,470個	月 末 90個
(貸借差引)	14,400円
232,260円	

加工費は加工費進捗度を掛けた
完成品換算量比で按分する。

→ 300個×0.3

月末仕掛品：$\dfrac{22,140円+232,260円}{1,500個+90個}×90個=14,400円$

完　成　品：$22,140円+232,260円-14,400円=240,000円$

(3) まとめ

月末仕掛品原価：$40,200円+14,400円=54,600円$

完成品総合原価：$201,000円+240,000円=441,000円$

完成品単位原価：$441,000円÷1,500個=294円/個$

[参考] 仕掛品勘定への記入

　上記の計算結果は，財務記録として仕掛品勘定へ記入される。日商１級の試験問題では，勘定記入が問われることが多いため，仕掛品勘定への記入方法についてもしっかりマスターしておく必要がある。

	仕　掛　品	（単位：円）	
前月繰越	47,340	製　　品	441,000
材　　料	216,000	次月繰越	54,600
加 工 費	232,260		
	495,600		495,600

補足　平均法の特徴

　平均法によると，前月の価格水準による単位原価と今月の価格水準による単位原価が平均化されてしまうため，原価計算の主目的を原価管理におき，これに役立つ単位原価情報を入手しようとする場合には平均法は不適当であるといえる。

　これに対して，経営者の主たる関心が価格決定目的や期間損益計算目的にあるときは，偶発的な原価財の価格や作業能率の変化をならした平均法が望ましいといえる。

⑵ 先入先出法 (First-in, First-out Method；Fifo)

　　先入先出法は，月初仕掛品があれば，まずそれを優先的に完成させてから，次いで当月の新たな製造に着手するという仮定にもとづいて完成品原価と月末仕掛品原価を計算する方法をいう。

　　先入先出法では，通常，月初仕掛品原価はすべて当月の完成品原価に含まれることになるため，月末仕掛品原価は当月製造費用のみから計算される。

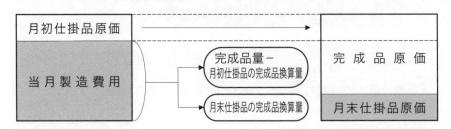

〈月末仕掛品原価の計算式〉

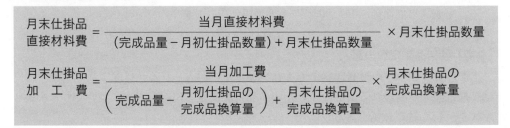

$$月末仕掛品直接材料費 = \frac{当月直接材料費}{(完成品量 - 月初仕掛品数量) + 月末仕掛品数量} \times 月末仕掛品数量$$

$$月末仕掛品加工費 = \frac{当月加工費}{\left(完成品量 - 月初仕掛品の完成品換算量\right) + 月末仕掛品の完成品換算量} \times 月末仕掛品の完成品換算量$$

設例 1-2

　　次の資料にもとづき，月末仕掛品原価，完成品総合原価，完成品単位原価を求めなさい。なお，完成品と月末仕掛品への原価の配分方法は先入先出法を採用している。
（資　料）

1．生産データ

月初仕掛品	200個 (0.6)
当 月 投 入	1,600
合　計	1,800個
月末仕掛品	300　(0.3)
完　成　品	1,500個

2．原価データ

	直接材料費	加 工 費
月初仕掛品原価	25,200円	22,140円
当月製造費用	216,000円	232,260円

　　なお，直接材料はすべて工程の始点で投入している。また，生産データの（　　）内の数値は加工費進捗度を示す。

【解　答】
　　月末仕掛品原価　　54,720円

　　完成品総合原価　　440,880円　　　　完成品単位原価　　293.92円/個

【解　説】
　(1)　直接材料費の按分

仕掛品―直接材料費

月末仕掛品：$\dfrac{216,000円}{(1,500個-200個)+300個}\times300個=40,500円$

完　成　品：25,200円+216,000円-40,500円=200,700円

　(2)　加工費の按分

仕掛品―加工費

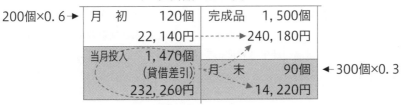

月末仕掛品：$\dfrac{232,260円}{(1,500個-120個)+90個}\times90個=14,220円$

完　成　品：22,140円+232,260円-14,220円=240,180円

　(3)　まとめ
　　月末仕掛品原価：40,500円+14,220円=54,720円
　　完成品総合原価：200,700円+240,180円=440,880円
　　完成品単位原価：440,880円÷1,500個=293.92円/個

補足　**先入先出法の特徴**

　先入先出法は，加工の流れに即した計算方法であり，製品単位あたりの平均製造原価を計算する際，前月の価格水準による単位原価と当月の価格水準による単位原価とを明確に区別することができる。

　したがって平均法より原価管理に役立つ情報を入手することが可能といえる。

なお，［設例1-2］のような完成品単位原価の計算方法を「修正先入先出法（modified Fifo)」という。修正先入先出法とは，月初仕掛品が完成した分と当月から製造に着手して完成した分の完成品単位原価を区別せずに計算する方法をいい，平均法を加味した先入先出法ともいわれる。

　日商1級の検定試験では，問題文に特に指示がない場合は，単に先入先出法といえば修正先入先出法を意味する。

　しかし，先入先出法による単位原価を期間比較し，原価管理に役立てるためには次の「純粋先入先出法（pure Fifo)」により完成品単位原価を計算することが必要である。

参考　原価計算基準24：総合原価計算における完成品総合原価と期末仕掛品原価

　単純総合原価計算，等級別総合原価計算および組別総合原価計算は，いずれも原価集計の単位が期間生産量であることを特質とする。すなわち，いずれも継続製造指図書に基づき，一期間における生産量について総製造費用を算定し，これを期間生産量に分割負担させることによって完成品総合原価を計算する点において共通する。したがって，これらの原価計算を総合原価計算の形態と総称する。

　総合原価計算における完成品総合原価と期末仕掛品原価は，次の手続により算定する。

⑴　まず，当期製造費用および期首仕掛品原価を，原則として直接材料費と加工費とに分け，期末仕掛品の完成品換算量を直接材料費と加工費とについて算定する。

　　期末仕掛品の完成品換算量は，直接材料費については，期末仕掛品に含まれる直接材料消費量の完成品に含まれるそれに対する比率を算定し，これを期末仕掛品現在量に乗じて計算する。加工費については，期末仕掛品の仕上り程度の完成品に対する比率を算定し，これを期末仕掛品現在量に乗じて計算する。

⑵　次いで，当期製造費用および期首仕掛品原価を，次のいずれかの方法により，完成品と期末仕掛品とに分割して，完成品総合原価と期末仕掛品原価とを計算する。

　　1　当期の直接材料費総額（期首仕掛品および当期製造費用中に含まれる直接材料費の合計額）および当期の加工費総額（期首仕掛品および当期製造費用中に含まれる加工費の合計額）を，それぞれ完成品数量と期末仕掛品の完成品換算量との比により完成品と期末仕掛品とにあん分して，それぞれ両者に含まれる直接材料費と加工費とを算定し，これをそれぞれ合計して完成品総合原価および期末仕掛品原価を算定する（平均法）。

　　2　期首仕掛品原価は，すべてこれを完成品の原価に算入し，当期製造費用を，完成品数量から期首仕掛品の完成品換算量を差し引いた数量と期末仕掛品の完成品換算量との比により，完成品と期末仕掛品とにあん分して完成品総合原価および期末仕掛品原価を算定する（先入先出法）。

（中　略）

　　5　期末仕掛品は，必要ある場合には，予定原価又は正常原価をもって評価することができる。

　　6　期末仕掛品の数量が毎期ほぼ等しい場合には，総合原価の計算上これを無視し，当期製造費用をもってそのまま完成品総合原価とすることができる。

3. 純粋先入先出法による完成品単位原価の計算

　純粋先入先出法（pure Fifo）とは，月初仕掛品完成分の単位原価と当月着手完成分の単位原価を区別して計算する方法をいう。

　純粋先入先出法は，原価管理に役立つ製品単位原価情報を入手するための計算といえる。

　前述の［設例1－2］で求めた修正先入先出法の完成品単位原価は，完成品全体をもとに算定した加重平均単位原価であり，このなかには月初仕掛品原価（＝前月に発生した原価）が含まれている。すなわち純粋な当月発生原価による完成品単位原価ではないため，この単位原価を期間比較しても原価管理に適切な情報は入手できないのである。

　なお，修正先入先出法と純粋先入先出法は，完成品全体の（加重平均）単位原価を計算するのか，月初仕掛品完成分と当月着手完成分の単位原価を区別して計算するのかの違いであり，完成品原価総額や月末仕掛品原価は修正先入先出法でも純粋先入先出法でも同じになることに注意が必要である。

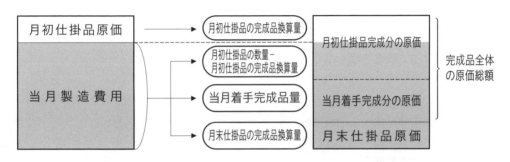

次の資料にもとづき，月末仕掛品原価，完成品総合原価，完成品単位原価を求めなさい。なお，完成品と月末仕掛品への原価の配分方法は先入先出法を採用しており，完成品単位原価については，(a)月初仕掛品完成分，(b)当月着手完成分に分けて計算し，さらに(c)当月完成品全体の加重平均単位原価もあわせて計算しなさい。

（資 料）

1．生産データ

月初仕掛品	200個	(0.6)
当 月 投 入	1,600	
合 計	1,800個	
月末仕掛品	300	(0.3)
完 成 品	1,500個	

2．原価データ

	直接材料費	加 工 費
月初仕掛品原価	25,200円	22,140円
当月製造費用	216,000円	232,260円

なお，直接材料はすべて工程の始点で投入している。また，生産データの（ ）内の数値は加工費進捗度を示す。

【解 答】

月末仕掛品原価	54,720円
完成品総合原価	440,880円

完成品単位原価

(a)	月初仕掛品完成分	299.9 円/個
(b)	当月着手完成分	293 円/個
(c)	加重平均単位原価	293.92円/個

【解 説】

(1) 生産データの整理

月初仕掛品200個に対して，前月末までに投入済みの原価は次のとおりである。

$\begin{cases} 直接材料費 \longrightarrow 完成品200個分（工程始点投入のため進捗度100\%） \\ 加 工 費 \longrightarrow 完成品120個分（200個×加工費進捗度0.6） \end{cases}$

したがって，月初仕掛品を完成させるには，当月の加工によって不足分の加工費（＝完成品80個分）を追加してやればよい。

なお，純粋先入先出法の問題では，修正先入先出法の単価計算も同時に要求されることが多い。そのため両方の計算を一度の下書きで済ますことができるように，完成品の内訳がわかるような原価ボックスを作成しておくとよい。

(2) 直接材料費の按分

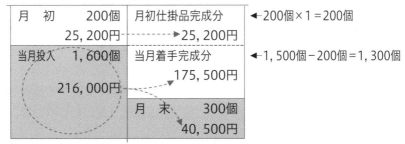

仕掛品—直接材料費

月 初 200個	月初仕掛品完成分	←200個×1＝200個
25,200円	┈┈┈→25,200円	
当月投入 1,600個	当月着手完成分	←1,500個−200個＝1,300個
216,000円	→175,500円	
	月 末 300個	
	40,500円	

当月着手完成分： $\dfrac{216,000円}{(1,500個-200個)+300個} \times 1,300個 = 175,500円$

月 末 仕 掛 品： 〃 × 300個 ＝ 40,500円

(3) 加工費の按分

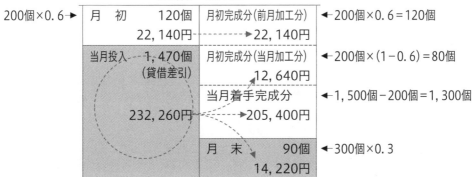

仕掛品—加工費

200個×0.6→

月 初 120個	月初完成分(前月加工分)	←200個×0.6＝120個
22,140円	┈┈┈→22,140円	
当月投入 1,470個	月初完成分(当月加工分)	←200個×(1−0.6)＝80個
(貸借差引)	12,640円	
	当月着手完成分	←1,500個−200個＝1,300個
232,260円	→205,400円	
	月 末 90個	←300個×0.3
	14,220円	

月初仕掛品完成分（当月加工分）： $\dfrac{232,260円}{(1,500個-120個)+90個} \times 80個 = 12,640円$

当 月 着 手 完 成 分： 〃 ×1,300個 ＝ 205,400円

月 末 仕 掛 品： 〃 × 90個 ＝ 14,220円

(4) まとめ

月末仕掛品原価：40,500円＋14,220円＝54,720円

完成品総合原価：

月初仕掛品完成分；25,200円＋22,140円＋12,640円＝ 59,980円〈 200個〉

当 月 着 手 完 成 分；175,500円＋205,400円 ＝380,900円〈1,300個〉

合 計 440,880円〈1,500個〉

完成品単位原価：

(a) 月初仕掛品完成分；59,980円÷200個＝299.9円/個

(b) 当月着手完成分；380,900円÷1,300個＝293円/個 ……**原価管理用の単位原価**

(c) 加重平均単位原価；440,880円÷1,500個＝293.92円/個 …**財務会計用の単位原価**

4. 原材料の追加投入

　総合原価計算では，原材料（直接材料）は工程の始点ですべて投入され，あとはこれを加工するのみという生産形態が比較的多い。しかし原材料は必ずしも工程の始点だけで投入されるわけではなく，たとえば工程途中の特定点における部品の投入，加工作業にともなって投入する添加剤，作業終了時に投入する包装材料のように工程の始点以外でも原材料の追加投入が行われることがある。

　このように原材料を追加投入すると，それによって製品の生産量が増加しない場合と増加する場合とがある。それぞれの場合に応じて，完成品原価と仕掛品原価の計算方法は異なる。

⑴　原材料を追加投入しても製品の生産量が増加しない場合

　原材料を追加投入しても製品の生産量が増加しない場合とは，たとえば家具製造業において，組み立てた家具に塗料を塗布するような場合である。このとき，塗料という原材料を追加投入しても，家具の生産量は増加しない。

　この場合には，完成品や仕掛品に対する原価の進捗度を原材料別に測定し，それぞれの完成品換算量にもとづいて追加材料費を按分する。

ケース①　工程始点で投入する場合の進捗度

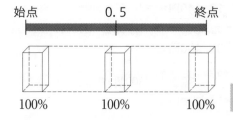

〈追加材料費のコスト計算〉

工程のどの地点でも原価の進捗度は100%

完成品と仕掛品に数量比で按分

ケース②　加工に比例して投入する場合の進捗度

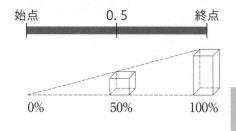

〈追加材料費のコスト計算〉

加工の進行に比例して追加材料費が発生

完成品と仕掛品に加工費の
完成品換算量比で按分

ケース③　工程途中の特定点（たとえば0.5の地点）で投入する場合の進捗度

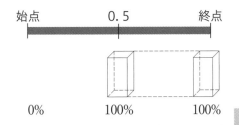

〈追加材料費のコスト計算〉
追加材料の投入点（0.5）を通過していれば100％，通過していなければ0％

投入点（0.5）を通過した加工品に数量比で按分

ケース④　工程終点で投入する場合の進捗度

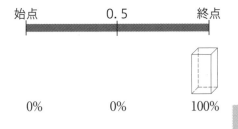

〈追加材料費のコスト計算〉
工程終点まで加工を終えた完成品だけが進捗度100％

完成品のみが負担

　当工場では，製品Zを製造しており，単一工程実際単純総合原価計算を実施している。その製造過程は工程の始点で主材料Aを，また工程を通じて平均的に原料Bを，工程の進捗度0.5の地点で部品Cを投入し，さらに工程終点で材料Dを投入して完成する。当工場の当月のデータにもとづいて，月末仕掛品と完成品の各原材料費を計算しなさい。なお，加工費のデータは省略している。

　完成品と月末仕掛品への原価の配分方法は先入先出法を採用している。

（資　料）

1．生産データ

月初仕掛品	200個（0.6）
当 月 投 入	1,600
合　　計	1,800個
月末仕掛品	300　（0.3）
完 成 品	1,500個

2．原価データ

	月初仕掛品原価	当月製造費用
主 材 料　A	25,200円	216,000円
原　　料　B	7,350円	80,850円
部　　品　C	9,000円	60,450円
材　　料　D	0円	36,600円

　生産データの（　）内の数値は加工費進捗度を示す。

【解　答】

	完 成 品 原 価	月末仕掛品原価
主 材 料　A	200,700円	40,500円
原　　料　B	83,250円	4,950円
部　　品　C	69,450円	0円
材　　料　D	36,600円	0円

【解　説】

　直接材料費の按分計算を行うにあたっては，原材料の種類ごとに完成品換算量を求めて按分する。その際，各原材料の投入方法と投入点に注意する必要があるため，下書用紙に製造工程の概略図（＝タイム・テーブル）を書いて製造工程を把握しておくとよい。

　(1)　製造工程の把握と進捗度

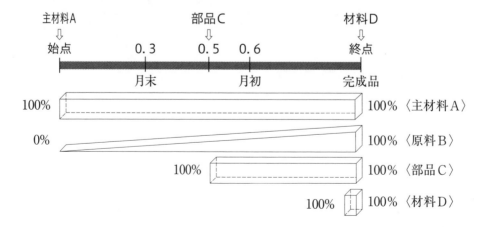

(2) 主材料費Aの按分

月末仕掛品原価： $\dfrac{216,000円}{(1,500個-200個)+300個} \times 300個 = 40,500円$

完 成 品 原 価：$25,200円+216,000円-40,500円=200,700円$

(3) 原料費Bの按分

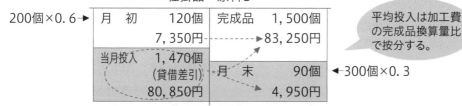

月末仕掛品原価： $\dfrac{80,850円}{(1,500個-120個)+90個} \times 90個 = 4,950円$

完 成 品 原 価：$7,350円+80,850円-4,950円=83,250円$

(4) 部品費Cの按分

月末仕掛品原価：0円（投入点を通過していないため原価を負担しない。）

完 成 品 原 価：$9,000円+60,450円-0円=69,450円$

(5) 材料費Dの按分

月末仕掛品原価：0円

完 成 品 原 価：36,600円（工程終点での投入のため完成品が全額負担する。）

(2) 原材料の追加投入によって製品の生産量が増加する場合

原材料の追加投入により製品の生産量が増加する場合とは，たとえば塗料製造業において，乾燥剤や顔料などを追加投入するような場合である。このとき，乾燥剤などの追加投入によって，製品である塗料の生産量は増加する。

このタイプの問題では，生産データの読み取りに注意する。加工品が追加される原材料の投入点を通過していれば，その数量は増加後の値であり，投入点を通過していなければ，その数量は増加前の値である。なお，投入される原材料の投入割合は一定であるという計算条件が置かれるため，生産データを原材料の種類ごとに分解してから完成品原価と月末仕掛品原価を計算する。

設例 1-5

次の資料にもとづき，月末仕掛品と完成品の各原材料費および加工費を計算しなさい。なお，完成品と月末仕掛品への原価の配分方法は先入先出法を採用している。

（資　料）

1．生産データ

月初仕掛品	300kg (0.4)
当月投入（A材料）	1,200
（B材料）	500
計	2,000kg
月末仕掛品	400 (0.8)
完 成 品	1,600kg

2．原価データ

	月初仕掛品原価	当月製造費用
A材料費	51,000円	252,000円
B材料費	—	60,000円
加 工 費	20,000円	198,000円

生産データの（　）内の数値は加工費進捗度を示す。なお，A材料は工程の始点で，B材料は加工費進捗度0.6の点で投入する。B材料の投入により製品の生産量は増加するが，その投入割合は一定である。また，加工費の計算における完成品換算量には，追加材料の投入量を含めないこと。

【解　答】

	完 成 品 原 価	月末仕掛品原価
A 材 料 費	240,000円	63,000円
B 材 料 費	48,000円	12,000円
加 工 費	182,000円	36,000円
合 計	470,000円	111,000円

【解　説】

1．各材料の投入比率の推定

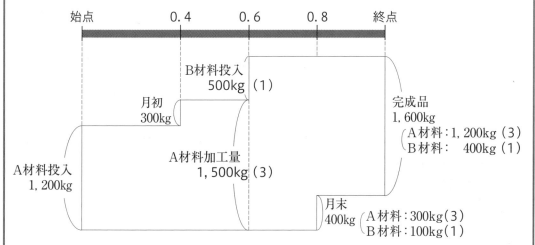

　追加材料であるB材料の投入点（0.6）に着目すると，A材料1,500kgに対してB材料を500kg投入していることがわかる。よって，投入比率は「A材料：B材料＝3：1」と判明する。

　そこで，生産データの整理に際しては，B材料の投入点を通過した完成品と月末仕掛品の数量を，3：1の比でA材料とB材料に分割する。

2．原価配分

⑴　A材料費の按分

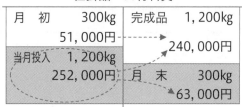

月末仕掛品：$\dfrac{252,000円}{(1,200kg - 300kg) + 300kg} \times 300kg = 63,000円$

完　成　品：51,000円 + 252,000円 − 63,000円 = 240,000円

(2) B材料費の按分

仕掛品―B材料費

$$月末仕掛品:\frac{60,000円}{400kg+100kg}\times100kg=12,000円$$

完　成　品：60,000円－12,000円＝48,000円

(3) 加工費の按分

加工費の計算は，始点投入材料（本問ではA材料）の数量を基準に行うのが一般的である。

仕掛品―加工費

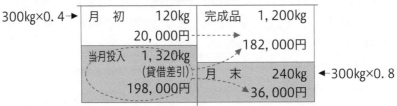

$$月末仕掛品:\frac{198,000円}{(1,200kg-120kg)+240kg}\times240kg=36,000円$$

完　成　品：20,000円＋198,000円－36,000円＝182,000円

MEMO

02 Theme 仕損・減損が生じる場合の計算

Check ここでは，総合原価計算において仕損や減損が生じる場合の計算について学習する。特に正常仕損費（減損費）の負担関係と負担計算（度外視法・非度外視法）が重要である。

1 仕損・減損とは

製品の生産活動においては，投入した原材料のすべてが良品（完成品や仕掛品）の生産に結びつくことが理想的である。しかし，現実にはそううまくはいかず，程度の多少はあれ，作業の過程で不良品（不合格品）が生じたり，または原材料が目減りしてしまう。

これらの不良品の発生や原材料の目減りが仕損・減損であり，その発生によって原材料投入量に対する良品産出量の割合（＝製造歩留）が低下すると同時に，仕損・減損にともなうコストが発生する。

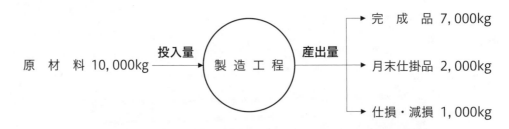

$$製造歩留率(\%) = \frac{9,000\mathrm{kg}〈良品産出量〉}{10,000\mathrm{kg}〈原材料投入量〉} \times 100 = 90\%$$

1. 仕　損

仕損とは，なんらかの原因により製品の加工に失敗し，品質標準や規格標準に合致しない不合格品（＝仕損品）が発生することをいう。

また，仕損の発生によって犠牲になったコストのことを仕損費といい，通常は，仕損品が発生するまでに投入されたコストとなるが，仕損品に評価額（＝スクラップとしての売却処分価値や材料としての再利用価値）がある場合には，それを差し引いたものが仕損費となる。

> 仕損品評価額がない場合 … 仕損費 ＝ 仕損品原価（＝仕損品に投入されたコスト）
> 仕損品評価額がある場合 … 仕損費 ＝ 仕損品原価 － 仕損品評価額

（注）仕損品に売却処分価値や再利用価値がなく廃棄した場合，廃棄に要した費用は仕損費に加えることとなる。

2. 減 損

　減損とは，投入した原材料の一部が，加工中に蒸発，粉散，ガス化，煙化などの原因により消失することをいい，製造工程に投入された原材料数量と産出された製品数量の差として把握される。減損についても，その発生によって犠牲になったコストのことを減損費という。

　なお，減損はその実体がないか，実体があっても無価値であるため評価額はない。

> 減損費 ＝ 減損となった原材料に対して投入されたコスト

3. 正常発生額と異常発生額

　仕損・減損は，その発生の程度により正常なものと異常なものとに分けられる。

(1) 正常仕損・正常減損

　　仕損・減損のうち，製品を製造するうえで，その発生が避けられないもの（＝通常起こりうる程度のもの）を正常仕損・正常減損という。

　　仕損・減損ができるかぎり発生しないようにするには，かえっていろいろな手間を必要とし，逆にコストがかさんでしまうことが多く，企業はある程度の仕損・減損の発生を許容して生産活動を行うのである。

　　したがって，正常仕損費・正常減損費は製品を製造するうえで必要なコストとして良品（完成品や仕掛品）に負担させる。

> 正常仕損費・正常減損費 …… 良品（完成品や仕掛品）に負担させる

(2) 異常仕損・異常減損

　　仕損・減損のうち，通常発生する程度を超えて発生するものを異常仕損・異常減損という。

　　異常仕損や異常減損に投じたコストは，良品（完成品や仕掛品）を生産するために必要なコストではないため原価の計算から分離し，良品には負担させない。

　　なお，異常仕損費・異常減損費は非原価項目（特別損失または営業外費用）となる。

> 異常仕損費・異常減損費 …… 非原価項目として良品には負担させない

一口メモ　仕損・減損の発生点と検査点

　仕損・減損は，工程のどのタイミングでも発生する可能性があるが，通常は工程内に設けた検査点において発見されることになる。したがって，仕損・減損の発生点と検査点は厳密には異なることになるが，検定試験などの問題では，特に両者を区別していないかぎり，検査点を仕損・減損の発生点とみなせばよい。

4. 仕損品の評価額

　総合原価計算では，もともとある程度の不合格品が生じることを前提にして，同規格の製品を連続生産していることから，仮に不合格品が生じても通常はそれを補修して良品に回復させることは行わない。その結果，仕損品という実体のある物品が残ることになる。この物品がスクラップとして売却できたり材料として再利用（＝自家消費）できる場合には資産価値をもち，これを仕損品評価額という。なお，仕損品評価額はその発生したときの状態での資産価値であるため，その計算においては加工費進捗度を考慮する必要はないことに注意する。

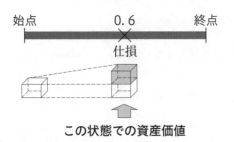

この状態での資産価値

〈例〉当月の作業において，工程の進捗度0.6の時点で仕損品100個が生じた。仕損品の処分価格は80円/個である。

仕損品評価額：80円/個×100個＝8,000円

補足　仕損品評価額の算定

　簿記検定の問題では，通常，仕損品の評価額は問題の資料に数値が与えられるが，次のように算定される。

外部売却	そのまま売却する場合	評価額 ＝ 見積売却価額 － 見積販売費及び一般管理費 または　　　見積売却価額 － 見積販売費及び一般管理費 － 見積利益
	加工してから売却する場合	評価額 ＝ 見積売却価額 － （見積加工費＋見積販売費及び一般管理費） または　　　見積売却価額 － （見積加工費＋見積販売費及び一般管理費） － 見積利益
自家消費	そのまま自家消費する場合	評価額 ＝ （自家消費により）節約されるべき物品の見積購入価額
	加工してから自家消費する場合	評価額 ＝ （自家消費により）節約されるべき物品の見積購入価額 － 見積加工費

❷ 異常仕損・異常減損の処理

　異常仕損・異常減損が生じた場合には，良品の原価の計算から分離するために，異常仕損・異常減損に投じたコスト（＝異常仕損品原価・異常減損の原価）を計算する。なお，この計算は，月末仕掛品原価の計算と同じように原価按分によって行う。

　なお，異常仕損品に処分価格がある場合には，計算した異常仕損品原価から処分価格を控除したものが異常仕損費となる。

〈例示：平均法〉

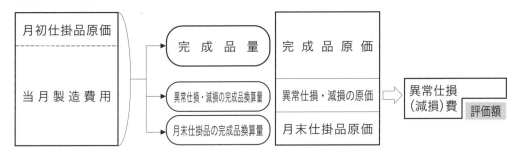

〈原価の按分計算式〉（例：平均法）

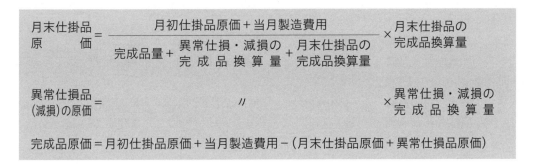

〈異常仕損費の計算式〉

　　仕損品評価額がない場合 … 異常仕損費 ＝ 異常仕損品原価
　　仕損品評価額がある場合 … 異常仕損費 ＝ 異常仕損品原価 － 仕損品評価額

次の資料にもとづき，各問の月末仕掛品原価，異常仕損費，完成品総合原価，完成品単位原価を求めなさい。なお，原価配分の方法は平均法を採用している。

（資　料）

1．生産データ

月初仕掛品　　200個（0.6）
当 月 投 入　1,600
　合　　計　　1,800個
月末仕掛品　　200　（0.3）
異常仕損品　　100　（0.5）
完　成　品　1,500個

2．原価データ

	直接材料費	加 工 費
月初仕掛品原価	26,400円	23,810円
当月製造費用	189,600円	275,650円

直接材料はすべて工程の始点で投入している。生産データの（　）内の数値は加工費進捗度または異常仕損の発生点の進捗度を示す。

〔問1〕異常仕損品に処分価値がない場合
〔問2〕異常仕損品に1個あたり60円の処分価値がある場合

【解　答】

〔問1〕

月末仕掛品原価　　35,160円　　異 常 仕 損 費　　21,300円
完成品総合原価　459,000円　　完成品単位原価　306円/個

〔問2〕

月末仕掛品原価　　35,160円　　異 常 仕 損 費　　15,300円
完成品総合原価　459,000円　　完成品単位原価　306円/個

【解　説】

〔問1〕異常仕損品に処分価値がない場合

（1）直接材料費の按分

仕掛品－直接材料費

月末仕掛品：$\dfrac{26,400円+189,600円}{1,500個+100個+200個} \times 200個 = 24,000円$

異常仕損品：　　　　〃　　　　　　　×100個＝12,000円

完　　成　　品：26,400円＋189,600円－(24,000円＋12,000円)＝180,000円

(2) 加工費の按分

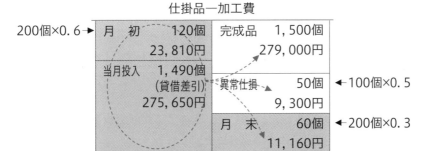

仕掛品—加工費

200個×0.6 → 月　初　120個 23,810円	完成品　1,500個 279,000円	
当月投入　1,490個（貸借差引）275,650円	異常仕損　50個 9,300円	← 100個×0.5
	月　末　60個 11,160円	← 200個×0.3

$$月末仕掛品：\frac{23,810円+275,650円}{1,500個+50個+60個}×60個＝11,160円$$

異常仕損品：　　　〃　　　　×50個＝9,300円

完　成　品：23,810円＋275,650円－(11,160円＋9,300円)＝279,000円

(3) まとめ

月末仕掛品原価：24,000円＋11,160円＝35,160円

異常仕損費：12,000円＋9,300円＝21,300円

完成品総合原価：180,000円＋279,000円＝459,000円

完成品単位原価：459,000円÷1,500個＝306円/個

> 異常仕損品に評価額がなければ、「異常仕損品原価＝異常仕損費」となる。

〔問2〕異常仕損品に処分価値がある場合

　異常仕損品に処分価値（評価額）がある場合にも、いったん異常仕損品原価（＝異常仕損に投じたコスト）を計算し良品の原価の計算から分離するため、直接材料費と加工費の按分計算は〔問1〕と同じになる。したがって、完成品原価や月末仕掛品原価は変化しない。

　〔問1〕との違いは、非原価項目となる異常仕損費（＝異常仕損による犠牲額）が処分価値の分だけ少なくなることである。

異常仕損費：(12,000円＋9,300円)－60円/個×100個

　　　　　　　　　　　　　　　　　　仕損品評価額

　　　　　　＝15,300円

> 仕損品評価額は発生点の進捗度を考慮しないで計算する。

[参考] 仕掛品勘定への記入（単位：円）

〔問1〕仕損品に処分価値がない場合

仕　掛　品

前月繰越	50,210	製　　品	459,000
材　　料	189,600	異常仕損費	21,300
加工費	275,650	次月繰越	35,160
	515,460		515,460

〔問2〕仕損品に処分価値がある場合

仕　掛　品

前月繰越	50,210	製　　品	459,000
材　　料	189,600	仕損品	6,000
加工費	275,650	異常仕損費	15,300
		次月繰越	35,160
	515,460		515,460

❸ 正常仕損費・正常減損費の負担関係

正常仕損費・正常減損費は，良品（完成品や仕掛品）を製造するために必要なコストであるため良品に負担させる。その際，そのコストの発生原因となったものに負担させることが合理的であるため，正常仕損・正常減損の発生点を通過した良品に対して負担させる。

正常仕損費・正常減損費 …… 発生点を通過した良品に負担させる

具体的には，仕損・減損の発生状況に応じて，次のように「完成品のみ負担」になる場合と「完成品と月末仕掛品の両者負担」になる場合に大別される。

1. 定点発生（工程の一定点で発生）の場合

(1) 完成品のみ負担

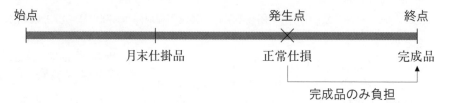

上図のように，月末仕掛品の加工が正常仕損（正常減損）の発生点まで進んでいない場合は，正常仕損（正常減損）は完成品を加工する過程で発生しており，月末仕掛品には無関係である。この場合の正常仕損費（正常減損費）は完成品のみが負担することになり，次のようなケースがある。

完成品のみ負担
① 工程終点で発生する場合
② 工程途中の一定点で発生する場合
正常仕損（正常減損）の発生点の進捗度＞月末仕掛品の進捗度

(2) 完成品と月末仕掛品の両者負担

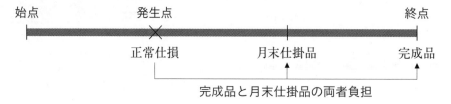

上図のように，月末仕掛品も正常仕損（正常減損）の発生点を通過している場合には，正常仕損（正常減損）は完成品と月末仕掛品の両方を加工する過程で発生しているため，正常仕損費（正常減損費）は完成品と月末仕掛品の両者に負担させることになり，次のようなケースがある。

完成品と月末仕掛品の両者負担
① 工程始点で発生する場合
② 工程途中の一定点で発生する場合
正常仕損（正常減損）の発生点の進捗度 ≦ 月末仕掛品の進捗度

なお，工程途中の一定点で仕損や減損が発生していても，その発生点を把握していないケースがあり，この場合の正常仕損費（正常減損費）は計算の便宜上両者負担とする（注）。

（注）なお，この場合は仕損または減損の進捗度が判明しないため正常仕損または正常減損の原価を分離計算することができず，後述の度外視法でしか計算できない。

2. 平均的発生（加工の進捗に比例して発生）の場合

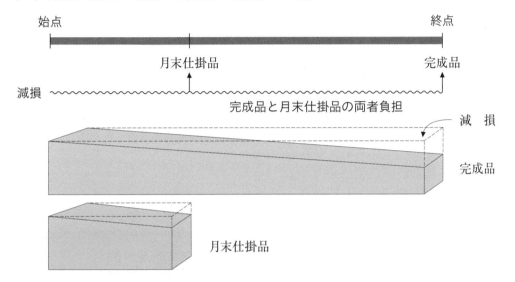

上図のように，投入した原材料が加工作業の進行にともなってだんだんと目減りしていく場合を減損の平均的発生という。このケースでは，完成品からも月末仕掛品からも加工の進行程度に応じた減損が発生しているため必ず両者負担となる。

なお平均的発生では，便宜上，減損の進捗度を0.5とみなして計算する。これは減損が工程始点（＝進捗度0）から工程終点（＝進捗度1）にいたるさまざまな進捗度で発生する定点発生の集合体といえるため，その進捗度の平均をとったものである。

| 平均的発生 | ・必ず完成品と月末仕掛品の両者負担
・正常減損の進捗度は0.5とみなす |

以上の関係をまとめると次のようになる。

受験上は問題の資料に与えられた仕損・減損の発生条件から瞬間的に負担関係が判断できるようにしておいてほしい。

正常仕損（正常減損）の発生形態		負担関係
定点発生	① 工程終点発生 ② 工程途中の一定点で発生 　仕損（減損）の発生点の進捗度 ＞ 月末仕掛品の進捗度	完成品のみ負担
	① 工程始点発生 ② 工程途中の一定点で発生 　(イ) 仕損（減損）の発生点の進捗度 ≦ 月末仕掛品の進捗度 　(ロ) 発生点が不明の場合（度外視法のみ）	完成品と月末仕掛品の両者負担
平均的発生		

４ 正常仕損費・正常減損費の処理－Ⅰ（度外視法）

1. 度外視法とは

　度外視法とは，正常仕損費・正常減損費を良品に負担させる際，正常仕損や正常減損の発生を無視することによって自動的に良品の原価に負担させる方法をいう。

　なお，『原価計算基準』では度外視法を予定しているため，問題文に特に指示がなければ度外視法によって計算することになる。

2. 度外視法の計算方法

⑴　完成品のみ負担の場合

　　完成品のみ負担の場合には，まず正常仕損費（減損費）を負担しない月末仕掛品原価を計算しておき，これを月初仕掛品原価と当月製造費用の合計額から控除し，最後に正常仕損品の評価額を控除して完成品原価を算定する。その結果，正常仕損費は自動的に完成品だけに含まれる。

〈例示：平均法〉

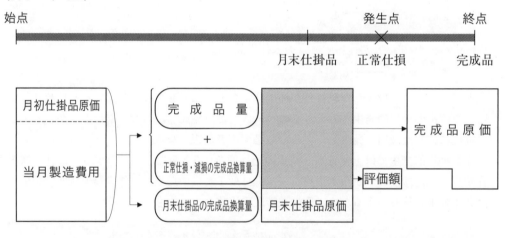

$$月末仕掛品原価＝\frac{月初仕掛品原価＋当月製造費用}{\left(完成品量＋\begin{array}{c}正常仕損・減損の\\完成品換算量\end{array}\right)＋\begin{array}{c}月末仕掛品の\\完成品換算量\end{array}}×\begin{array}{c}月末仕掛品の\\完成品換算量\end{array}$$

完成品原価＝月初仕掛品原価＋当月製造費用－月末仕掛品原価－仕損品評価額

設例 2-2

次の資料にもとづき，各問の月末仕掛品原価，完成品総合原価，完成品単位原価を求めなさい。なお，正常仕損費の処理は度外視法，原価配分の方法は平均法を採用している。

（資料）

1．生産データ

月初仕掛品	200個 （0.6）
当月投入	1,600
合　計	1,800個
月末仕掛品	200 （0.3）
正常仕損品	100 （0.5）
完成品	1,500個

2．原価データ

	直接材料費	加　工　費
月初仕掛品原価	26,400円	23,810円
当月製造費用	189,600円	275,650円

直接材料はすべて工程の始点で投入している。生産データの（　）内の数値は加工費進捗度または正常仕損の発生点の進捗度を示す。なお，仕損費は仕損の発生点を通過した良品に対して負担させる。

〔問1〕正常仕損品に処分価値がない場合

〔問2〕正常仕損品に1個あたり60円の処分価値がある場合

【解　答】

〔問1〕

月末仕掛品原価	35,160円		
完成品総合原価	480,300円	完成品単位原価	320.2円/個

〔問2〕

月末仕掛品原価	35,160円		
完成品総合原価	474,300円	完成品単位原価	316.2円/個

【解　説】

〔問1〕正常仕損品に処分価値がない場合

(1) 正常仕損費の負担関係

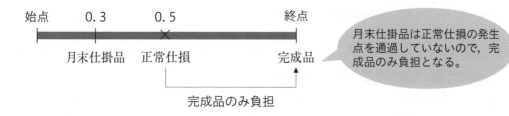

月末仕掛品は正常仕損の発生点を通過していないので，完成品のみ負担となる。

(2) 直接材料費の按分

仕掛品—直接材料費

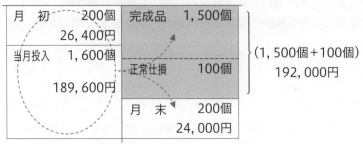

$$月末仕掛品：\frac{26,400円+189,600円}{(1,500個+100個)+200個}\times200個=24,000円$$

完　成　品：$26,400円+189,600円-24,000円=192,000円$

(3) 加工費の按分

仕掛品—加工費

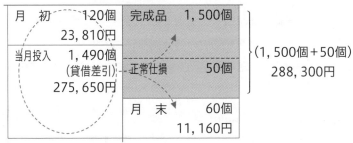

$$月末仕掛品：\frac{23,810円+275,650円}{(1,500個+50個)+60個}\times60個=11,160円$$

完　成　品：$23,810円+275,650円-11,160円=288,300円$

(4) まとめ

月末仕掛品原価：$24,000円+11,160円=35,160円$

完成品総合原価：$192,000円+288,300円=480,300円$

完成品単位原価：$480,300円÷1,500個=320.2円/個$

〔問2〕正常仕損品に処分価値がある場合

　度外視法で完成品のみ負担の場合には，正常仕損品の原価はいったんすべて完成品原価に含めて計算されている。したがって正常仕損品に処分価値がある場合には，最後に仕損品評価額を完成品原価から控除すればよい。

月末仕掛品原価：$24,000円+11,160円=35,160円$

完成品総合原価：$(192,000円+288,300円)-60円/個\times100個=474,300円$

完成品単位原価：$474,300円÷1,500個=316.2円/個$

［参考］仕掛品勘定への記入（単位：円）

　正常仕損が発生している場合には，正常仕損費は良品の原価に含まれる（本問では完成品のみ）。なお，仕損品に評価額があれば，その額は（完成品原価に含められた）正常仕損費から控除され独立して表示されるため，評価額分だけ良品の原価が少なくなる。

〔問1〕仕損品に処分価値がない場合

仕 掛 品			
前月繰越	50,210	製　　　品	480,300
材　　料	189,600	次月繰越	35,160
加 工 費	275,650		
	515,460		515,460

〔問2〕仕損品に処分価値がある場合

仕 掛 品			
前月繰越	50,210	製　　　品	474,300
材　　料	189,600	仕 損 品	6,000
加 工 費	275,650	次月繰越	35,160
	515,460		515,460

設例 2-3

　次の資料にもとづき，月末仕掛品原価，完成品総合原価，完成品単位原価を求めなさい。なお，正常仕損費の処理は度外視法，原価配分の方法は先入先出法を採用している。また，正常仕損はすべて当月投入分から発生しており処分価値はないものとする。

（資　料）

1．生産データ

月初仕掛品	200個	(0.6)
当 月 投 入	1,600	
合　　計	1,800個	
月末仕掛品	200	(0.3)
正常仕損品	100	(0.5)
完 成 品	1,500個	

2．原価データ

	直接材料費	加 工 費
月初仕掛品原価	26,400円	23,810円
当月製造費用	189,600円	275,650円

　直接材料はすべて工程の始点で投入している。生産データの（　　）内の数値は加工費進捗度または正常仕損の発生点の進捗度を示す。なお，仕損費は仕損の発生点を通過した良品に対して負担させる。

【解　答】

月末仕掛品原価	34,800円		
完成品総合原価	480,660円	完成品単位原価	320.44円/個

【解　説】

(1)　正常仕損費の負担関係

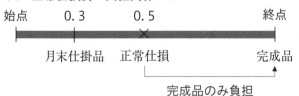

月末仕掛品は正常仕損の発生点を通過していないので，完成品のみ負担となる。

先入先出法では月初仕掛品原価はそのまま完成品原価に含まれるため，当月製造費用だけを完成品と月末仕掛品に按分する。その際，正常仕損費は完成品のみ負担となるため，正常仕損品の数量（または完成品換算量）は当月投入完成品に合計して按分する。

(2) 直接材料費の按分

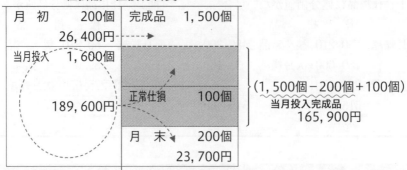

仕掛品—直接材料費

月末仕掛品：$\dfrac{189,600円}{(1,500個-200個+100個)+200個}\times200個=23,700円$

完　成　品：$26,400円+\underset{165,900円}{\underline{189,600円-23,700円}}=192,300円$

(3) 加工費の按分

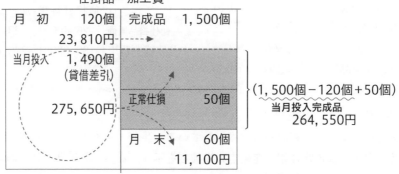

仕掛品—加工費

月末仕掛品：$\dfrac{275,650円}{(1,500個-120個+50個)+60個}\times60個=11,100円$

完　成　品：$23,810円+\underset{264,550円}{\underline{275,650円-11,100円}}=288,360円$

(4) まとめ

月末仕掛品原価：23,700円＋11,100円＝34,800円
完成品総合原価：192,300円＋288,360円＝480,660円
完成品単位原価：480,660円÷1,500個＝320.44円/個

[参考] 仕掛品勘定への記入

仕　掛　品			(単位：円)
前月繰越	50,210	製　　品	480,660
材　　料	189,600	次月繰越	34,800
加 工 費	275,650		
	515,460		515,460

補足　先入先出法と仕損・減損

　原価の按分方法として先入先出法を採用している場合には，通常，仕損・減損はすべて当月投入分より生じているという仮定を設けて計算する。これは，先入先出法では，月初仕掛品は当月にすべて完成させるという仮定があるため，月初仕掛品からも仕損・減損が生じるものとしてしまうと計算が煩雑になるからである。

(2) 完成品と月末仕掛品の両者負担の場合

　完成品と月末仕掛品の両者負担の場合には，月初仕掛品原価と当月製造費用の合計額から最初に正常仕損品の評価額を控除しておき，残りの金額を完成品と月末仕掛品に按分する。その際，正常仕損・減損の数量（または完成品換算量）を無視することにより，正常仕損費分だけ計算上の単価が上昇する。その結果，正常仕損費は完成品と月末仕掛品に自動的に配分される。

〈例示：平均法〉

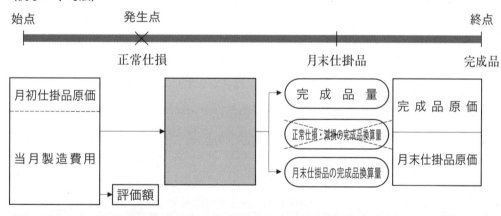

$$\text{月末仕掛品} \atop \text{原　　　価} = \frac{\text{月初仕掛品原価} + \text{当月製造費用} - \text{仕損品評価額}}{\text{完成品量} + \text{月末仕掛品の完成品換算量}} \times {\text{月末仕掛品の} \atop \text{完成品換算量}}$$

$$\text{完成品原価} = \text{月初仕掛品原価} + \text{当月製造費用} - \text{仕損品評価額} - \text{月末仕掛品原価}$$

| 補足 | 仕損品評価額の控除 |

　正常仕損費の負担関係が完成品と月末仕掛品の両者負担のケースにおいて，度外視法を採用している場合には，仕損品評価額をどの原価要素の計算から控除するかが問題となる。

　これについては問題文に計算上の指示が出るので，それにしたがって処理すればよい。

〈例〉当月の作業における仕損品の処分価格の総額は6,000円である。

① 　主として材料の価値に依存する場合　⇨　直接材料費の計算から6,000円を控除する。

② 　主として加工の価値に依存する場合　⇨　加工費の計算から6,000円を控除する。

③ 　材料と加工の両方の価値による場合　⇨　直接材料費と加工費から合計で6,000円を控除する。

設例 2-4

　次の資料にもとづき，仕掛品勘定を記入するとともに完成品単位原価を計算しなさい。なお，正常仕損費の処理は度外視法，原価配分の方法は平均法を採用している。

（資　料）

1．生産データ

月初仕掛品	200個	（0.6）
当 月 投 入	1,600	
合　計	1,800個	
月末仕掛品	200	（0.3）
正常仕損品	100	（0.2）
完 成 品	1,500個	

2．原価データ

	直接材料費	加　工　費
月初仕掛品原価	54,240円	50,730円
当月製造費用	386,400円	473,040円

　直接材料はすべて工程の始点で投入している。生産データの（　　）内の数値は加工費進捗度または正常仕損の発生点の進捗度を示し，正常仕損品には1個あたり51円の処分価値がある。なお，この価値は直接材料から生じているものとする。

【解　答】

仕　　　　掛　　　　品			（単位：円）
月初仕掛品原価	104,970	製　　　　　　品	887,925
材　　　　　料	386,400	仕　　損　　品	5,100
加　　工　　費	473,040	月末仕掛品原価	71,385
	964,410		964,410

完成品単位原価　591.95円/個

【解　説】

1．正常仕損費の負担関係

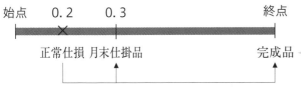

```
始点    0.2     0.3                  終点
├─────×─────┼──────────────────────┤
     正常仕損 月末仕掛品            完成品
        └──────┴─────────────────────┘
            完成品と月末仕掛品の両者負担
```

月末仕掛品も正常仕損の発生点を通過しているため，完成品と月末仕掛品の両者負担となる。

2．原価の按分計算（平均法）

（1）直接材料費の按分

　　仕損品評価額は直接材料の価値に依存しているため直接材料費から控除する。正常仕損費は完成品と月末仕掛品の両者負担であることから，月初仕掛品原価と当月製造費用の合計額からまず仕損品評価額を控除しておき，残った金額を完成品と月末仕掛品に按分する。

仕掛品―直接材料費

月　初　　200個	完成品　　1,500個
54,240円	384,300円
当月投入　1,600個	正常仕損 | 評価額
	100個 | 5,100円
386,400円	月　末　　200個
	51,240円

51円/個×100個＝5,100円

月 末 仕 掛 品：$\dfrac{54,240円＋386,400円－5,100円}{1,500個＋200個}×200個＝51,240円$

完　　成　　品：$(54,240円＋386,400円－5,100円)－51,240円＝384,300円$

（2）加工費の按分

仕掛品―加工費

月　初　　120個	完成品　　1,500個
50,730円	503,625円
当月投入　1,460個	正常仕損　20個
（貸借差引）	
473,040円	月　末　　60個
	20,145円

月 末 仕 掛 品：$\dfrac{50,730円＋473,040円}{1,500個＋60個}×60個＝20,145円$

完　　成　　品：$50,730円＋473,040円－20,145円＝503,625円$

（3）仕掛品勘定の記入と完成品単位原価の計算

　　月初仕掛品原価：54,240円＋50,730円＝104,970円

　　月末仕掛品原価：51,240円＋20,145円＝71,385円

仕　　損　　品：5,100円〈評価額〉

完成品総合原価：384,300円＋503,625円＝887,925円

完成品単位原価：887,925円÷1,500個＝591.95円/個

〔補足〕正常仕損品の評価額が加工価値に依存する場合

　本問において，正常仕損品の評価額が加工価値に依存する場合の計算方法は，以下のようになる。

　先に本テーマの **1** 4.「仕損品の評価額」において述べたように，仮に仕損品評価額が加工価値に依存しようとも，その計算においては加工費進捗度を考慮する必要はないことに注意する。

　なお，以下の計算では，計算結果について円未満の端数を四捨五入している。

(1) 仕損品評価額の計算

51円/個×<u>100個</u>$^{(注)}$＝5,100円　　　（注）加工費の完成品換算量は使用しないこと。
　　　　　　仕損数量

(2) 直接材料費の按分

仕掛品―直接材料費

月　初	200個	完成品	1,500個
	54,240円		388,800円
当月投入	1,600個	正常仕損	100個
	386,400円	月　末	200個
			51,840円

月末仕掛品：$\dfrac{54,240円＋386,400円}{1,500個＋200個}×200個＝51,840円$

完　成　品：54,240円＋386,400円－51,840円＝388,800円

(3) 加工費の按分

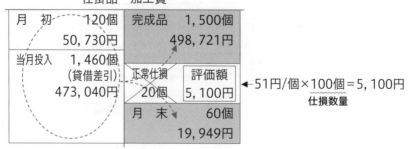

仕掛品―加工費

月　初	120個	完成品	1,500個
	50,730円		498,721円
当月投入	1,460個	正常仕損	評価額
	(貸借差引)	20個	5,100円
	473,040円	月　末	60個
			19,949円

←51円/個×100個＝5,100円
　　　　仕損数量

月末仕掛品：$\dfrac{50,730円＋473,040円－5,100円}{1,500個＋60個}×60個＝19,948.84\cdots円$

→19,949円（円未満四捨五入）

完　成　品：（50,730円＋473,040円－5,100円）－19,949円＝498,721円

次の資料にもとづき，仕掛品勘定を記入するとともに完成品単位原価を計算しなさい。なお，正常仕損費の処理は度外視法，原価配分の方法は先入先出法を採用している。ただし，正常仕損はすべて当月投入分より生じているものとする。また，完成品単位原価の解答数値に端数が生じる場合には，円位未満小数第3位を四捨五入すること。

（資　料）

1．生産データ

月初仕掛品	200個	(0.6)
当月投入	1,600	
合　計	1,800個	
月末仕掛品	200	(0.3)
正常仕損品	100	(0.2)
完成品	1,500個	

2．原価データ

	直接材料費	加　工　費
月初仕掛品原価	54,240円	50,730円
当月製造費用	386,400円	473,040円

直接材料はすべて工程の始点で投入している。生産データの（　　）内の数値は加工費進捗度または正常仕損の発生点の進捗度を示し，正常仕損品には1個あたり51円の処分価値がある。なお，この価値は直接材料から生じているものとする。

【解　答】

仕　掛　品			（単位：円）
月初仕掛品原価	104,970	製　　　品	888,760
材　　　料	386,400	仕　損　品	5,100
加　工　費	473,040	月末仕掛品原価	70,550
	964,410		964,410

完成品単位原価　592.51円/個

【解　説】

1．正常仕損費の負担関係

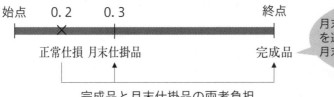

月末仕掛品も正常仕損の発生点を通過しているため，完成品と月末仕掛品の両者負担となる。

2．原価の按分計算（平均法）

先入先出法の場合には，月初仕掛品原価はそのまま完成品原価に含まれるため按分計算には含まれない。したがって，平均法による計算式の分母と分子から月初仕掛品分を除いて計算すればよい。

また，正常仕損費は完成品と月末仕掛品の両者負担であることから，正常仕損の完成品換算量は無視して計算する。

(1) 直接材料費の按分

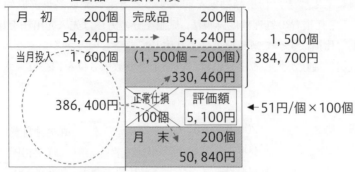

$$月末仕掛品：\frac{386,400円-5,100円}{(1,500個-200個)+200個}×200個=50,840円$$

完　成　品：54,240円+$\underbrace{(386,400円-5,100円-50,840円)}_{330,460円}$=384,700円

(2) 加工費の按分

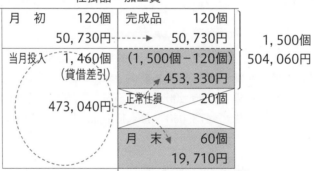

$$月末仕掛品：\frac{473,040円}{(1,500個-120個)+60個}×60個=19,710円$$

完　成　品：50,730円+$\underbrace{473,040円-19,710円}_{453,330円}$=504,060円

(3) 仕掛品勘定の記入と完成品単位原価の計算

　　月初仕掛品原価：54,240円+50,730円=104,970円

　　月末仕掛品原価：50,840円+19,710円=70,550円

　　仕　損　品：5,100円〈評価額〉

　　完成品総合原価：384,700円+504,060円=888,760円

　　完成品単位原価：888,760円÷1,500個≒592.51円/個（小数第3位四捨五入）

設例 2-6

次の資料にもとづき，月末仕掛品原価，完成品総合原価および完成品単位原価を計算しなさい。正常減損費の処理は度外視法，原価配分の方法は平均法を採用している。なお，計算上生じる円未満の端数は四捨五入し，完成品単位原価のみ円位未満小数第3位を四捨五入すること。

（資 料）

1．生産データ

月初仕掛品	200kg (0.6)
当月投入	1,600
合 計	1,800kg
月末仕掛品	200 (0.3)
正常減損	100
完 成 品	1,500kg

2．原価データ

	直接材料費	加工費
月初仕掛品原価	26,400円	23,810円
当月製造費用	189,600円	275,650円

直接材料はすべて工程の始点で投入している。生産データの（　）内の数値は加工費進捗度を示す。正常減損は工程を通じて平均的に発生した。

【解　答】

	月 末 仕 掛 品	完 成 品
直 接 材 料 費	25,412円	190,588円
加 工 費	11,518円	287,942円
合 計	36,930円	478,530円

完成品単位原価　　319.02円/kg

【解　説】

1．正常減損費の負担関係

完成品と月末仕掛品の両者負担

注意！ 月末仕掛品の進捗度0.3と平均的発生における便宜上の進捗度0.5を比較しないこと。

2. 原価の按分計算（平均法）

　　正常減損費は完成品と月末仕掛品の両者負担であることから，正常減損の完成品換
　算量は無視して計算する。

（1）直接材料費の按分

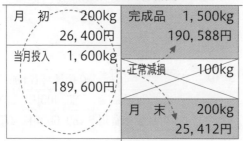

仕掛品－直接材料費

月　初　　200kg 　　26,400円	完成品　　1,500kg 　　　190,588円
当月投入　1,600kg 　　189,600円	正常減損　　　100kg
	月　末　　200kg 　　　25,412円

　月末仕掛品：$\dfrac{26,400円+189,600円}{1,500kg+200kg} \times 200kg \fallingdotseq 25,412円$（円未満四捨五入）

　完　成　品：$26,400円+189,600円-25,412円=190,588円$

（2）加工費の按分

仕掛品－加工費

月　初　　120kg 　　23,810円	完成品　　1,500kg 　　　287,942円
当月投入　1,490kg （貸借差引） 　275,650円	正常減損　　　50kg
	月　末　　60kg 　　11,518円

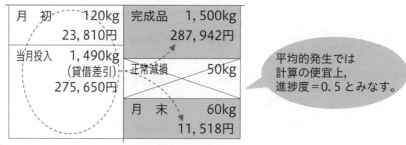

平均的発生では
計算の便宜上，
進捗度＝0.5とみなす。

　月末仕掛品：$\dfrac{23,810円+275,650円}{1,500kg+60kg} \times 60kg \fallingdotseq 11,518円$（円未満四捨五入）

　完　成　品：$23,810円+275,650円-11,518円=287,942円$

（3）仕掛品勘定の記入と完成品単位原価

　　月初仕掛品原価：$26,400円+23,810円=50,210円$

　　月末仕掛品原価：$25,412円+11,518円=36,930円$

　　完　成　品原価：$190,588円+287,942円=478,530円$

　　完成品単位原価：$478,530円 \div 1,500個 = 319.02円/kg$

参考　原価計算基準27：仕損および減損の処理

　総合原価計算においては，仕損の費用は，原則として，特別に仕損費の費目を設けることをしない
で，これをその期の完成品と期末仕掛品とに負担させる。

　加工中に蒸発，粉散，ガス化，煙化等によって生ずる原料の減損の処理は，仕損に準ずる。

5 正常仕損費・正常減損費の処理－Ⅱ（非度外視法）

1. 非度外視法とは

　非度外視法とは，正常仕損費・正常減損費を計算によりいったん分離把握したのち，改めて関係する良品に対して負担させる方法をいう。

2. 非度外視法の計算方法

（1）　原価の分離計算

　　まず，按分計算により完成品，正常仕損（正常減損），月末仕掛品に原価を配分する。

〈例示：平均法〉

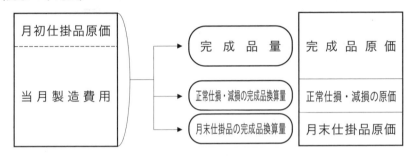

（2）　正常仕損費・正常減損費の追加配賦

　　次いで，分離された正常仕損費（正常減損費）を良品に対して追加配賦する。

①　完成品のみ負担の場合

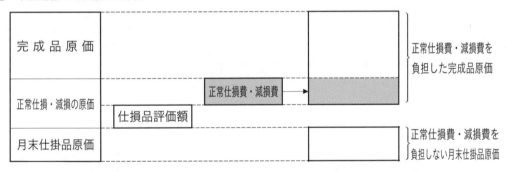

②　完成品と月末仕掛品の両者負担の場合

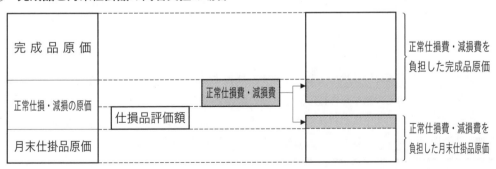

定点発生の場合 ⇨ 数量比で追加配賦
平均的発生の場合 ⇨ 加工費の完成品換算量比で追加配賦

非度外視法で両者負担の場合の負担割合について

　非度外視法で両者負担になる場合，仕損・減損が定点発生の場合と平均的発生の場合で完成品と月末仕掛品への負担割合が異なるのは，正常仕損費・正常減損費の良品へ与える影響が仕損・減損の発生状況によって異なるからである。

1．定点発生の場合

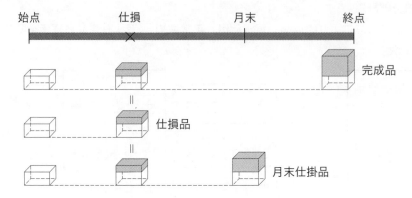

　上図からわかるように，仕損の発生したポイントに着目すると，最終的に完成品になるものも月末仕掛品になるものも，仕損発生点ではなんら区別なくまったく同じ加工状態である。

　したがって，定点発生における仕損や減損のコストは，完成品と月末仕掛品に対して単位あたりの負担額が同じになるように数量比で按分する。

2．平均的発生の場合

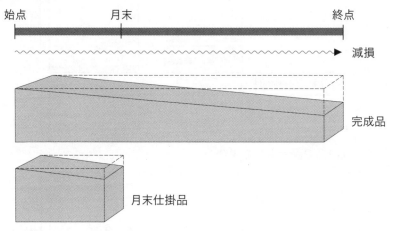

　上図からわかるように，減損は工程の始点から終点までのいたるところで発生するため，完成品と月末仕掛品はその加工の進み具合に応じて減損の影響を受けることになる。

　したがって，平均的発生における減損のコストは，完成品と月末仕掛品に対して単位あたり負担額が加工費進捗度の割合になるように加工費の完成品換算量比で按分する。

設例 2-7

次の資料にもとづき，各問の月末仕掛品原価，完成品総合原価，完成品単位原価を求めなさい。なお，正常仕損費の処理は非度外視法，原価配分の方法は平均法を採用している。

（資　料）

1．生産データ

月初仕掛品	200個	(0.6)
当月投入	1,600	
合　計	1,800個	
月末仕掛品	200	(0.3)
正常仕損品	100	(0.5)
完成品	1,500個	

2．原価データ

	直接材料費	加工費
月初仕掛品原価	26,400円	23,810円
当月製造費用	189,600円	275,650円

直接材料はすべて工程の始点で投入している。生産データの（　）内の数値は加工費進捗度または正常仕損の発生点の進捗度を示す。

〔問1〕正常仕損品に処分価値がない場合

〔問2〕正常仕損品に1個あたり60円の処分価値がある場合

【解　答】

〔問1〕

月末仕掛品原価	35,160円
完成品総合原価	480,300円

完成品単位原価　320.2円/個

〔問2〕

月末仕掛品原価	35,160円
完成品総合原価	474,300円

完成品単位原価　316.2円/個

【解　説】

非度外視法では，いったん正常仕損品の原価を分離計算したのち，改めて正常仕損費を仕損に関係のある良品のコストに追加配賦する。

〔問1〕正常仕損品に処分価値がない場合

（1）正常仕損費の負担関係

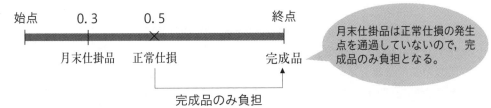

月末仕掛品は正常仕損の発生点を通過していないので，完成品のみ負担となる。

(2) 直接材料費の按分

仕掛品—直接材料費

月　初	200個	完成品	1,500個
	26,400円		180,000円
当月投入	1,600個	正常仕損	100個
	189,600円		12,000円
		月　末	200個
			24,000円

$$月 末 仕 掛 品：\frac{26,400円 + 189,600円}{1,500個 + 100個 + 200個} × 200個 = 24,000円$$

正 常 仕 損 品：　　　　　〃　　　　　× 100個 = 12,000円

完　　　成　　　品：26,400円 + 189,600円 − (24,000円 + 12,000円) = 180,000円

(3) 加工費の按分

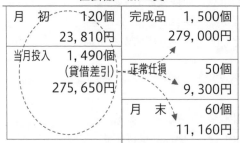

仕掛品—加工費

月　初	120個	完成品	1,500個
	23,810円		279,000円
当月投入	1,490個	正常仕損	50個
	(貸借差引)		9,300円
	275,650円	月　末	60個
			11,160円

$$月 末 仕 掛 品：\frac{23,810円 + 275,650円}{1,500個 + 50個 + 60個} × 60個 = 11,160円$$

正 常 仕 損 品：　　　　　〃　　　　　× 50個 = 9,300円

完　　　成　　　品：23,810円 + 275,650円 − (11,160円 + 9,300円) = 279,000円

(4) 正常仕損費の追加配賦

正 常 仕 損 費：12,000円 + 9,300円 = 21,300円 … 完成品のみ負担

(5) まとめ

月末仕掛品原価：24,000円 + 11,160円 = 35,160円

完成品総合原価：180,000円 + 279,000円 + 21,300円 = 480,300円
　　　　　　　　　　　　　　　　　　　　正常仕損費

完成品単位原価：480,300円 ÷ 1,500個 = 320.2円/個

〔問2〕正常仕損品に処分価値がある場合

　非度外視法の場合には，原価の按分計算によりいったん正常仕損品の原価を算定しているため，〔問1〕で計算した正常仕損品の原価から評価額を控除した正常仕損費のみを完成品に追加配賦すればよい。

(1) 正常仕損費の追加配賦

正常仕損費：12,000円＋9,300円－60円/個×100個＝15,300円 … 完成品のみ負担
　　　　　　　　　　　　　　　　仕損品評価額

(2) まとめ

月末仕掛品原価：24,000円＋11,160円＝35,160円

完成品総合原価：180,000円＋279,000円＋15,300円＝474,300円
　　　　　　　　　　　　　　　　　　　　　正常仕損費

完成品単位原価：474,300円÷1,500個＝316.2円/個

設例 2-8

次の資料にもとづき，仕掛品勘定を記入するとともに完成品単位原価を計算しなさい。正常仕損費の処理は非度外視法，原価配分の方法は先入先出法を採用している。なお，正常仕損はすべて当月投入分より発生しているものとし，完成品単位原価の解答数値に端数が生じる場合には，円位未満小数第3位を四捨五入すること。

(資　料)

1．生産データ

月初仕掛品	200個	(0.6)
当月投入	1,600	
合　計	1,800個	
月末仕掛品	200	(0.3)
正常仕損品	100	(0.2)
完成品	1,500個	

2．原価データ

	直接材料費	加　工　費
月初仕掛品原価	54,240円	50,730円
当月製造費用	386,400円	473,040円

直接材料はすべて工程の始点で投入している。生産データの（　）内の数値は加工費進捗度または正常仕損の発生点の進捗度を示し，正常仕損品には1個あたり51円の処分価値がある。なお，この価値は直接材料から生じているものとする。

【解　答】

仕　掛　品			(単位：円)
月初仕掛品原価	104,970	製　　　品	888,166
材　　　料	386,400	仕　損　品	5,100
加　工　費	473,040	月末仕掛品原価	71,144
	964,410		964,410

完成品単位原価　592.11円/個

【解 説】
(1) 正常仕損費の負担関係

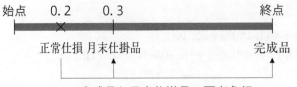

始点　0.2　0.3　　　　　　　　　終点

正常仕損 月末仕掛品　　　　　　完成品

完成品と月末仕掛品の両者負担

> 月末仕掛品も正常仕損の発生点を通過しているため，完成品と月末仕掛品の両者負担となる（定点発生のため数量比で按分）。

(2) 直接材料費の按分

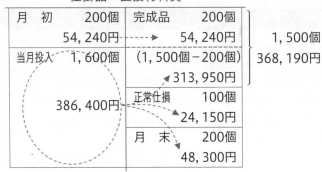

仕掛品—直接材料費

月 初	200個	完成品	200個	
	54,240円 ----▶		54,240円	1,500個
当月投入	1,600個	(1,500個-200個)		368,190円
			313,950円	
		正常仕損	100個	
	386,400円		24,150円	
		月 末	200個	
			48,300円	

月 末 仕 掛 品： $\dfrac{386,400円}{(1,500個-200個)+100個+200個} \times 200個 = 48,300円$

正 常 仕 損 品： 〃 $\times 100個 = 24,150円$

完 成 品：$54,240円 + \underbrace{(386,400円 - 48,300円 - 24,150円)}_{313,950円} = 368,190円$

(3) 加工費の按分

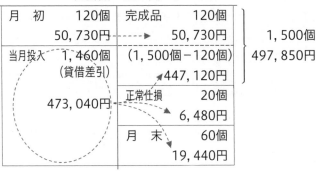

仕掛品—加工費

月 初	120個	完成品	120個	
	50,730円 ----▶		50,730円	1,500個
当月投入	1,460個	(1,500個-120個)		497,850円
	(貸借差引)		447,120円	
		正常仕損	20個	
	473,040円		6,480円	
		月 末	60個	
			19,440円	

月 末 仕 掛 品： $\dfrac{473,040円}{(1,500個-120個)+20個+60個} \times 60個 = 19,440円$

正 常 仕 損 品： 〃 $\times 20個 = 6,480円$

完 成 品：$50,730円 + \underbrace{(473,040円 - 19,440円 - 6,480円)}_{447,120円} = 497,850円$

(4) 正常仕損費の追加配賦

　正 常 仕 損 費：24,150円＋6,480円－<u>51円/個×100個</u>＝25,530円
仕損品評価額 5,100円

　定点発生（進捗度0.2）であるため，正常仕損費は完成品と月末仕掛品の数量比で按分する。その際，先入先出法の場合は，月初仕掛品量を完成品量から控除することに注意する。

　完成品負担分：$\dfrac{25,530円}{(1,500個－200個)＋200個}$×(1,500個－200個)＝22,126円

　月末仕掛品負担分：　　　　　　〃　　　　　　　×200個＝3,404円

(5) 仕掛品勘定の記入と完成品単位原価の計算

　月初仕掛品原価：54,240円＋50,730円＝104,970円

　月末仕掛品原価：48,300円＋19,440円＋<u>3,404円</u>＝71,144円
正常仕損費

　仕　　　損　　　品：5,100円〈評価額〉

　完成品総合原価：368,190円＋497,850円＋<u>22,126円</u>＝888,166円
正常仕損費

　完成品単位原価：888,166円÷1,500個≒592.11円/個（小数第3位四捨五入）

補足 **正常仕損費を原価要素別に追加配賦する必要がある場合（次頁の⑵のケース）**

　問題によっては，完成品総合原価や月末仕掛品原価の原価要素別内訳を要求してくる場合がある。その場合の解答要求としては，大別すると，次の2種類に区分できる。⑴のケースでは前述のとおり計算すればよいが，⑵のケースでは正常仕損費を原価要素別に追加配賦する必要がある。

(1) 原価要素別内訳として「直接材料費」，「加工費」および「正常仕損費」を要求している場合

	完 成 品 原 価	月末仕掛品原価
直接材料費	円	円
加 工 費	円	円
正常仕損費	円	円
計	円	円

　この場合の正常仕損費の追加配賦計算は前述したとおり，正常仕損費を直接材料費分と加工費分とで合算して行えばよい。したがって，解答を示せば下記のようになる。

	完 成 品 原 価	月末仕掛品原価
直接材料費	368,190 円	48,300 円
加 工 費	497,850 円	19,440 円
正常仕損費	22,126 円	3,404 円
計	888,166 円	71,144 円

仕　掛　品			（単位：円）
月初仕掛品原価		完 成 品 原 価	
直 接 材 料 費	54,240	直 接 材 料 費	368,190
加 工 費	50,730	加 工 費	497,850
計	104,970	正 常 仕 損 費	22,126
当 月 製 造 費 用		計	888,166
直 接 材 料 費	386,400	仕 損 品	5,100
加 工 費	473,040	月末仕掛品原価	
計	859,440	直 接 材 料 費	48,300
		加 工 費	19,440
		正 常 仕 損 費	3,404
		計	71,144
	964,410		964,410

(2)　原価要素別内訳として「直接材料費」と「加工費」のみ要求している場合

	完 成 品 原 価	月末仕掛品原価
直接材料費	円	円
加 工 費	円	円
計	円	円

　このように正常仕損費を記入する欄が設けられていない答案用紙の場合，前述した計算方法では正常仕損費の追加配賦額を記入することができない。したがって，正常仕損費の追加配賦計算は，原価要素別に行わなければならない。この場合の計算方法と解答は以下のようになる。

① 正常仕損費（直接材料費分）の追加配賦

完成品負担分：$\dfrac{24,150 円 - 仕損品評価額 5,100 円}{(1,500 個 - 200 個) + 200 個} \times (1,500 個 - 200 個) = 16,510 円$

月末仕掛品負担分：　　　　　〃　　　　　　$\times 200 個 = 2,540 円$

② 正常仕損費（加工費分）の追加配賦

完成品負担分：$\dfrac{6,480 円}{(1,500 個 - 200 個) + 200 個} \times (1,500 個 - 200 個) = 5,616 円$

月末仕掛品負担分：　　　　　〃　　　　　　$\times 200 個 = 864 円$

③ 完成品原価

直接材料費：368,190 円 + 16,510 円〈正常仕損費〉＝ 384,700 円

加 工 費：497,850 円 + 5,616 円〈正常仕損費〉＝ 503,466 円
　　計　　　　　　　　　　　　　　　　　888,166 円

④ 月末仕掛品原価

直接材料費：48,300 円 + 2,540 円〈正常仕損費〉＝ 50,840 円

加 工 費：19,440 円 + 864 円〈正常仕損費〉＝ 20,304 円
　　計　　　　　　　　　　　　　　　　　71,144 円

⑤ 解答

	完 成 品 原 価	月末仕掛品原価
直接材料費	384,700 円	50,840 円
加 工 費	503,466 円	20,304 円
計	888,166 円	71,144 円

⇦ 合計額は(1)と同じ

⑥ 仕掛品勘定

仕 掛 品			(単位：円)
月初仕掛品原価		完 成 品 原 価	
直 接 材 料 費	54,240	直 接 材 料 費	384,700
加 工 費	50,730	加 工 費	503,466
計	104,970	計	888,166
当 月 製 造 費 用		仕 損 品	5,100
直 接 材 料 費	386,400	月末仕掛品原価	
加 工 費	473,040	直 接 材 料 費	50,840
計	859,440	加 工 費	20,304
		計	71,144
	964,410		964,410

設例 2-9

　次の資料にもとづき，仕掛品勘定を記入するとともに完成品単位原価を計算しなさい。正常減損費の処理は非度外視法，原価配分の方法は平均法を採用している。なお，計算上生じる円未満の端数は四捨五入し，完成品単位原価のみ円位未満小数第3位を四捨五入すること。

（資 料）

1．生産データ

月初仕掛品	200kg	(0.6)
当 月 投 入	1,600	
合 計	1,800kg	
月末仕掛品	200	(0.3)
正 常 減 損	100	
完 成 品	1,500kg	

2．原価データ

	直接材料費	加 工 費
月初仕掛品原価	26,400円	23,810円
当月製造費用	189,600円	275,650円

　直接材料はすべて工程の始点で投入している。生産データの（　　）内の数値は加工費進捗度を示す。正常減損は工程を通じて平均的に発生した。

【解 答】

仕 掛 品			(単位：円)
月初仕掛品原価	50,210	製 品	479,481
材 料	189,600	月末仕掛品原価	35,979
加 工 費	275,650		
	515,460		515,460

完成品単位原価　　319.65円/kg

【解　説】

1．正常減損費の負担関係

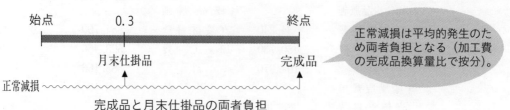

| 始点 | 0.3 | | 終点 |

正常減損は平均的発生のため両者負担となる（加工費の完成品換算量比で按分）。

正常減損 ……… 完成品と月末仕掛品の両者負担

注意！ 月末仕掛品の進捗度0.3と平均的発生における便宜上の進捗度0.5を比較しないこと。

2．原価の按分計算（平均法）

(1)　直接材料費の按分

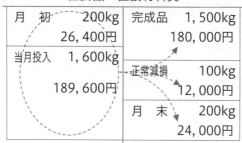

仕掛品一直接材料費

月　初	200kg	完成品	1,500kg
	26,400円		180,000円
当月投入	1,600kg	正常減損	100kg
			12,000円
	189,600円	月　末	200kg
			24,000円

$$月末仕掛品：\frac{26,400円+189,600円}{1,500kg+100kg+200kg}\times200kg=24,000円$$

正 常 減 損： 〃 ×100kg=12,000円

完 成 品：26,400円+189,600円−(24,000円+12,000円)=180,000円

(2)　加工費の按分

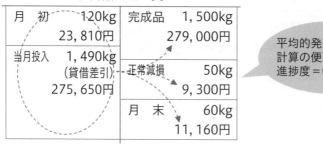

仕掛品一加工費

月　初	120kg	完成品	1,500kg
	23,810円		279,000円
当月投入	1,490kg	正常減損	50kg
	（貸借差引）		9,300円
	275,650円	月　末	60kg
			11,160円

平均的発生では計算の便宜上，進捗度＝0.5とみなす。

$$月末仕掛品：\frac{23,810円+275,650円}{1,500kg+50kg+60kg}\times60kg=11,160円$$

正 常 減 損： 〃 ×50kg=9,300円

完 成 品：23,810円+275,650円−(11,160円+9,300円)=279,000円

３．正常減損費の追加配賦

正常減損は平均的発生であるため，完成品と月末仕掛品に加工費の完成品換算量比で按分する。

正 常 減 損 費：12,000円＋9,300円＝21,300円

完成品負担分：$\dfrac{21,300円}{1,500\text{kg}+60\text{kg}}×1,500\text{kg}≒20,481円$（円未満四捨五入）

月末仕掛品負担分：　　　〃　　　×60kg≒819円（円未満四捨五入）

４．仕掛品勘定の記入と完成品単位原価の計算

月初仕掛品原価：26,400円＋23,810円＝50,210円

月末仕掛品原価：24,000円＋11,160円＋<u>819円</u>＝35,979円
　　　　　　　　　　　　　　　　　　正常減損費

完成品総合原価：180,000円＋279,000円＋<u>20,481円</u>＝479,481円
　　　　　　　　　　　　　　　　　　　　正常減損費

完成品単位原価：479,481円÷1,500kg≒319.65円/kg（小数第３位四捨五入）

参考　度外視法と非度外視法との比較

正常仕損・正常減損の発生状況により，両方法による計算結果は次のようになる。

		正常仕損（正常減損）の発生形態		計算結果
完成品のみ負担	定点発生	①	工程終点発生	一　致
		②	工程途中の一定点で発生 仕損（減損）の発生点の進捗度 ＞ 月末仕掛品の進捗度	
両者負担	定点発生	①	工程始点発生	不一致
		②	工程途中の一定点で発生 仕損（減損）の発生点の進捗度 ≦ 月末仕掛品の進捗度	
	平均的発生			

両者負担の場合には始点発生を除いて度外視法と非度外視法の計算結果は一致しない。なぜなら，両方法では正常仕損費（正常減損費）を完成品と月末仕掛品とへ按分する割合が異なっているためである。

なお検定試験では通常，計算方法についての指示が与えられるが，下記のケースでは指示がないこともある。

① どちらの方法でも結果が一致する（→どちらで解いてもよい）。

② 発生点が不明である（→度外視法でしか解けない）。

⑥ 正常発生額・異常発生額の両方が生じる場合

いままでの説明では，仕損や減損は正常発生額または異常発生額のどちらか一方しか発生しないケースであった。しかし，一つの生産工程において正常発生額と異常発生額の両方が発生するケースもある。このうち異常な仕損費（減損費）は製品のコストに影響を与えないように非原価項目として分離されるが，その際，正常仕損費（減損費）を異常仕損（減損）に対しても負担させるかどうかが問題になる。

この場合においても，正常仕損費（減損費）の負担関係は，その発生点の進捗度を通過しているかどうかで判断すればよい。

(1) **正常仕損(減損)の進捗度 ＞ 異常仕損(減損)の進捗度**

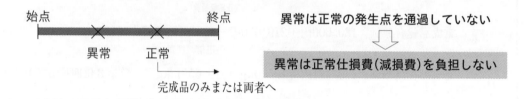

(2) **正常仕損(減損)の進捗度 ＜ 異常仕損(減損)の進捗度**

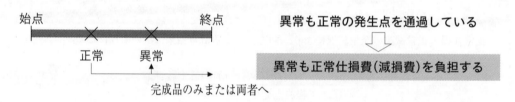

(3) **同点発生（正常仕損(減損)の進捗度 ＝ 異常仕損(減損)の進捗度）**

同点発生の場合には問題文の指示によるが，一般的には正常仕損費（減損費）を負担させないことが多い。

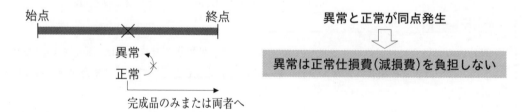

設例 2-10

次の資料にもとづき,仕掛品勘定を記入するとともに完成品単位原価を計算しなさい。なお,原価配分の方法は先入先出法を採用している。

(資　料)

1．生産データ

月初仕掛品	200個 (0.6)
当 月 投 入	1,600
合　計	1,800個
月末仕掛品	200　(0.5)
正常仕損品	50　(0.3)
異常仕損品	50　(0.4)
完　成　品	1,500個

2．原価データ

	直接材料費	加 工 費
月初仕掛品原価	38,400円	50,280円
当月製造費用	297,600円	657,510円

直接材料はすべて工程の始点で投入している。上記生産データの（　　）内の数値は,加工費進捗度または仕損の発生点の進捗度を示す。正常仕損費の処理は非度外視法を採用しており,その負担関係は進捗度にもとづいて決定する。正常仕損および異常仕損はすべて当月投入分から発生しており,仕損品に処分価値はない。

【解　答】

仕　掛　品		（単位：円）	
月初仕掛品原価	88,680	製　　　　品	942,660
材　　　料	297,600	異 常 仕 損 費	18,490
加　工　費	657,510	月末仕掛品原価	82,640
	1,043,790		1,043,790

完成品単位原価　628.44円/個

【解　説】

1．正常仕損費の負担関係

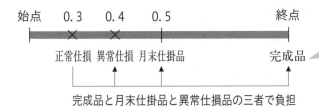

異常仕損も正常仕損の発生点を通過しているため,正常仕損費を三者で負担する。

2．原価の按分計算（先入先出法）

(1)　直接材料費の按分

仕掛品―直接材料費

月　初　　200個	完成品　　200個	
38,400円	38,400円	1,500個
当月投入　1,600個	（1,500個－200個）	280,200円
	241,800円	
	正常仕損　　50個	
	9,300円	
297,600円	異常仕損　　50個	
	9,300円	
	月　末　　200個	
	37,200円	

月末仕掛品：$\dfrac{297,600円}{(1,500個-200個)+50個+50個+200個}×200個=37,200円$

異常仕損品：　　　　　　　〃　　　　　　　　×50個＝9,300円

正常仕損品：　　　　　　　〃　　　　　　　　×50個＝9,300円

完　成　品：38,400円＋297,600円－（37,200円＋9,300円＋9,300円）＝280,200円
　　　　　　　　　　　　　　241,800円

(2)　加工費の按分

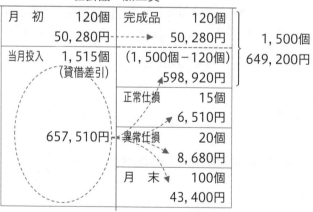

仕掛品―加工費

月　初　　120個	完成品　　120個	
50,280円	50,280円	1,500個
当月投入　1,515個	（1,500個－120個）	649,200円
（貸借差引）	598,920円	
	正常仕損　　15個	
	6,510円	
657,510円	異常仕損　　20個	
	8,680円	
	月　末　　100個	
	43,400円	

月末仕掛品：$\dfrac{657,510円}{(1,500個-120個)+15個+20個+100個}×100個=43,400円$

異常仕損品：　　　　　　　〃　　　　　　　　×20個＝8,680円

正常仕損品：　　　　　　　〃　　　　　　　　×15個＝6,510円

完　成　品：50,280円＋657,510円－（43,400円＋8,680円＋6,510円）＝649,200円
　　　　　　　　　　　　　　598,920円

3．正常仕損費の追加配賦

　　正常仕損は定点発生（進捗度0.3）であるため，正常仕損費は数量比で完成品・月末仕掛品・異常仕損品の三者に負担させる。また，先入先出法のため完成品量から月初仕掛品量は控除して計算する。

$$完成品負担分：\frac{9,300円+6,510円}{(1,500個-200個)+50個+200個}\times(1,500個-200個)=13,260円$$

　　異常仕損品負担分：　　　　　　　〃　　　　　　　× 50個＝510円

　　月末仕掛品負担分：　　　　　　　〃　　　　　　　× 200個＝2,040円

4．仕掛品勘定の記入と完成品単位原価の計算

　　月初仕掛品原価：38,400円＋50,280円＝88,680円

　　月末仕掛品原価：37,200円＋43,400円＋2,040円＝82,640円

　　異 常 仕 損 費：9,300円＋8,680円＋510円＝18,490円

　　完成品総合原価：280,200円＋649,200円＋13,260円＝942,660円

　　完成品単位原価：942,660円÷1,500個＝628.44円/個

設例 2-11

　次の資料にもとづき，仕掛品勘定を記入するとともに完成品単位原価を計算しなさい。なお，原価配分の方法は平均法を採用している。

（資　料）

1．生産データ

月初仕掛品	200個	(0.6)
当 月 投 入	1,600	
合　　計	1,800個	
月末仕掛品	200	(0.5)
正常仕損品	50	(0.4)
異常仕損品	50	(0.3)
完 成 品	1,500個	

2．原価データ

	直接材料費	加　工　費
月初仕掛品原価	35,400円	50,280円
当月製造費用	297,600円	656,040円

　直接材料はすべて工程の始点で投入している。上記生産データの（　　）内の数値は，加工費進捗度または仕損の発生点の進捗度を示す。正常仕損費の処理は度外視法を採用しており，その負担関係は進捗度にもとづいて決定する。なお，仕損品には1個あたり49円の処分価値があり直接材料費から控除する。

【解　答】

仕 掛 品			(単位：円)
月初仕掛品原価	85,680	製　　　品	939,600
材　　　料	297,600	仕　損　品	4,900
加　工　費	656,040	異常仕損費	13,280
		月末仕掛品原価	81,540
	1,039,320		1,039,320

完成品単位原価　626.4円/個

【解　説】

1．正常仕損費の負担関係

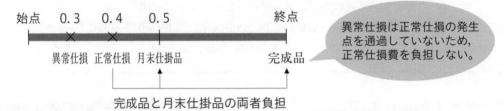

2．原価の按分計算（平均法）

(1)　直接材料費の按分

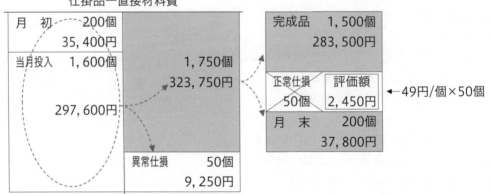

①　異常仕損品は正常仕損費を負担しないため，まず異常仕損品の原価を正常仕損費を負担しない正味の単価で計算して分離する。

異常仕損品：$\dfrac{35,400円+297,600円}{(1,500個 + 50個 + 200個) + 50個} \times 50個 = 9,250円$

②　次いで，残額から仕損品評価額を差し引いた金額を完成品と月末仕掛品に按分する。

月末仕掛品：$\dfrac{(35,400円+297,600円-9,250円) - 2,450円}{1,500個 + 200個} \times 200個 = 37,800円$

完　成　品：$\underbrace{(35,400円 + 297,600円 - 9,250円)}_{323,750円} - \underbrace{2,450円}_{評価額} - \underbrace{37,800円}_{月　末} = 283,500円$

(2)　加工費の按分

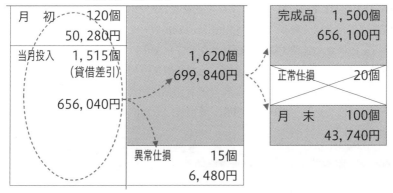

仕掛品―加工費

月　初　　120個 50,280円	1,620個 699,840円	完成品　1,500個 656,100円
当月投入　1,515個 （貸借差引） 656,040円		正常仕損　　20個
	異常仕損　　15個 6,480円	月　末　　100個 43,740円

異 常 仕 損 品：$\dfrac{50,280円+656,040円}{(1,500個+20個+100個)+15個}\times 15個＝6,480円$

月 末 仕 掛 品：$\dfrac{50,280円+656,040円-6,480円}{1,500個+100個}\times 100個＝43,740円$

完　　　成　　　品：$\underset{699,840円}{(\underline{50,280円+656,040円-6,480円})}-\underset{月　末}{\underline{43,740円}}＝656,100円$

3．仕掛品勘定の記入と完成品単位原価の計算

　　月初仕掛品原価：35,400円+50,280円＝85,680円

　　月末仕掛品原価：37,800円+43,740円＝81,540円

　　仕　　損　　品：49円/個×（50個+50個）＝4,900円

　　異 常 仕 損 費：$\underset{異常仕損品原価}{\underline{9,250円+6,480円}}-\underset{仕損品評価額}{\underline{49円/個×50個}}＝13,280円$

　　完成品総合原価：283,500円+656,100円＝939,600円

　　完成品単位原価：939,600円÷1,500個＝626.4円/個

Theme 02

仕損・減損が生じる場合の計算

61

研究 異常仕損（減損）には正常仕損費（減損費）を負担させない計算について

　正常仕損費（減損費）は，理論的にはその発生点を通過したものに負担させるべきであるが，［設例2－10］のケースでは異常仕損（減損）が正常仕損費（減損費）を負担する結果，正常仕損費（減損費）の一部が製品の原価に算入されず非原価項目となってしまう。

　正常仕損費（減損費）はあくまで「良品」の生産に必要なコストであり，異常仕損（減損）には負担させるべきでないとする考え方もあり，そのような計算条件が問題文で指示された場合は，異常仕損（減損）にはその進捗度にかかわらず正常仕損費（減損費）を負担させずに計算する。

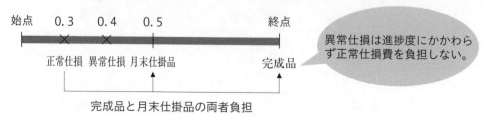

前述の［設例2－10］をこの考え方で計算すれば以下のようになる。

〈非度外視法の場合〉

　非度外視法の場合には，いったん正常仕損費を分離把握しているため，異常仕損品に正常仕損費を追加配賦しないだけでよい。

(1)　原価の按分計算（先入先出法）

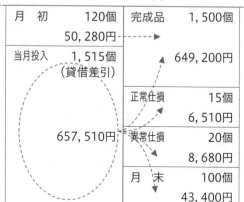

仕掛品一直接材料費

月　　初	200個	完成品	1,500個
	38,400円		
当月投入	1,600個		280,200円
		正常仕損	50個
			9,300円
	297,600円	異常仕損	50個
			9,300円
		月　　末	200個
			37,200円

仕掛品一加工費

月　　初	120個	完成品	1,500個
	50,280円		
当月投入	1,515個		649,200円
	（貸借差引）		
		正常仕損	15個
			6,510円
	657,510円	異常仕損	20個
			8,680円
		月　　末	100個
			43,400円

(2)　正常仕損費の追加配賦

完成品負担分：$\dfrac{9,300円+6,510円}{(1,500個-200個)+200個}\times(1,500個-200個)=13,702円$

月末仕掛品負担分：　　　　〃　　　　$\times 200個=2,108円$

(3) まとめ

　　月末仕掛品原価：37,200円＋43,400円＋2,108円＝82,708円

　　異 常 仕 損 費：9,300円＋8,680円＝17,980円

　　完成品総合原価：280,200円＋649,200円＋13,702円＝943,102円

　　完成品単位原価：943,102円÷1,500個≒628.73円/個（小数第3位四捨五入）

〈度外視法の場合〉

　度外視法の場合には［設例2−11］のように，まず異常仕損品の原価を正常仕損費を負担しない単価で計算して分離した後，改めて正常仕損費を負担した完成品と月末仕掛品原価を計算することになる。

(1) 直接材料費の按分（先入先出法）

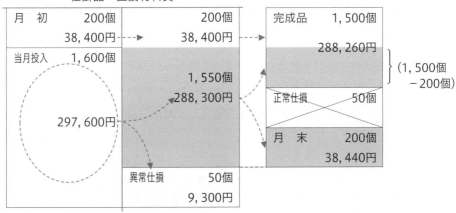

$$異常仕損品：\frac{297,600円}{(1,500個-200個+50個+200個)+50個} \times 50個 = 9,300円$$

$$月末仕掛品：\frac{297,600円-9,300円}{(1,500個-200個)+200個} \times 200個 = 38,440円$$

$$完　成　品：38,400円+\underbrace{(297,600円-9,300円-38,440円)}_{288,300円} = 288,260円$$

(2) 加工費の按分（先入先出法）

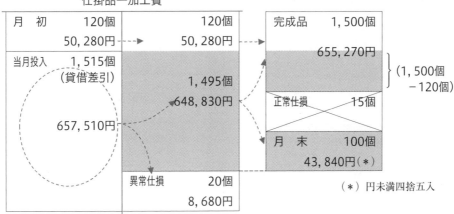

（＊）円未満四捨五入

Theme
02

仕損・減損が生じる場合の計算

63

異 常 仕 損 品： $\dfrac{657,510円}{(1,500個-120個+15個+100個)+20個} \times 20個 = 8,680円$

月 末 仕 掛 品： $\dfrac{657,510円-8,680円}{(1,500個-120個)+100個} \times 100個 ≒ 43,840円$（円未満四捨五入）

完　　成　　品：$50,280円 + \underset{648,830円}{(\underline{657,510円-8,680円}-43,840円)} = 655,270円$

(3) まとめ

月末仕掛品原価：$38,440円 + 43,840円 = 82,280円$

異 常 仕 損 費：$9,300円 + 8,680円 = 17,980円$

完成品総合原価：$288,260円 + 655,270円 = 943,530円$

完成品単位原価：$943,530円 ÷ 1,500個 = 629.02円/個$

7 正常減損率が安定している場合の計算

　すでに学習した減損の平均的発生とは，減損が工程のいたるところでランダムに発生するが，その発生率が安定していない状態をいう。しかし，発生した減損全体でみれば，ほぼ加工の進行に応じて発生しているとみなせるため，計算の便宜上，減損の進捗度を平均して0.5（$=\dfrac{1}{2}$）として計算を行っている。

　それに対して，工程の進行にともなって正常減損の発生量が比例的に増加していき，減損発生率が安定しているケースでは，加工の進行に応じて完成品や仕掛品から発生する正常減損量を個別に把握することができ，より正確に製品原価の計算を行うことができる。

〈通常の平均的発生の場合〉

〈正常減損率が安定している場合〉

工程のいたるところで減損が発生するが，一定率で発生しない。まばらな定点発生の集合といえ，減損の進捗度は平均して$\dfrac{1}{2}$とみなす。

（注）×は減損の発生を示す。

工程のいたるところで減損が発生し，その発生率が安定している。加工の進捗に比例して減損量の累計が増加していく。

下図では，工程始点で原料1,000kgを投入し加工すれば，正常減損が加工の進捗に比例して発生し，最終的には工程始点量の10%が正常減損となるケースを示している。

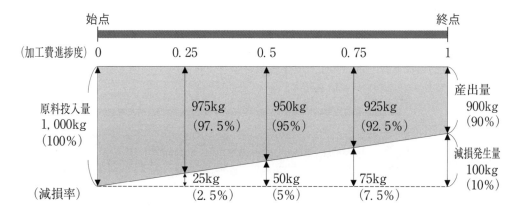

この関係を利用することにより，完成品と月末仕掛品より生じた正常減損量（およびその加工費の完成品換算量）をそれぞれ計算し，自らの加工より生じた正常減損のコストは個別に負担させるのが合理的である。

設例 2-12

当工場では，1,500kgを1ロットとした生産を行っており，実際総合原価計算を採用している。当月の生産および原価データにもとづいて，各問の月末仕掛品原価，完成品総合原価および完成品単位原価を計算しなさい。

〔問1〕正常減損費の処理方法として非度外視法を採用している場合
〔問2〕正常減損費の処理方法として度外視法を採用している場合

（資　料）

1．生産データ

	産 出 量	備　　　　　　考
完 成 品	2,700kg	第1ロットと第2ロットが完成している。
正 常 減 損	360kg	正常減損率は10%であった。
月末仕掛品	1,440kg	第3ロット。加工費の進捗度は0.4
合 計	4,500kg	

（注）　原料はすべて工程始点で投入しており，また月初仕掛品はなかった。
　　　　正常減損は工程を通じて発生し，その発生率は安定している。

2．原価データ

	原 料 費	加 工 費	合 　　 計
当月製造費用	3,645,000円	5,012,604円	8,657,604円

【解答・解説】
〔問1〕正常減損費の処理方法として非度外視法を採用している場合

月末仕掛品原価 　2,072,304円

完成品総合原価 　6,585,300円 　　完成品単位原価 　2,439円/kg

1．生産データの整理

(1) 完成品となるロット（第1ロットと第2ロット）

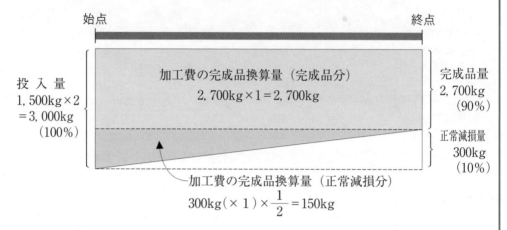

(2) 月末仕掛品となるロット（第3ロット）

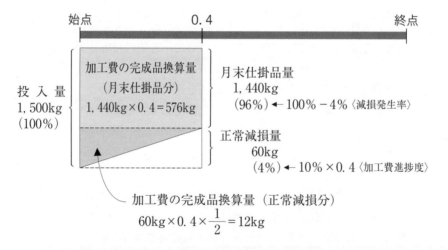

【ここに注意】
　加工費の計算では，正常減損分の完成品換算量に注意しなければならない。
　減損分の原材料は工程始点では存在し，加工が進むにつれてしだいに目減りして最終的には消失するが，消失していく過程で残っている部分には加工をしているため，減損分の完成品換算量は通常の計算の $\frac{1}{2}$ として計算される。

加工費の完成品換算量（減損分）＝減損量×加工費進捗度×$\frac{1}{2}$

2．原価の按分計算

　非度外視法では正常減損にも原価を按分し，完成品と月末仕掛品がそれぞれ自らの加工から生じた正常減損費を個別に負担する。

(1)　原料費の按分

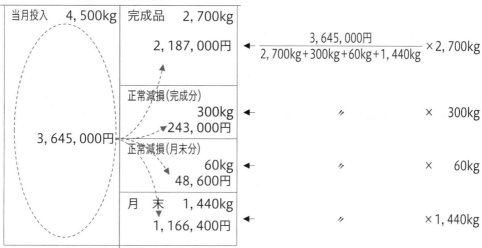

仕掛品—原料費

当月投入　　4,500kg	完成品　　2,700kg 2,187,000円	←	$\dfrac{3,645,000円}{2,700kg+300kg+60kg+1,440kg}$×2,700kg
	正常減損(完成分) 300kg 243,000円	←	〃　　　　　×　　300kg
3,645,000円	正常減損(月末分) 60kg 48,600円	←	〃　　　　　×　　60kg
	月　末　　1,440kg 1,166,400円	←	〃　　　　　×1,440kg

(2)　加工費の按分

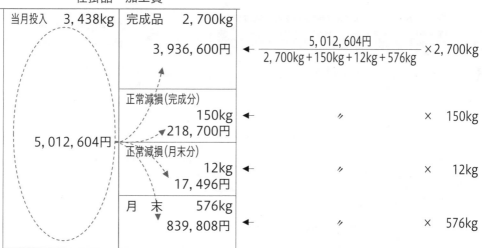

仕掛品—加工費

当月投入　　3,438kg	完成品　　2,700kg 3,936,600円	←	$\dfrac{5,012,604円}{2,700kg+150kg+12kg+576kg}$×2,700kg
	正常減損(完成分) 150kg 218,700円	←	〃　　　　　×　　150kg
5,012,604円	正常減損(月末分) 12kg 17,496円	←	〃　　　　　×　　12kg
	月　末　　576kg 839,808円	←	〃　　　　　×　　576kg

(3)　まとめ

　月末仕掛品原価：1,166,400円＋839,808円＋<u>(48,600円＋17,496円)</u>＝2,072,304円
　　　　　　　　　　　　　　　　　　　　　正常減損費

　完成品総合原価：2,187,000円＋3,936,600円＋<u>(243,000円＋218,700円)</u>＝6,585,300円
　　　　　　　　　　　　　　　　　　　　　　　　正常減損費

　完成品単位原価：6,585,300円÷2,700kg＝2,439円/kg

〔問2〕正常減損費の処理方法として度外視法を採用している場合

月末仕掛品原価　2,050,434円

完成品総合原価　6,607,170円　　完成品単位原価　2,447.1円/kg

1．生産データの整理

　　度外視法の場合には，工程始点量を用いて計算する方法と工程終点量を用いて計算する方法とがあり，いずれも同じ計算結果となるが，ここでは工程終点量を用いて計算する方法を示す。

〈完成品〉

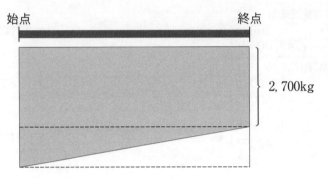

2,700kg

〈月末仕掛品〉

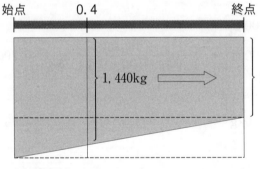

月末仕掛品の終点量

　　1,440kg÷96%×90%＝1,350kg

$\left(\begin{array}{l}\text{加工費は}1,350\text{kg}×0.4＝540\text{kg}\\ \text{で計算する。}\end{array}\right)$

2．原価の按分計算

（1）原料費の按分

仕掛品—原料費

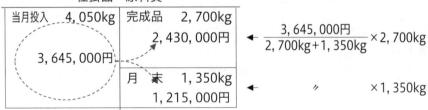

(2) 加工費の按分

仕掛品―加工費

当月投入 3,240kg	完成品 2,700kg
5,012,604円	4,177,170円
	月末 540kg
	835,434円

$$\frac{5,012,604円}{2,700kg+540kg}\times 2,700kg$$

$$\prime\prime \times 540kg$$

(3) まとめ

月末仕掛品原価：1,215,000円＋835,434円＝2,050,434円

完成品総合原価：2,430,000円＋4,177,170円＝6,607,170円

完成品単位原価：6,607,170円÷2,700kg＝2,447.1円/kg

なお，度外視法によると月末仕掛品の完成品換算量の計算が不正確なため，非度外視法の計算結果とは一致しない。

03 工程別総合原価計算
Theme

Check ここでは，同一規格の製品が複数の作業を経て量産される場合に適用される工程別総合原価計算について学習する。特に累加法の計算が重要である。

① 工程別総合原価計算とは

1. 工程別総合原価計算の意義

工程別総合原価計算とは，同一規格の製品が連続する複数の作業を経て生産される場合において，工程別に製品の製造原価を計算する方法をいう。

なお，工程とは「原価計算上設けられた製造作業の区分」であり，個別原価計算で学習した「製造部門」にあたるが，これを総合原価計算では伝統的に「工程」とよんでいる。

〈例〉

2. 工程別総合原価計算の目的

工程別総合原価計算とは，部門別計算を総合原価計算に適用したものにほかならない。

したがって，工程別に総合原価計算を行う目的は部門別計算の目的と同様であり，次の2点があげられる。

① 正確な製品原価を計算すること
② 経営管理者に対して原価管理に有効な資料を提供すること

3. 工程別総合原価計算の分類

工程別総合原価計算は，工程別に集計する原価要素の範囲と原価の集計方法の違いによって次のように分類することができる。

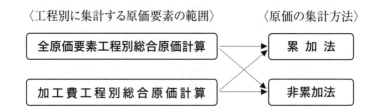

部門別個別原価計算との違い（工程別に集計される原価）

　工程別総合原価計算では，一原価計算期間に各製造工程に集計された原価を完成品と月末仕掛品に按分計算する必要があるため，通常すべての原価要素を工程別に集計することが多い。これに対し部門別個別原価計算では，製造直接費は比較的正確に製品に対して集計できることから，主として製造間接費（および直接労務費）だけが部門別に集計される。

2 累加法

1. 累加法とは

　累加法とは，工程ごとに単純総合原価計算を行って完成品原価を計算し，それを前工程費として次工程に振り替えることにより，工程の数だけ発生する原価を順次積み上げて最終完成品原価を計算する工程別計算の方法をいう。

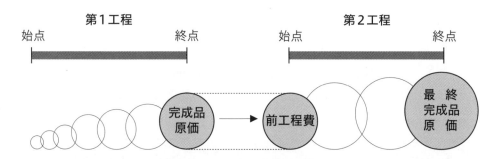

　なお，前工程費は上図より工程始点で投入される原材料と同様といえるため，数量比で完成品と月末仕掛品に按分する。

　また工程別総合原価計算では，第2工程において原材料の追加投入を行うケースが多い。

2. 累加法の勘定連絡図

　累加法を採用した場合の勘定連絡図を示すと次のようになる。累加法では，工程という作業の区分（いわば作業を行う場所）ごとに完成品原価を計算するため，仕掛品勘定は工程単位で設定される。

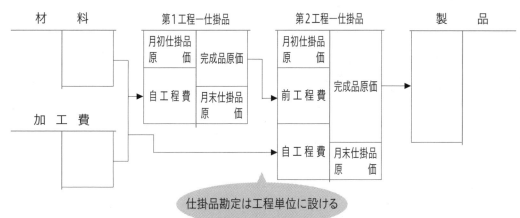

　当工場では製品Xを製造・販売し，累加法による実際工程別総合原価計算を採用している。製品Xは，第1工程と第2工程を経て完成する。第1工程では工程始点でA原料を投入して加工する。第2工程では第1工程の完成品を加工するが，工程始点から工程を通じて平均的にB原料を，さらに工程の終点でC材料を投入している。

　以下の当月の実績データにもとづいて，各工程の完成品総合原価，完成品単位原価および月末仕掛品原価を計算しなさい。

（資　料）

1．生産データ

	第1工程	第2工程
月初仕掛品	1,100個　(1/2)	1,000個　(3/4)
当 月 投 入	4,700	5,000
合　　計	5,800個	6,000個
月末仕掛品	800　(1/4)	700　(2/5)
正常仕損品	0	300
完 成 品	5,000個	5,000個

　（注1）（　　）内の数値は，仕掛品の加工費進捗度を示す。

　（注2）第2工程の仕損は，加工費進捗度1/3の地点で発生している。

2．原価データ

	月初仕掛品原価		当月製造費用
	第1工程	第2工程	
前工程費	——	3,210,000円	——
A原料費	2,088,800円	——	9,400,000円
B原料費	——	99,675円	629,217円
C材料費	——	0円	252,500円
加 工 費（第1工程）	684,300円	——	5,821,800円
（第2工程）	——	672,000円	4,194,780円

3．その他の資料

　(1)　各工程の完成品と月末仕掛品への原価配分は，先入先出法を用いて行っている。

　(2)　正常仕損費の処理は度外視法を採用しており，仕損の発生点を通過した良品に対して負担させること。なお，仕損品に処分価格はない。

　(3)　計算上生じる円未満の端数はそのまま計算し，解答数値のみ小数第3位を四捨五入する。

【解　答】

	第1工程	第2工程
完成品総合原価	16,144,500円	22,500,000円
完成品単位原価	3,228.9円/個	4,500円/個
月末仕掛品原価	1,850,400円	2,702,672円

【解　説】

　累加法の工程別計算は工程ごとに単純総合原価計算を行い，工程完成品原価を前工程費として次工程に振り替えればよい。

1．第1工程の計算（先入先出法）

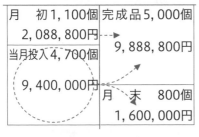

第1工程仕掛品―A原料費

月　初 1,100個 2,088,800円	完成品5,000個 9,888,800円
当月投入4,700個 9,400,000円	月　末　800個 1,600,000円

第1工程仕掛品―加工費

月　初　550個 684,300円	完成品5,000個 6,255,700円
当月投入4,650個 5,821,800円	月　末　200個 250,400円

①　A原料費の按分

月末仕掛品：$\dfrac{9,400,000円}{(5,000個-1,100個)+800個} \times 800個 = 1,600,000円$

完　成　品：$2,088,800円 + 9,400,000円 - 1,600,000円 = 9,888,800円$

②　加工費の按分

月末仕掛品：$\dfrac{5,821,800円}{(5,000個-550個)+200個} \times 200個 = 250,400円$

完　成　品：$684,300円 + 5,821,800円 - 250,400円 = 6,255,700円$

③　まとめ

月末仕掛品原価：$1,600,000円 + 250,400円 = 1,850,400円$

完成品総合原価：$9,888,800円 + 6,255,700円 = 16,144,500円$（第2工程へ振替え）

完成品単位原価：$16,144,500円 \div 5,000個 = 3,228.9円/個$

2．第2工程の計算

（1） 追加原材料の投入状況と正常仕損費の負担関係の把握

第1工程完成品　　　　　　　　　　　　　　　C 材料

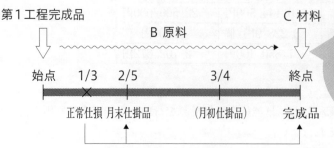

B原料は加工に応じて投入するため加工費の完成品換算量比で按分する。また，C材料は終点で投入されるため完成品だけがコストを負担する。

B 原料

| 始点 | 1/3 | 2/5 | 3/4 | 終点 |

×

正常仕損　月末仕掛品　　　（月初仕掛品）　　　完成品

完成品と月末仕掛品の両者負担

（2） 原価の按分計算（度外視法の両者負担，先入先出法）

第2工程仕掛品—前工程費

| 月　初1,000個 3,210,000円 | 完成品5,000個 16,950,000円 |
| 当月投入5,000個 16,144,500円 | 正常仕損　300個 月　末　700個 2,404,500円 |

第2工程仕掛品—B原料費

| 月　初　750個 99,675円 | 完成品5,000個 690,000円 |
| 当月投入4,630個 629,217円 | 正常仕損　100個 月　末　280個 38,892円 |

第2工程仕掛品—C材料費

| 月　初　　0個 0円 | 完成品5,000個 252,500円 |
| 当月投入5,000個 252,500円 | 正常仕損　0個 月　末　0個 0円 |

第2工程仕掛品—加工費

| 月　初　750個 672,000円 | 完成品5,000個 4,607,500円 |
| 当月投入4,630個 4,194,780円 | 正常仕損　100個 月　末　280個 259,280円 |

① 前工程費の按分

月末仕掛品：$\dfrac{16,144,500円}{(5,000個-1,000個)+700個}\times700個=2,404,500円$

完成品：$3,210,000円+16,144,500円-2,404,500円=16,950,000円$

② B原料費の按分

月末仕掛品：$\dfrac{629,217円}{(5,000個-750個)+280個}\times280個=38,892円$

完成品：$99,675円+629,217円-38,892円=690,000円$

③　Ｃ材料費の按分

　　月 末 仕 掛 品：──　円

　　完　　　成　　　品：252,500円（終点投入であるため，完成品のみに投入される。）

④　加工費の按分

　　月 末 仕 掛 品：$\dfrac{4,194,780円}{(5,000個-750個)+280個}\times280個=259,280円$

　　完　　　成　　　品：672,000円＋4,194,780円－259,280円＝4,607,500円

⑤　まとめ

　　月末仕掛品原価：2,404,500円＋38,892円＋259,280円＝2,702,672円

　　完成品総合原価：16,950,000円＋690,000円＋252,500円＋4,607,500円＝22,500,000円

　　完成品単位原価：22,500,000円÷5,000個＝4,500円/個

［参考］仕掛品勘定への記入（単位：円）

　累加法では仕掛品勘定が工程ごとに設定され，前工程のコストに自工程のコストを積み上げていくことで最終完成品原価を計算する。

第１工程─仕掛品

前 月 繰 越	2,773,100	第2工程－仕掛品	16,144,500
A 原 料 費	9,400,000	次 月 繰 越	1,850,400
加 工 費	5,821,800		
	17,994,900		17,994,900

第２工程─仕掛品

前 月 繰 越	3,981,675	製　　　　　品	22,500,000	→ 製品勘定へ
第1工程－仕掛品	16,144,500	次 月 繰 越	2,702,672	
B 原 料 費	629,217			
C 材 料 費	252,500			
加 工 費	4,194,780			
	25,202,672		25,202,672	

参考　原価計算基準25：工程別総合原価計算

　総合原価計算において，製造工程が二以上の連続する工程に分けられ，工程ごとにその工程製品の総合原価を計算する場合（この方法を「工程別総合原価計算」という。）には，一工程から次工程へ振り替えられた工程製品の総合原価を，前工程費又は原料費として次工程の製造費用に加算する。この場合，工程間に振り替えられる工程製品の計算は，予定原価又は正常原価によることができる。

❸ 非累加法

1. 非累加法とは

　非累加法とは，工程別計算を工夫することにより，完成品原価や仕掛品原価のなかにどの工程で生じたコストがいくら含まれているか，その内訳がわかるように原価の集計を行う工程別計算の方法をいう。

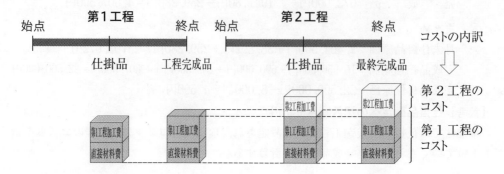

2. 非累加法の勘定連絡図

　非累加法を採用した場合の勘定連絡図を示すと次のようになる。非累加法では，コストの内訳がわかるように原価の集計を行うため，作業の区分ではなく，コストの区分（＝工程費という）にもとづき仕掛品勘定を設定する。

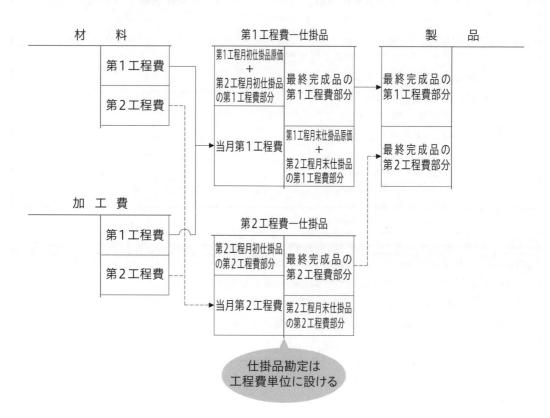

3．非累加法の計算方法

　非累加法は，原価の集計方法を工夫した工程別計算であるが，完成品原価や月末仕掛品原価など金額の算定方法として次の2つがある。

① 累加法の計算結果と一致する方法
② 通常の非累加法

(1)　累加法の計算結果と一致する方法

　累加法の計算結果と一致する方法とは，累加法と同じく作業の区分ごとに単純総合原価計算を繰り返して行うが，累加法のように前工程費と自工程費の合算は行わず，各工程費を独立させたまま計算を行うことにより完成品や月末仕掛品の各工程費を算定する方法をいう。

　すなわち実質的には累加法と同じ計算であるが，原価の集計方法（＝勘定への記入方法）だけが異なる方法といえる。

(2)　通常の非累加法

　通常の非累加法とは，最終完成品や月末仕掛品の負担する各工程費をダイレクトに計算する方法をいい，非累加法本来の趣旨を反映させた計算といえる。

　なおこの計算では，複数の工程を単一工程とみなして計算することから，「工程全体を単一工程とみなす方法」とよぶこともある。

　なお，ここでは非累加法の計算例として「累加法の計算結果と一致する方法」を説明し，「通常の非累加法」については後述の［研究］で説明する。

当工場では製品Xを製造・販売し，実際工程別総合原価計算を採用している。製品X
は，第1工程と第2工程を経て完成する。第1工程では工程始点でA原料を投入して加
工する。第2工程では第1工程の完成品を加工するが，工程始点から工程を通じて平均
的にB原料を，さらに工程の終点でC材料を投入している。

　以下の当月の実績データにもとづいて，非累加法（累加法と計算結果が一致する方法）
による仕掛品勘定の記入を示しなさい。

（資　料）

1．生産データ

	第1工程	第2工程
月初仕掛品	1,100個　(1/2)	1,000個　(3/4)
当月投入	4,700	5,000
合　計	5,800個	6,000個
月末仕掛品	800　(1/4)	700　(2/5)
正常仕損品	0	300
完　成　品	5,000個	5,000個

　（注1）（　　）内の数値は，仕掛品の加工費進捗度を示す。

　（注2）第2工程の仕損は，加工費進捗度1/3の地点で発生している。

2．原価データ

	月初仕掛品原価		当月製造費用
	第1工程	第2工程	
A原料費	2,088,800円	2,100,000円	9,400,000円
B原料費	――	99,675円	629,217円
C材料費	――	0円	252,500円
加工費（第1工程）	684,300円	1,110,000円	5,821,800円
（第2工程）	――	672,000円	4,194,780円

3．その他の資料

　⑴　各工程の完成品と月末仕掛品への原価配分は，先入先出法を用いて行っている。

　⑵　正常仕損費の処理は度外視法を採用しており，仕損の発生点を通過した良品に対
　　して負担させること。なお，仕損品に処分価格はない。

　⑶　計算上生じる円未満の端数は四捨五入する。

【解　答】

第1工程費—仕掛品　　　　　（単位：円）

月初仕掛品原価	5,983,100	製　　　　品	16,950,000
A　原　料　費	9,400,000	月末仕掛品原価	4,254,900
加　　工　　費	5,821,800		
	21,204,900		21,204,900

第2工程費—仕掛品　　　　　（単位：円）

月初仕掛品原価	771,675	製　　　　品	5,550,000
B　原　料　費	629,217	月末仕掛品原価	298,172
C　材　料　費	252,500		
加　　工　　費	4,194,780		
	5,848,172		5,848,172

【解　説】

　計算条件は［設例3−1］と同じである。

　累加法の計算結果と一致する非累加法は，累加法と同じように工程ごとに単純総合原価計算を繰り返すが，原価の集計は工程費単位で行うため，第1工程の完成品原価を前工程費としてまとめずに計算する。

　したがって，（資料）2．の原価データを［設例3−1］と比較すれば，第2工程の月初仕掛品原価における第1工程費（A原料費と第1工程加工費）は前工程費としてまとめられず，原価要素別の金額のままとなる。

	月初仕掛品原価		当月製造費用
	第1工程	第2工程	
A原料費	2,088,800円	►2,100,000円	9,400,000円
B原料費	——	99,675円	629,217円
C材料費	——	0円	252,500円
加　工　費（第1工程）	684,300円	►1,110,000円	5,821,800円
（第2工程）	——	672,000円	4,194,780円

累加法では前工程費となる。

1．第1工程費〈A原料費と第1工程加工費〉の計算（先入先出法）

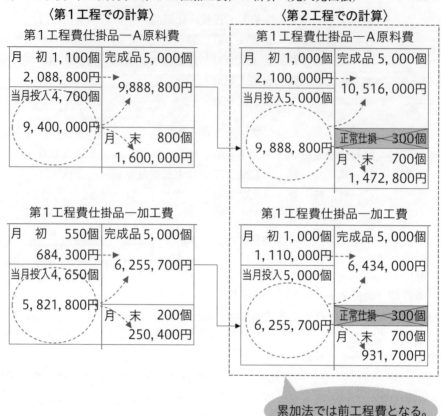

〈第1工程での計算〉　　　　　　　　〈第2工程での計算〉

第1工程費仕掛品—A原料費

| 月　初 1,100個 2,088,800円 | 完成品5,000個 9,888,800円 |
| 当月投入4,700個 9,400,000円 | 月　末　800個 1,600,000円 |

第1工程費仕掛品—A原料費

| 月　初 1,000個 2,100,000円 | 完成品5,000個 10,516,000円 |
| 当月投入5,000個 9,888,800円 | 正常仕損　300個 月　末　700個 1,472,800円 |

第1工程費仕掛品—加工費

| 月　初　550個 684,300円 | 完成品5,000個 6,255,700円 |
| 当月投入4,650個 5,821,800円 | 月　末　200個 250,400円 |

第1工程費仕掛品—加工費

| 月　初 1,000個 1,110,000円 | 完成品5,000個 6,434,000円 |
| 当月投入5,000個 6,255,700円 | 正常仕損　300個 月　末　700個 931,700円 |

累加法では前工程費となる。

(1)　A原料費の按分

〈第1工程での計算〉

月末仕掛品：$\dfrac{9,400,000円}{(5,000個-1,100個)+800個}\times800個=1,600,000円$

〈第2工程での計算〉

月末仕掛品：$\dfrac{2,088,800円+9,400,000円-1,600,000円}{(5,000個-1,000個)+700個}\times700個=1,472,800円$

最終完成品：$2,100,000円+(2,088,800円+9,400,000円-1,600,000円)-1,472,800円$
　　　　　　$=10,516,000円$

(2)　第1工程加工費の按分

〈第1工程での計算〉

月末仕掛品：$\dfrac{5,821,800円}{(5,000個-550個)+200個}\times200個=250,400円$

〈第2工程での計算〉

月末仕掛品：$\dfrac{684,300円+5,821,800円-250,400円}{(5,000個-1,000個)+700個}\times700個=931,700円$

最終完成品：$1,110,000円+(684,300円+5,821,800円-250,400円)-931,700円$
　　　　　　$=6,434,000円$

2．第2工程費〈B原料費とC材料費と第2工程加工費〉の計算（先入先出法）

〈すべて第2工程での計算〉

第2工程費仕掛品—B原料費

第2工程費仕掛品—C材料費

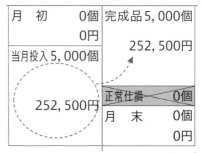

第2工程費仕掛品—加工費

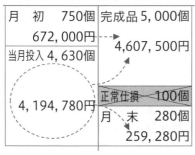

(1)　B原料費の按分

月末仕掛品：$\dfrac{629,217円}{(5,000個-750個)+280個} \times 280個 = 38,892円$

完成品：$99,675円 + 629,217円 - 38,892円 = 690,000円$

(2)　C材料費の按分

月末仕掛品：　——　円

完成品：252,500円（終点投入であるため，完成品のみに投入される。）

(3)　第2工程加工費の按分

月末仕掛品：$\dfrac{4,194,780円}{(5,000個-750個)+280個} \times 280個 = 259,280円$

完成品：$672,000円 + 4,194,780円 - 259,280円 = 4,607,500円$

3．原価の集計

上記の計算から，完成品や仕掛品の原価をコストの区分にもとづいて集計する。

その際，第1工程費（A原料費と第1工程加工費）は「第1工程費—仕掛品」勘定へ集計し，第2工程費（B原料費とC材料費と第2工程加工費）は「第2工程費—仕掛品」勘定へ集計する。

　なお，第1工程の完成品（＝第2工程への投入）については，加工作業の全体からみれば単に加工途中の節目にあるにすぎないため，この集計には現れてこない。

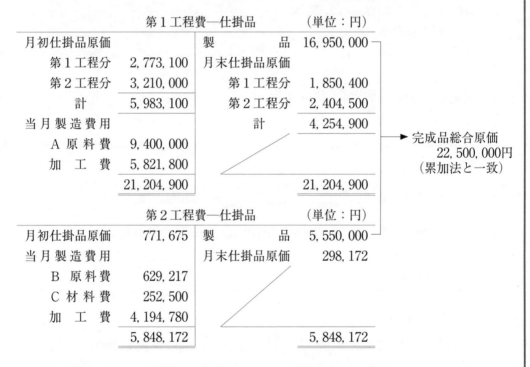

　原価の集計の結果，完成品総合原価は累加法の計算結果と一致する。

(1)　第1工程費―仕掛品勘定の原価集計

　　　月初仕掛品原価：

　　　　　第1工程月初仕掛品分；2,088,800円＋　684,300円＝2,773,100円

　　　　　第2工程月初仕掛品分；2,100,000円＋1,110,000円＝3,210,000円

　　　　　　　　　　　　　　　　　　　合　計　5,983,100円

　　　製　品（＝最終完成品）：10,516,000円＋6,434,000円＝16,950,000円

月末仕掛品原価：
    第1工程月末仕掛品分；1,600,000円 + 250,400円 = 1,850,400円
    第2工程月末仕掛品分；1,472,800円 + 931,700円 = 2,404,500円
                                            合　計　4,254,900円
(2)　第2工程費—仕掛品勘定の原価集計
    月初仕掛品原価：99,675円 + 0円 + 672,000円 = 771,675円
    製　品（＝最終完成品）：690,000円 + 252,500円 + 4,607,500円 = 5,550,000円
    月末仕掛品原価：38,892円 + 0円 + 259,280円 = 298,172円

研究　通常の非累加法

　非累加法には「累加法の計算結果と一致する方法」のほかに，「通常の非累加法」もある。「通常の非累加法」では，複数の工程を単一工程とみなすことにより，その単一工程のなかに複数の仕掛品が存在すると考え，工程費ごとに最終完成品や月末仕掛品が負担する原価をダイレクトに計算する。

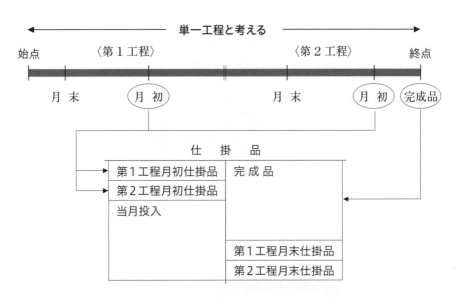

「通常の非累加法」…… 工程全体を単一工程とみなして計算する

　なお，「通常の非累加法」は工程ごとに段階をふんで計算を行わないため，「累加法の計算結果と一致する方法」とは異なった計算結果となる。

■設　例（［設例3-2］と数値条件は同じ）

　当工場では製品Xを製造・販売し，実際工程別総合原価計算を採用している。製品Xは，第1工程と第2工程を経て完成する。第1工程では工程始点でA原料を投入して加工する。第2工程では第1工程の完成品を加工するが，工程始点から工程を通じて平均的にB原料を，さらに工程の終点でC材料を投入している。

　以下の当月の実績データにもとづいて，仕掛品勘定の記入を示しなさい。なお，工程別計算は通常の非累加法により行うこと。

（資　料）

1．生産データ

	第1工程	第2工程
月初仕掛品	1,100個 (1/2)	1,000個 (3/4)
当月投入	4,700	5,000
合　計	5,800個	6,000個
月末仕掛品	800 (1/4)	700 (2/5)
正常仕損品	0	300
完成品	5,000個	5,000個

（注1）（　　）内の数値は，仕掛品の加工費進捗度を示す。

（注2）第2工程の仕損は，加工費進捗度1/3の地点で発生している。

2．原価データ

	月初仕掛品原価		当月製造費用
	第1工程	第2工程	
A原料費	2,088,800円	2,100,000円	9,400,000円
B原料費	——	99,675円	629,217円
C材料費	——	0円	252,500円
加工費（第1工程）	684,300円	1,110,000円	5,821,800円
（第2工程）	——	672,000円	4,194,780円

3．その他の資料

(1)　各工程の完成品と月末仕掛品への原価配分は，先入先出法を用いて行っている。

(2)　正常仕損費の処理は度外視法を採用しており，仕損の発生点を通過した良品に対して負担させること。なお，仕損品に処分価格はない。

(3)　計算上生じる円未満の端数は四捨五入する。

【解　答】

第1工程費―仕掛品　　　　　（単位：円）

月初仕掛品原価	5,983,100	製　　　　　品	16,898,079
A　原　料　費	9,400,000	月末仕掛品原価	4,306,821
加　　工　　費	5,821,800		
	21,204,900		21,204,900

第2工程費―仕掛品　　　　　（単位：円）

月初仕掛品原価	771,675	製　　　　　品	5,550,000
B　原　料　費	629,217	月末仕掛品原価	298,172
C　材　料　費	252,500		
加　　工　　費	4,194,780		
	5,848,172		5,848,172

【解　説】

1．正常仕損費の負担関係

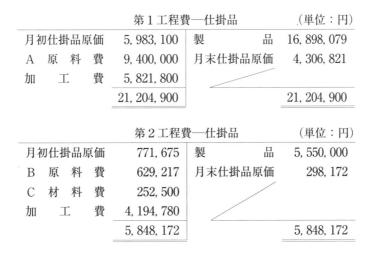

2．第1工程費〈A原料費と第1工程加工費〉の按分計算（先入先出法）

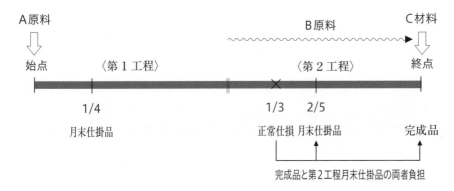

（＊）第2工程の仕掛品と正常仕損品には，第1工程費〈A原料費と第1工程加工費〉は全額投入済みのため進捗度100％となる。

(1) A原料費の按分

第1工程月末仕掛品：$\dfrac{9,400,000円}{(5,000個-1,100個-1,000個)+300個+700個+800個}\times800個=1,600,000円$

（注）第1工程月末仕掛品は正常仕損費を負担しない。

第2工程月末仕掛品：$\dfrac{9,400,000円-1,600,000円}{(5,000個-1,100個-1,000個)+700個}\times700個≒1,516,667円（円未満四捨五入）$

完　成　品：(2,088,800円+2,100,000円)+9,400,000円-(1,600,000円+1,516,667円)
　　　　　　=10,472,133円

(2) 第1工程加工費の按分

第1工程月末仕掛品：$\dfrac{5,821,800円}{(5,000個-550個-1,000個)+300個+700個+200個}\times200個=250,400円$

（注）第1工程月末仕掛品は正常仕損費を負担しない。

第2工程月末仕掛品：$\dfrac{5,821,800円-250,400円}{(5,000個-550個-1,000個)+700個}\times700個≒939,754円（円未満四捨五入）$

完　成　品：(684,300円+1,110,000円)+5,821,800円-(250,400円+939,754円)
　　　　　　=6,425,946円

(3) 第1工程費－仕掛品勘定の原価集計

月初仕掛品原価：

　　第1工程月初仕掛品分；2,088,800円+　684,300円=2,773,100円

　　第2工程月初仕掛品分；2,100,000円+1,110,000円=3,210,000円

　　　　　　　　　　　　　　　合　計　5,983,100円

製　品（＝最終完成品）：10,472,133円+6,425,946円=16,898,079円

月末仕掛品原価：

　　第1工程月末仕掛品分；1,600,000円+250,400円=1,850,400円

　　第2工程月末仕掛品分；1,516,667円+939,754円=2,456,421円

　　　　　　　　　　　　　　　合　計　4,306,821円

3．第2工程費〈B原料費とC材料費と第2工程加工費〉の按分計算（先入先出法）

第1工程の仕掛品には第2工程費は投入されていないので［設例3－2］と同じになる。

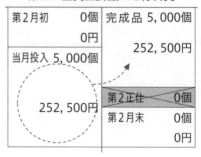

86

第2工程費仕掛品―加工費

第2月初 750個 672,000円	完成品 5,000個 4,607,500円
当月投入 4,630個 4,194,780円	第2正仕 100個 第2月末 280個 259,280円

(1) B原料費の按分

第2工程月末仕掛品：$\dfrac{629,217円}{(5,000個-750個)+280個} \times 280個 = 38,892円$

完　成　品：$99,675円 + 629,217円 - 38,892円 = 690,000円$

(2) C材料費の按分

第2工程月末仕掛品：―― 円

完　成　品：252,500円（終点投入であるため，完成品のみに投入される。）

(3) 第2工程加工費の按分

第2工程月末仕掛品：$\dfrac{4,194,780円}{(5,000個-750個)+280個} \times 280個 = 259,280円$

完　成　品：$672,000円 + 4,194,780円 - 259,280円 = 4,607,500円$

(4) 第2工程費－仕掛品勘定の原価集計

月初仕掛品原価：$99,675円 + 0円 + 672,000円 = 771,675円$

製　品（=最終完成品）：$690,000円 + 252,500円 + 4,607,500円 = 5,550,000円$

月末仕掛品原価：$38,892円 + 0円 + 259,280円 = 298,172円$

4 加工費工程別総合原価計算

1. 加工費工程別総合原価計算とは

加工費工程別総合原価計算とは，原材料費については工程別計算を行わず，加工費のみを工程別に計算する方法をいい，加工費法ともいわれる。

この方法は，綿紡績業，製紙業，伸銅業など，原材料を最初の工程の始点でのみ投入し，その後の工程では単にこれを加工するにすぎないような業種で採用される方法である。このような業種では，原材料費は購買活動の良否に左右され，原価管理の中心は加工費におかれることから，計算を簡便に行うため原材料費の工程別計算を省略する。

2. 加工費工程別総合原価計算の勘定連絡図

加工費は，累加法または非累加法により工程別計算を行うが，仮に累加法を採用している場合の勘定連絡図は次のとおりである。

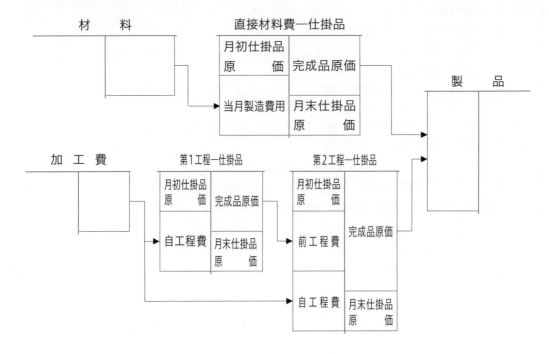

3. 原材料費の計算方法

加工費工程別総合原価計算では，原材料費は工程別計算を省略し，工程全体を大きな単一工程とみなして一括計算するが，仕損・減損の処理については，次の2通りの計算方法がある。

> ① 仕損・減損の発生点にかかわらず(最終)完成品のみに負担させる。
> ② 仕損・減損の発生点を考慮して計算する。

(注) 原材料費を簡便に計算するという加工費法の趣旨からすれば，①の方法でよいと思われるが，問題文に指示があればそれにしたがって計算する。

　当工場では製品Xを製造・販売し，累加法による実際工程別総合原価計算を採用している。製品Xは第1工程の始点でA原料を投入して加工して完成するが，原材料はA原料のみであるため，A原料費についての工程別計算は省略している。

　以下の当月の実績データにもとづいて，原価要素別の完成品原価，完成品単位原価および月末仕掛品原価を計算しなさい。

(資　料)

1．生産データ

	第1工程	第2工程
月初仕掛品	1,100個　(1/2)	1,000個　(3/4)
当月投入	4,700	5,000
合　計	5,800個	6,000個
月末仕掛品	800　(1/4)	700　(2/5)
正常仕損品	0	300
完成品	5,000個	5,000個

　(注1)（　）内の数値は，仕掛品の加工費進捗度を示す。

　(注2) 第2工程の仕損は，加工費進捗度1/3の地点で発生している。

2．原価データ

	月初仕掛品原価		当月製造費用
	第1工程	第2工程	
A原料費	4,188,800円		9,400,000円
前工程費	――	1,110,000円	(各自算定)
加工費(第1工程)	684,300円	――	5,821,800円
(第2工程)	――	672,000円	4,194,780円

3．その他の資料

(1) 各工程の完成品と月末仕掛品への原価配分は，先入先出法を用いて行っている。

(2) 正常仕損費の処理は度外視法を採用している。加工費から生じる正常仕損費は仕損の発生点を通過した良品が負担し，原料費から生じる正常仕損費は最終完成品のみに負担させる。なお，仕損品に処分価格はない。

(3) 計算上生じる円未満の端数はそのまま計算し，解答数値のみ小数第3位を四捨五入する。

【解　答】

| | 原　料　費 | 加　工　費 | |
		第1工程	第2工程
完 成 品 原 価	10,588,800円	6,255,700円	11,041,500円
完成品単位原価	2,117.76円/個	1,251.14円/個	2,208.3円/個
月末仕掛品原価	3,000,000円	250,400円	1,190,980円

【解　説】

1．原料費の計算（先入先出法）

　　原料費については工程別計算を省略し，工程全体を単一工程とみなして一括して計算する。したがって，大きなひとつの工程のなかに複数の仕掛品があると考えればよい。なお，正常仕損費は（最終）完成品が負担する。

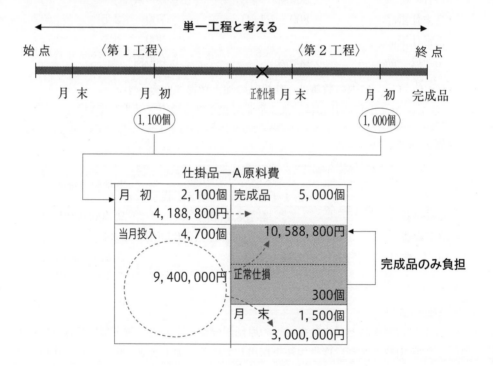

月末仕掛品原価：$\dfrac{9,400,000円}{(5,000個-2,100個)+300個+1,500個}\times1,500個=3,000,000円$

完 成 品 原 価：$4,188,800円+9,400,000円-3,000,000円=10,588,800円$

完成品単位原価：$10,588,800円\div5,000個=2,117.76円/個$

2．加工費の計算

加工費は累加法により工程別計算を行えばよい（計算数値は［設例3－1］と同一）。
なお，前工程費は加工費のみで構成されることに注意する。

(1) 正常仕損費の負担関係

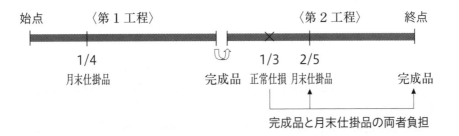

(2) 原価の按分計算（先入先出法）

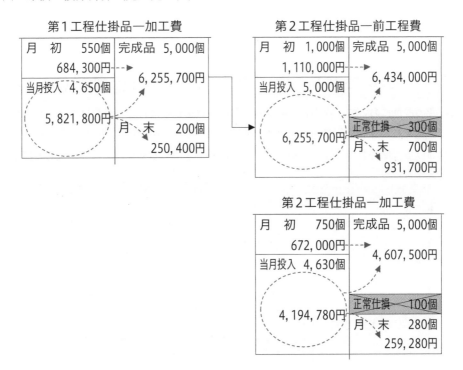

① 第1工程—加工費

月末仕掛品原価：$\dfrac{5,821,800円}{(5,000個-550個)+200個} \times 200個 = 250,400円$

完 成 品 原 価：$684,300円 + 5,821,800円 - 250,400円 = 6,255,700円$

完成品単位原価：$6,255,700円 \div 5,000個 = 1,251.14円/個$

② 第2工程

〈前工程費〉

月末仕掛品：$\dfrac{6,255,700円}{(5,000個 - 1,000個) + 700個} \times 700個 = 931,700円$

完成品：$1,110,000円 + 6,255,700円 - 931,700円 = 6,434,000円$

〈加工費〉

月末仕掛品：$\dfrac{4,194,780円}{(5,000個 - 750個) + 280個} \times 280個 = 259,280円$

完成品：$672,000円 + 4,194,780円 - 259,280円 = 4,607,500円$

〈まとめ〉

月末仕掛品原価：$931,700円 + 259,280円 = 1,190,980円$

完成品原価：$6,434,000円 + 4,607,500円 = 11,041,500円$

完成品単位原価：$11,041,500円 \div 5,000個 = 2,208.3円/個$

研究 仕損・減損の発生点を考慮して原材料費の計算を行う場合（＝厳密な計算）

　原材料費の計算において，仕損費・減損費の負担計算を正確に行う場合には，各工程の月末仕掛品に対して当該工程の正常仕損費・減損費を負担させるかどうかを個別に決定して計算する。［設例3-3］におけるA原料費の計算を厳密に行うと，次のようになる（なお，計算上生じる円未満の端数は四捨五入する）。

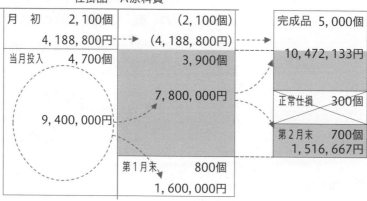

仕掛品—A原料費

第1工程月末仕掛品：$\dfrac{9,400,000円}{(5,000個 - 2,100個) + 300個 + 700個 + 800個} \times 800個 = 1,600,000円$

第2工程月末仕掛品：$\dfrac{9,400,000円 - 1,600,000円}{(5,000個 - 2,100個) + 700個} \times 700個 ≒ 1,516,667円$（円未満四捨五入）

月末仕掛品原価合計：$1,600,000円 + 1,516,667円 = 3,116,667円$

完成品原価：$4,188,800円 + 9,400,000円 - 3,116,667円 = 10,472,133円$

完成品単位原価：$10,472,133円 \div 5,000個 ≒ 2,094.43円/個$（円未満第3位四捨五入）

原料がすべて最初の工程の始点で投入され，その後の工程では，単にこれを加工するにすぎない場合には，各工程別に一期間の加工費を集計し，それに原料費を加算することにより，完成品総合原価を計算する。この方法を加工費工程別総合原価計算（加工費法）という。

5 工程間仕掛品がある場合

これまでの設例における月初・月末仕掛品は，その工程における加工作業が完了していない加工品（加工途中の仕掛品）を意味していた。このような仕掛品を一般に「工程内仕掛品」という。

これに対し，ある工程の加工作業は完了したものの，次の工程へは振り替えられずストックされている加工品が存在することがある。これは最終完成品ではないため仕掛品に該当するが，このような仕掛品を「工程内仕掛品」と区別するために「工程間仕掛品」とよぶ。なお，「工程間仕掛品」は実質的には半製品とほぼ同じである。

設例 3-4

当工場では製品Sを製造・販売し，実際工程別総合原価計算を採用している。製品Sは，第1工程と第2工程を経て完成する。第1工程では直接材料aを投入して加工し，第1工程完了品が完成する。第2工程では第1工程の完了品を加工して製品Sが完成する。月初・月末には，工程間在庫（第1工程完了品在庫）のみがあり，工程内の在庫は存在しない。次の当月の資料にもとづいて，仕掛品勘定を記入しなさい。なお，原価配分の方法は先入先出法による。

（資　料）

1．各工程の投入・産出量

	投入要素	投入量	産出要素	産出量
第1工程	直接材料a	1,000個	第1工程完了品	1,000個
第2工程	第1工程完了品	1,200個	最終完成品	1,200個

2．第1工程完了品の月初・月末在庫

月初在庫量：500個

月末在庫量：300個

3．原価データ

	月初仕掛品原価	当月製造費用
第1工程完了品原価	100,300円	——
直接材料費	——	98,000円
加工費（第1工程）	——	105,000円
（第2工程）	——	117,600円

【解　答】

仕　掛　品			（単位：円）
月初仕掛品原価	100,300	製　　　品	360,000
材　　　料	98,000	月末仕掛品原価	60,900
加　工　費	222,600		
	420,900		420,900

【解　説】

(1)　生産状況の整理

　　第1工程完了品の第2工程への振替量は，第1工程完了品の月初・月末在庫を考慮して求める。

(2)　第1工程の計算

　　第1工程には工程内の在庫は存在せず，各工程の投入量と産出量が等しいため，投入原価をそのまま完了品原価とすればよい。

第1工程仕掛品

当月投入1,000個	当月完了1,000個
材料　98,000円	203,000円
加工　105,000円	

(3)　第1工程完了品の第2工程への振替額の計算（先入先出法）

　　第1工程の完了品に月初・月末在庫（工程間在庫）があるため，第1工程完了品の完成量がそのまま第2工程への投入量とはならない。

　　そこで，問題の指示から，先入先出法により第2工程への振替額を計算する。

第1工程完了品

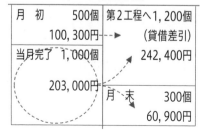

月末仕掛品：$\dfrac{203,000円}{1,000個} \times 300個 = 60,900円$

完　成　品：$100,300円 + 203,000円 - 60,900円 = 242,400円$

(4) 第2工程の計算

　　第1工程と同様に，第2工程においても工程内の在庫は存在せず，各工程の投入量と産出量が等しいため，投入原価をそのまま最終完成品原価とすればよい。

第2工程仕掛品

当月投入1,200個	最終完成1,200個
前工　242,400円	360,000円
加工　117,600円	

(5) 仕掛品勘定の記入

　　本問のように仕掛品勘定が工程別に区分されていない場合は，すべての工程の原価ボックスをまとめて仕掛品勘定に記入する。その際，貸借で重複する部分（下記███部）は相殺されることになる。

〔借方〕

月初仕掛品原価：100,300円（第1工程完了品月初有高）

材　　　　　料：　98,000円（第1工程での投入額）

加　　工　　費：105,000円 + 117,600円 = 222,600円

〔貸方〕

製　　　　　品：360,000円（最終完成品原価）

月末仕掛品原価：　60,900円（第1工程完了品月末有高）

04 組別・等級別総合原価計算
Theme

Check ここでは，製品種類が複数ある場合や等級に差がある場合の総合原価計算について学習する。

❶ 組別総合原価計算

1. 組別総合原価計算の意義

組別総合原価計算とは，同一生産工程を経て異種製品が連続生産される場合に，製造費用を異種製品別に分けて把握し，異種製品別に完成品の単位原価を計算する総合原価計算の方法をいう。

　　（注）組別総合原価計算の「組」とは，製品種類という意味である。

2. 組別総合原価計算の特徴

異種の標準製品を連続生産する場合，製品種類ごとに完成品原価は異なるのが通常であり，その製品種類ごとに完成品単位原価を計算する必要がある。

そこで組別総合原価計算は，一原価計算期間における製造費用を製品種類別に分けて把握し，製品種類別に単純総合原価計算を行い，完成品単位原価を計算する。

組別総合原価計算は同一生産工程で異種製品を連続生産する化学，食品，自動車，電気，機械など各種の産業で広く適用されている。

3. 組別総合原価計算の分類

組別総合原価計算は，工程別計算を行うか否かにより次のように分類できる。

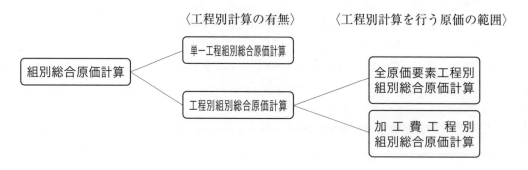

4. 組別総合原価計算の計算方法と勘定連絡図

　組別総合原価計算は異種製品別に完成品単位原価を計算するため，製造費用を正確に製品種類別に把握することが重要となる。そこで，特定の種類の製品のために消費されたことが直接的に把握できるか否かという観点から，製造費用を組直接費と組間接費に分別する。

　組別総合原価計算では，以下の手続きで異種製品別の完成品単位原価を計算する。

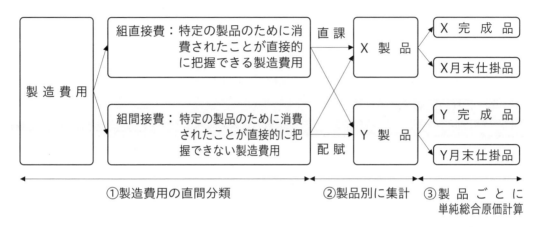

　なお，組間接費の配賦は，実際配賦によると操業度の変動により完成品単位原価が変動し，完成品単位原価を期間的に比較し，原価管理の資料として使用する場合に役立たないので，予定配賦によることが望ましい。

　単一工程組別総合原価計算を前提に勘定連絡図を示せば，次のとおりである。

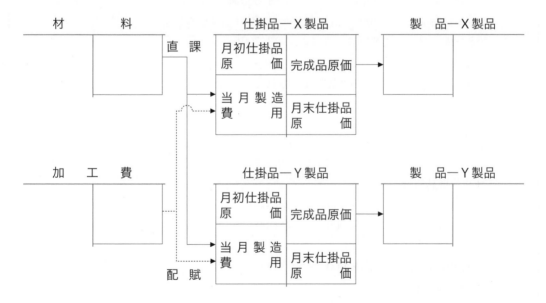

原価計算基準23：組別総合原価計算

組別総合原価計算は，異種製品を組別に連続生産する生産形態に適用する。

組別総合原価計算にあっては，一期間の製造費用を組直接費と組間接費又は原料費と加工費とに分け，個別原価計算に準じ，組直接費又は原料費は，各組の製品に賦課し，組間接費又は加工費は，適当な配賦基準により各組に配賦する。次いで一期間における組別の製造費用と期首仕掛品原価とを，当期における組別の完成品とその期末仕掛品とに分割することにより，当期における組別の完成品総合原価を計算し，これを製品単位に均分して単位原価を計算する。

(1) 単一工程組別総合原価計算

設例 4-1

製品A，Bを製造する当工場では，組別総合原価計算を実施している。以下の資料により各製品の完成品総合原価，完成品単位原価，月末仕掛品原価を計算しなさい。

(資 料)

1. 生産データ

	製 品 A		製 品 B	
月初仕掛品	200個	(1/2)	300個	(1/3)
当月投入	3,000		4,000	
合 計	3,200個		4,300個	
月末仕掛品	400	(1/2)	600	(1/2)
完 成 品	2,800個		3,700個	

なお，直接材料はすべて始点で投入される。また，（　　）内の数値は加工費進捗度を示す。月末仕掛品の評価は製品Aが平均法，製品Bは先入先出法による。

2. 原価データ

(単位：円)

	製 品 A	製 品 B
月初仕掛品原価		
直接材料費	18,000	48,600
加 工 費	19,000	20,000
当月製造費用		
直接材料費	318,000	500,000
加 工 費		
組直接費	162,400	153,140
組間接費	784,160	

組間接費は，実際機械作業時間を基準として両製品に実際配賦する。当月の実際機械作業時間は，製品Aが1,450時間，製品Bが2,320時間である。

【解　答】

	製　品　A	製　品　B
完成品総合原価	744,800円	1,080,400円
完成品単位原価	266円/個	292円/個
月末仕掛品原価	74,200円	123,900円

【解　説】

1．組間接費の配賦および当月加工費

$$製品Aへの配賦額：784,160円 \times \frac{1,450時間}{1,450時間 + 2,320時間} = 301,600円$$

$$製品Bへの配賦額：784,160円 \times \frac{2,320時間}{1,450時間 + 2,320時間} = 482,560円$$

製品Aの当月加工費：162,400円 + 301,600円 = 464,000円

製品Bの当月加工費：153,140円 + 482,560円 = 635,700円

2．製品Aの計算（平均法）

（1）直接材料費の按分

$$月 末 仕 掛 品：\frac{18,000円 + 318,000円}{2,800個 + 400個} \times 400個 = 42,000円$$

完　　成　　品：18,000円 + 318,000円 − 42,000円 = 294,000円

（2）加工費の按分

$$月 末 仕 掛 品：\frac{19,000円 + 464,000円}{2,800個 + 200個} \times 200個 = 32,200円$$

完　　成　　品：19,000円 + 464,000円 − 32,200円 = 450,800円

（3）まとめ

完成品総合原価：294,000円 + 450,800円 = 744,800円

完成品単位原価：744,800円 ÷ 2,800個 = 266円/個

月末仕掛品原価：42,000円 + 32,200円 = 74,200円

3．製品Bの計算（先入先出法）

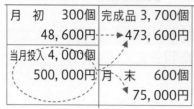

仕掛品B－直接材料費

月　初　　300個	完成品 3,700個
48,600円	→473,600円
当月投入 4,000個	
500,000円	月　末　　600個
	75,000円

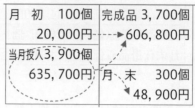

仕掛品B－加工費

月　初　　100個	完成品 3,700個
20,000円	→606,800円
当月投入 3,900個	
635,700円	月　末　　300個
	48,900円

(1)　直接材料費の按分

月 末 仕 掛 品：$\dfrac{500,000円}{(3,700個 - 300個) + 600個} \times 600個 = 75,000円$

完　　成　　品：48,600円 + 500,000円 - 75,000円 = 473,600円

(2)　加工費の按分

月 末 仕 掛 品：$\dfrac{635,700円}{(3,700個 - 100個) + 300個} \times 300個 = 48,900円$

完　　成　　品：20,000円 + 635,700円 - 48,900円 = 606,800円

(3)　まとめ

完成品総合原価：473,600円 + 606,800円 = 1,080,400円

完成品単位原価：1,080,400円 ÷ 3,700個 = 292円/個

月末仕掛品原価：75,000円 + 48,900円 = 123,900円

⑵　工程別組別総合原価計算

①　全原価要素工程別組別総合原価計算

全原価要素工程別組別総合原価計算とは，全原価要素すなわち直接材料費と加工費の両方とも工程別かつ組別に計算する方法である。

②　加工費工程別組別総合原価計算

加工費工程別組別総合原価計算とは，直接材料費については組別に単一工程とみなした計算を行い，加工費については組別に工程別計算を行う方法である。

　当工場では，製品Ａ，Ｂを連続する２つの工程を経て量産しており，工程別組別総合原価計算（累加法）を実施している。以下の資料により，各製品別に各工程の完成品総合原価，完成品単位原価，月末仕掛品原価，異常仕損費を計算しなさい。

（資　料）

1．生産データ

	製　品　Ａ		製　品　Ｂ	
	第１工程	第２工程	第１工程	第２工程
月初仕掛品	500個 (0.4)	400個 (0.5)	375個 (0.8)	500個 (0.6)
当月投入	1,500	1,200	1,400	1,500
合　計	2,000個	1,600個	1,775個	2,000個
異常仕損品	──	──	50 (0.2)	──
正常仕損品	──	100 (1)	──	──
月末仕掛品	800 (0.5)	500 (0.4)	225 (0.4)	200 (0.5)
完　成　品	1,200個	1,000個	1,500個	1,800個

　直接材料は両製品ともすべて第１工程の始点で投入される。また，（　　）内の数値は加工費進捗度または仕損の発生点の進捗度を示す。

　第１工程完成品はすべて第２工程に振り替えられた。

　月末仕掛品の評価は製品Ａが平均法，製品Ｂは先入先出法により，正常仕損費の処理は度外視法を採用しており，仕損の発生点を通過した良品に対して負担させること。なお，製品Ｂの仕損はすべて当月投入分のみから生じており，各製品とも仕損品に評価額はない。

2．原価データ（直接材料費については省略）

(1)　月初仕掛品原価

	製　品　Ａ		製　品　Ｂ	
	第１工程	第２工程	第１工程	第２工程
第１工程加工費（または前工程費）	100,840円	(128,400円)	152,820円	(245,700円)
第２工程加工費	──	94,360円	──	136,800円

(2)　当月製造費用

　加工費は，機械加工時間を基準に各製品に予定配賦を行っている。予定配賦率算定の基礎となる月間加工費予算（公式法変動予算）は次のとおりである。

	予　算　額	基準操業度	実際操業度
第１工程	1,474,200円	3,000時間	2,700時間（うち製品Ａ 1,400時間，製品Ｂ 1,300時間）
第２工程	1,267,200円	3,000時間	2,700時間（うち製品Ａ 1,100時間，製品Ｂ 1,600時間）

【解　答】

	製 品 A		製 品 B	
	第 1 工 程	第 2 工 程	第 1 工 程	第 2 工 程
完成品総合原価	591,600円	968,000円	742,500円	1,659,600円
完成品単位原価	493円/個	968円/個	495円/個	922円/個
月末仕掛品原価	197,200円	311,000円	44,226円	141,240円
異 常 仕 損 費	——	——	4,914円	——

【解　説】

1．加工費予定配賦額の算定

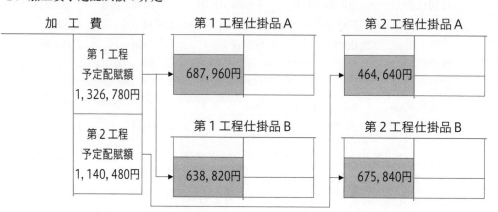

第 1 工程加工費：$\dfrac{1,474,200円}{3,000時間} \times 1,400時間 = 687,960円$（製品A）

$\dfrac{1,474,200円}{3,000時間} \times 1,300時間 = 638,820円$（製品B）

第 2 工程加工費：$\dfrac{1,267,200円}{3,000時間} \times 1,100時間 = 464,640円$（製品A）

$\dfrac{1,267,200円}{3,000時間} \times 1,600時間 = 675,840円$（製品B）

2．製品Aの計算（平均法）

第1工程仕掛品A一加工費

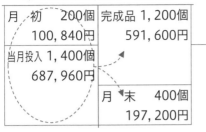

月　初　　200個	完成品 1,200個
100,840円	591,600円
当月投入 1,400個	
687,960円	
	月　末　　400個
	197,200円

第2工程仕掛品A一前工程費

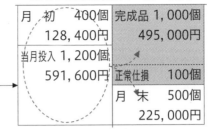

月　初　　400個	完成品 1,000個
128,400円	495,000円
当月投入 1,200個	
591,600円	正常仕損　　100個
	月　末　　500個
	225,000円

第2工程仕掛品A一加工費

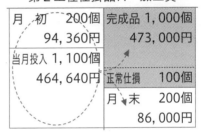

月　初　　200個	完成品 1,000個
94,360円	473,000円
当月投入 1,100個	
464,640円	正常仕損　　100個
	月　末　　200個
	86,000円

(1) 第1工程の計算

月末仕掛品原価：$\dfrac{100,840円 + 687,960円}{1,200個 + 400個} \times 400個 = 197,200円$

完成品総合原価：100,840円 + 687,960円 − 197,200円 = 591,600円

完成品単位原価：591,600円 ÷ 1,200個 = 493円/個

(2) 第2工程の計算

正常仕損は終点発生のため完成品のみが負担する。

① 前工程費の按分

月　末　仕　掛　品：$\dfrac{128,400円 + 591,600円}{(1,000個 + 100個) + 500個} \times 500個 = 225,000円$

完　　成　　品：128,400円 + 591,600円 − 225,000円 = 495,000円

② 加工費の按分

月　末　仕　掛　品：$\dfrac{94,360円 + 464,640円}{(1,000個 + 100個) + 200個} \times 200個 = 86,000円$

完　　成　　品：94,360円 + 464,640円 − 86,000円 = 473,000円

③ まとめ

完成品総合原価：495,000円 + 473,000円 = 968,000円

完成品単位原価：968,000円 ÷ 1,000個 = 968円/個

月末仕掛品原価：225,000円 + 86,000円 = 311,000円

3．製品Bの計算（先入先出法）

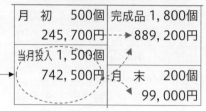

第1工程仕掛品B—加工費

月　初　　300個	完成品1,500個
152,820円	┈➤ 742,500円
当月投入1,300個	異常仕損　　10個
638,820円	┈➤ 4,914円
	月　末　　90個
	↳ 44,226円

第2工程仕掛品B—前工程費

月　初　　500個	完成品1,800個
245,700円	┈➤ 889,200円
当月投入1,500個	月　末　　200個
742,500円	99,000円

第2工程仕掛品B—加工費

月　初　　300個	完成品1,800個
136,800円	┈➤ 770,400円
当月投入1,600個	月　末　　100個
675,840円	42,240円

(1) 第1工程の計算

異常仕損品原価：$\dfrac{638,820円}{(1,500個-300個)+10個+90個} \times 10個 = 4,914円$

月末仕掛品原価：　　　　　　　〃　　　　　　　　 $\times 90個 = 44,226円$

完成品総合原価：152,820円 + 638,820円 -（4,914円 + 44,226円）= 742,500円

完成品単位原価：742,500円 ÷ 1,500個 = 495円/個

異 常 仕 損 費：4,914円

(2) 第2工程の計算

① 前工程費の按分

月 末 仕 掛 品：$\dfrac{742,500円}{(1,800個-500個)+200個} \times 200個 = 99,000円$

完　　成　　品：245,700円 + 742,500円 - 99,000円 = 889,200円

② 加工費の按分

月 末 仕 掛 品：$\dfrac{675,840円}{(1,800個-300個)+100個} \times 100個 = 42,240円$

完　　成　　品：136,800円 + 675,840円 - 42,240円 = 770,400円

③ まとめ

完成品総合原価：889,200円 + 770,400円 = 1,659,600円

完成品単位原価：1,659,600円 ÷ 1,800個 = 922円/個

月末仕掛品原価：99,000円 + 42,240円 = 141,240円

② 等級別総合原価計算

1. 等級別総合原価計算の意義

　等級別総合原価計算とは，同一工程において等級製品が連続生産される場合に適用される総合原価計算であり，等価係数を利用して等級製品別の製造原価を算定する計算方法をいう。

　なお，等級製品とは，厚さ，大きさ，重量などが異なる同種製品のことをいい，合板製造業で製造される厚さの異なる各種合板などのことをいう。

2. 等級別総合原価計算の特徴

　等級製品は，企業の意思によって特定の種類の製品だけを生産することが可能であり，各等級製品の原価を正確に計算するなら，組別総合原価計算を適用することができる。

　しかし等級製品は，厚さ，大きさ，重量，口径などが異なるだけであり，各製品相互間の原価発生額にはある一定の関係が認められる。この一定の関係を示すものが等価係数であり，等級別総合原価計算とは，等価係数を利用することで手数を省略して各等級製品の製造原価を計算する方法である。したがって，等級別総合原価計算は，組別総合原価計算の簡便法であり，単純総合原価計算と組別総合原価計算の中間に位置する計算方法といえる。

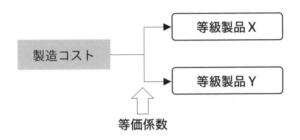

3. 等価係数と積数

(1) 等価係数

　等価係数とは，各等級製品の生産量を共通の計算単位に換算するための係数のことであり，基準となる等級製品1単位あたりの原価を1とした場合に，他の等級製品1単位あたりの原価の割合を1に対する数値で表したものをいう。この等価係数の算定方法には次の2つがある。

① 　重量，長さ，面積，純分度など，産出される各等級製品（＝アウトプット）の性質にもとづくもの	⇨ 等価係数は原価要素別に区別しない
② 　標準材料消費量，標準作業時間など各等級製品が消費する原価要素の物量数値（＝インプット）にもとづくもの	⇨ 等価係数は原価要素別に区別する

　なお，製品の原価は消費した原価財の価値であるため，等価係数は②の方法で算定したものが望ましいといえるが，計算の簡便性を考慮して①による等価係数も認められる。

(2) 積　数

積数とは各等級製品の生産量に等価係数を掛けた数値のことをいい，各等級製品の生産量を基準製品の生産量に換算したものである。

積　数 … 各等級製品の基準製品への換算量
↑
各等級製品の生産量×等価係数

4.　等級別総合原価計算の計算方法

等級別総合原価計算のしくみは，各等級製品に共通の計算単位である「積数」の割合（＝等価比率）により原価を各等級製品に按分することにある。その具体的な計算方法については，算定されている等価係数との関連により，以下の(1)と(2)の２つに大別することができる。

(1)　等価係数が原価要素別に区別されていない場合

この場合には，各等級製品の完成品量に等価係数を乗じた積数の比で，一原価計算期間の完成品総合原価を一括して各等級製品に按分する。そのため，この方法は単純総合原価計算に近い計算方法といえ，簡便性を重視したものといえる。

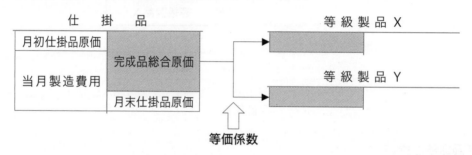

設例 4-3

当工場では等級製品である製品Ｘと製品Ｙを製造している。以下の資料により等級別総合原価計算を行い，月末仕掛品原価と等級製品別の完成品総合原価，完成品単位原価を計算しなさい。

（資　料）

1．生産データ

月初仕掛品	1,500個	(0.6)
当 月 投 入	4,500	
合　　計	6,000個	
月末仕掛品	1,500	(0.5)
正常仕損品	500	(0.8)
完　成　品	4,000個	

直接材料はすべて工程の始点で投入している。生産データの（　　）内の数値は加工費進捗度または正常仕損の発生点の進捗度を示す。

正常仕損費の処理は度外視法によっており，仕損の発生点を通過した良品に対して負担させる。仕損品に処分価値はない。また，原価配分の方法は平均法を採用している。

2．原価データ

	直接材料費	加 工 費
月初仕掛品原価	56,250円	49,650円
当月製造費用	159,750円	249,050円

3．完成品量の内訳および等価係数のデータ

	製 品 X	製 品 Y
完成品量の内訳	2,000個	2,000個
等 価 係 数	1	0.75

等価係数は，産出される製品の性質にもとづいて算定されており，当月の完成品原価を各等級製品に按分する際に使用している。

【解　答】

	製 品 X	製 品 Y
完成品総合原価	238,400円	178,800円
完成品単位原価	119.2円/個	89.4円/個
月末仕掛品原価	97,500円	

【解　説】

　本問の等価係数は産出される製品の性質にもとづいて設定されているため，まず完成品総合原価を単純総合原価計算により一括して算出し，次いで，これを各等級製品の完成品量に等価係数を掛けた積数の比で按分する。

1．正常仕損費の負担関係

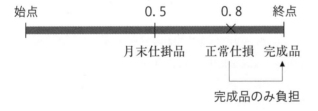

2．原価の按分計算（平均法）

(1) 直接材料費の按分

仕掛品－直接材料費

月末仕掛品：$\dfrac{56,250円+159,750円}{(4,000個+500個)+1,500個} \times 1,500個 = 54,000円$

完成品：$56,250円 + 159,750円 - 54,000円 = 162,000円$

(2) 加工費の按分

仕掛品－加工費

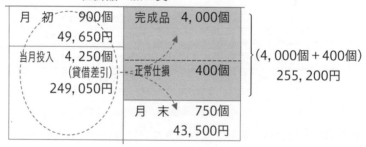

月末仕掛品：$\dfrac{49,650円+249,050円}{(4,000個+400個)+750個} \times 750個 = 43,500円$

完成品：$49,650円 + 249,050円 - 43,500円 = 255,200円$

(3) まとめ

月末仕掛品原価：$54,000円 + 43,500円 = 97,500円$

完成品総合原価：$162,000円 + 255,200円 = 417,200円$

3．完成品総合原価の各等級製品への按分と完成品単位原価の計算

製品　X：$\dfrac{417,200円}{2,000個 + \underset{製品X1,500個分}{\underline{2,000個 \times 0.75}}} \times 2,000個 = 238,400円$

製品　Y：　　　　　〃　　　　　$\times 2,000個 \times 0.75 = 178,800円$

完成品単位原価：〈製品X〉$238,400円 \div 2,000個 = 119.2円/個$

〈製品Y〉$178,800円 \div \underline{2,000個} = 89.4円/個$

完成品単位原価は積数で割らないように注意する。

108

⑵　**等価係数が原価要素別に区別されている場合**

等価係数が原価要素別に区別されている場合には，次の2つの計算方法がある。

①　**組別総合原価計算に近い等級別総合原価計算**

この方法は，当月製造費用を各等級製品に按分し，その後は各等級製品ごとに完成品総合原価と月末仕掛品原価を計算する。この場合，当月製造費用は各等級製品の原価投入量に等価係数を乗じた積数の比で按分される。この方法は，正確性を重視した方法といえる。

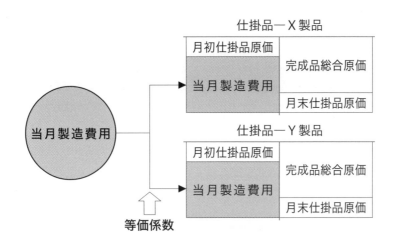

組
別
・
等
級
別
総
合
原
価
計
算

当工場では等級製品であるX製品とY製品を製造している。以下の資料により等級別総合原価計算を行い，各等級製品の仕掛品勘定の記入を行うとともに，各製品の単位あたり製造原価を計算しなさい。

（資　料）

1．生産データ

	X製品	Y製品
月初仕掛品	600個(1/2)	300個(1/3)
当月投入	5,400	3,700
合　計	6,000個	4,000個
月末仕掛品	900 (3/10)	400 (3/4)
正常仕損品	100 (9/10)	100 (1/2)
完　成　品	5,000個	3,500個

直接材料はすべて工程の始点で投入している。生産データの（　）内の数値は加工費進捗度または正常仕損の発生点の進捗度を示す。

2．等価係数のデータ

等級製品	X	Y
原　料　費	1	0.8
加　工　費	1	0.6

3．原価データ

等級製品		X	Y	合　計
月初仕掛品原価	原　料　費	380,400円	177,200円	557,600円
	加　工　費	488,570円	146,130円	634,700円
	小　計	868,970円	323,330円	1,192,300円
当月製造費用	原　料　費			5,183,200円
	加　工　費			11,330,500円
	小　計			16,513,700円

4．その他のデータ

(1) 当工場では，できるだけ正確に等級製品の製造原価を把握するために，等価係数は原料費と加工費とを区別して，当月製造費用を等級製品に按分する際に使用している。

(2) 完成品と月末仕掛品に対する原価の配分は，X製品は先入先出法，Y製品は平均法による。

(3) 正常仕損費の負担関係は仕損発生点の進捗度にもとづいて決定し，その処理は非度外視法による。仕損品に処分価値はない。

【解 答】

仕掛品—X製品　　　　　　（単位：円）

月初仕掛品原価		完成品総合原価	
原 料 費	380,400	原 料 費	3,170,400
加 工 費	488,570	加 工 費	7,913,070
計	868,970	計	11,083,470
当月製造費用		月末仕掛品原価	
原 料 費	3,348,000	原 料 費	558,000
加 工 費	7,843,000	加 工 費	418,500
計	11,191,000	計	976,500
合 計	12,059,970	合 計	12,059,970

X製品の単位あたり製造原価　　2,216.694円/個

仕掛品—Y製品　　　　　　（単位：円）

月初仕掛品原価		完成品総合原価	
原 料 費	177,200	原 料 費	1,806,000
加 工 費	146,130	加 工 費	3,345,650
計	323,330	計	5,151,650
当月製造費用		月末仕掛品原価	
原 料 費	1,835,200	原 料 費	206,400
加 工 費	3,487,500	加 工 費	287,980
計	5,322,700	計	494,380
合 計	5,646,030	合 計	5,646,030

Y製品の単位あたり製造原価　　1,471.9円/個

【解 説】

本問の等価係数は原価要素別に算定されており，資料にある「等価係数は当月製造費用を按分する際に使用している」との指示から，各等級製品の原価要素別の投入量に等価係数を掛けた積数の比により当月製造費用を按分する「組別総合原価計算に近い等級別計算」を行えばよい。

1. 当月製造費用の按分

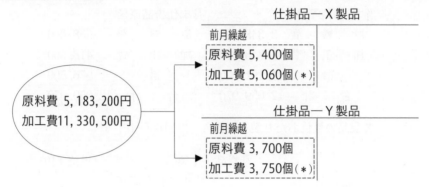

(＊) 加工費の当月投入量

等級製品X：$5,000個 - 600個 \times \dfrac{1}{2} + 900個 \times \dfrac{3}{10} + 100個 \times \dfrac{9}{10} = 5,060個$

等級製品Y：$3,500個 - 300個 \times \dfrac{1}{3} + 400個 \times \dfrac{3}{4} + 100個 \times \dfrac{1}{2} = 3,750個$

(1) 原料費の按分

等級製品X：$\dfrac{5,183,200円}{\underbrace{5,400個 + 3,700個 \times 0.8}_{\text{X製品 2,960個分}}} \times 5,400個 = 3,348,000円$

等級製品Y：〃 $\times 3,700個 \times 0.8 = 1,835,200円$

(2) 加工費の按分

等級製品X：$\dfrac{11,330,500円}{\underbrace{5,060個(＊) + 3,750個(＊) \times 0.6}_{\text{X製品 2,250個分}}} \times 5,060個 = 7,843,000円$

等級製品Y：〃 $\times 3,750個 \times 0.6 = 3,487,500円$

2. 等級製品Xの計算（先入先出法）

(1) 正常仕損費の負担関係

(2) 原料費の按分

仕掛品X―原料費

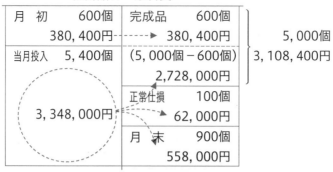

$$月末仕掛品：\frac{3,348,000円}{(5,000個-600個)+100個+900個}×900個=558,000円$$

正常仕損品： 〃 ×100個＝62,000円

完 成 品：380,400円＋3,348,000円−558,000円−62,000円＝3,108,400円

(3) 加工費の按分

仕掛品X―加工費

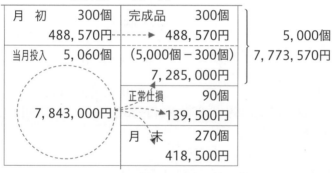

$$月末仕掛品：\frac{7,843,000円}{(5,000個-300個)+90個+270個}×270個=418,500円$$

正常仕損品： 〃 ×90個＝139,500円

完 成 品：488,570円＋7,843,000円−418,500円−139,500円＝7,773,570円

(4) まとめ

完成品総合原価 … 正常仕損費は(原価要素ごとに)完成品に負担させる。

原 料 費：3,108,400円＋ 62,000円＝ 3,170,400円

加 工 費：7,773,570円＋139,500円＝ 7,913,070円

計 11,083,470円

（単位あたり製造原価 11,083,470円÷5,000個＝2,216.694円/個）

月末仕掛品原価

原 料 費：558,000円

加 工 費：418,500円

計 976,500円

3. 等級製品Yの計算（平均法）

(1) 正常仕損費の負担関係

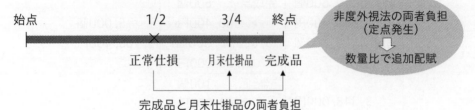

```
始点              1/2        3/4      終点
 ├──────────────×──────┼──────┤
                正常仕損  月末仕掛品 完成品
                          ↑      ↑
```

非度外視法の両者負担
（定点発生）
⇩
数量比で追加配賦

完成品と月末仕掛品の両者負担

(2) 原料費の按分

仕掛品Y―原料費

月　初　　300個	完成品　3,500個
177,200円	1,760,850円
当月投入　3,700個	
	正常仕損　100個
	50,310円
1,835,200円	月　末　　400個
	201,240円

月 末 仕 掛 品：$\dfrac{177,200円+1,835,200円}{3,500個+100個+400個}×400個=201,240円$

正 常 仕 損 品：　　　　　〃　　　　　　×100個=50,310円

完　　　　　品：177,200円+1,835,200円－201,240円－50,310円＝1,760,850円

(3) 加工費の按分

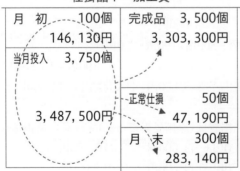

仕掛品Y―加工費

月　初　　100個	完成品　3,500個
146,130円	3,303,300円
当月投入　3,750個	
	正常仕損　50個
	47,190円
3,487,500円	月　末　　300個
	283,140円

月 末 仕 掛 品：$\dfrac{146,130円+3,487,500円}{3,500個+50個+300個}×300個=283,140円$

正 常 仕 損 品：　　　　　〃　　　　　　×50個=47,190円

完　　　　　品：146,130円+3,487,500円－283,140円－47,190円＝3,303,300円

(4) 正常仕損費の追加配賦

① 原料費

完成品負担額：$\dfrac{50,310円}{3,500個+400個}\times3,500個=45,150円$

月末仕掛品負担額：　　〃　　×400個=5,160円

② 加工費

完成品負担額：$\dfrac{47,190円}{3,500個+400個}\times3,500個=42,350円$

月末仕掛品負担額：　　〃　　×400個=4,840円

(5) まとめ

完成品総合原価

原　料　費：1,760,850円+45,150円 ＝ 1,806,000円

加　工　費：3,303,300円+42,350円 ＝ 3,345,650円

計　　　　　　　　　　　　　　　5,151,650円

（単位あたり製造原価　5,151,650円÷3,500個=1,471.9円/個）

月末仕掛品原価

原　料　費：201,240円+5,160円 ＝ 206,400円

加　工　費：283,140円+4,840円 ＝ 287,980円

計　　　　　　　　　　　　　　　494,380円

② **単純総合原価計算に近い等級別総合原価計算**

　この方法は，各等級製品の生産データに等価係数を掛けることにより，生産データを原価要素別の積数で一本化し，その積数にもとづいて原価を各等級製品に按分する。

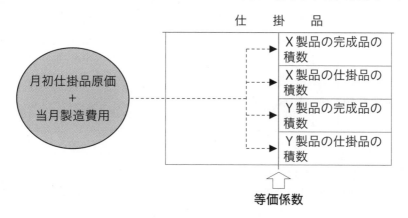

　当工場では等級製品であるX製品とY製品を製造している。以下の資料により等級別総合原価計算を行い，等級製品別の完成品総合原価，月末仕掛品原価および各製品の単位あたり製造原価を計算しなさい。

（資　料）

1．生産データ

等 級 製 品	X製品	Y製品
月初仕掛品	600個(1/2)	300個(1/3)
当 月 投 入	5,400	3,700
合　計	6,000個	4,000個
月末仕掛品	900　(3/10)	400　(3/4)
正常仕損品	100　(9/10)	100　(1/2)
完　成　品	5,000個	3,500個

　直接材料はすべて工程の始点で投入している。生産データの（　　）内の数値は加工費進捗度または正常仕損の発生点の進捗度を示す。

2．等価係数のデータ

等級製品	X	Y
原　料　費	1	0.8
加　工　費	1	0.6

3．原価データ

等級製品		X	Y	合　　計
月初仕掛品原価	原 料 費	380,400円	177,200円	557,600円
	加 工 費	488,570円	146,130円	634,700円
	小　計	868,970円	323,330円	1,192,300円
当月製造費用	原 料 費			5,183,200円
	加 工 費			11,330,500円
	小　計			16,513,700円

4．その他のデータ

(1)　当工場の等級別計算は，月初仕掛品原価と当月製造費用を合計し，等価係数を使用したX製品とY製品の完成品量，正常仕損量，月末仕掛品量へ按分する方法による。

(2)　完成品と月末仕掛品に対する原価の配分は平均法による。

(3)　正常仕損費の負担関係は仕損発生点の進捗度にもとづいて決定し，その処理は非度外視法による。仕損品に処分価値はない。

【解　答】（単位：円）

		X 製 品	Y 製 品
完 成 品 総 合 原 価	原 料 費	3,182,400円	1,792,000円
	加 工 費	7,940,400円	3,318,000円
	小 計	11,122,800円	5,110,000円
月末仕掛品 原　　　価	原 料 費	561,600円	204,800円
	加 工 費	421,200円	285,600円
	小 計	982,800円	490,400円

X製品の単位あたり製造原価　　　2,224.56円/個
Y製品の単位あたり製造原価　　　1,460　　円/個

【解　説】

1. 生産データのX製品（＝基準製品）への換算

　　原価要素別の生産データに各等級製品の等価係数を掛けて，積数によるデータに一本化する。これは基準製品であるX製品への換算量にほかならない。そこであたかもX製品のみを生産しているかのように考えて原価を按分する。

(1)　原料費の換算

仕掛品—X製品　　　（×等価係数）　　仕掛品（積数で合算）

月　初 600個	完成品
当月投入 5,400個	5,000個
	正常仕損 100個
	月　末 900個

×1

月　初 600個	完成品
当月投入 5,400個	5,000個
	正常仕損 100個
	月　末 900個

仕掛品—Y製品

月　初 300個	完成品
当月投入 3,700個	3,500個
	正常仕損 100個
	月　末 400個

×0.8

月　初 240個	完成品
当月投入 2,960個	2,800個
	正常仕損 80個
	月　末 320個

（注）Y製品のX製品への換算量
　月初仕掛品　　300個×0.8＝　240個
　当 月 投 入　3,700個×0.8＝2,960個
　完 成 品　3,500個×0.8＝2,800個
　正 常 仕 損　　100個×0.8＝　80個
　月末仕掛品　　400個×0.8＝　320個

(2) 加工費の換算

仕掛品—X製品　　　　　　（×等価係数）　　　　仕掛品（積数で合算）

月　初　　300個	完成品
当月投入	5,000個
5,060個	
	正常仕損　　90個
	月　末　　270個

×1

月　初　　300個	完成品
当月投入	5,000個
5,060個	
	正常仕損　　90個
	月　末　　270個

仕掛品—Y製品

月　初　　100個	完成品
当月投入	3,500個
3,750個	
	正常仕損　　50個
	月　末　　300個

×0.6

月　初　　60個	完成品
当月投入	2,100個
2,250個	
	正常仕損　　30個
	月　末　　180個

（注）Y製品のX製品への換算量
月初仕掛品　　　100個×0.6＝　　　60個
当 月 投 入　3,750個×0.6＝2,250個
完 成 品　3,500個×0.6＝2,100個
正 常 仕 損　　　50個×0.6＝　　　30個
月末仕掛品　　　300個×0.6＝　　180個

2．各等級製品への原価の按分（平均法）

(1) 原料費の按分

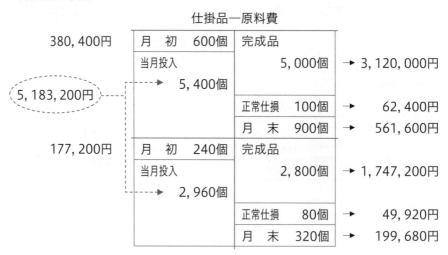

仕掛品—原料費

380,400円	月　初　　600個	完成品	
	当月投入	5,000個	→ 3,120,000円
	5,400個		
5,183,200円		正常仕損　100個	→ 62,400円
		月　末　　900個	→ 561,600円
177,200円	月　初　　240個	完成品	
	当月投入	2,800個	→ 1,747,200円
	2,960個		
		正常仕損　　80個	→ 49,920円
		月　末　　320個	→ 199,680円

$$按分単価：\frac{380,400円＋177,200円＋5,183,200円}{(5,000個＋100個＋900個)＋(2,800個＋80個＋320個)}＝624円/個$$

118

X 完 成 品：624円/個×5,000個＝3,120,000円

X 正 常 仕 損 品： 〃 × 100個＝ 62,400円

X 月 末 仕 掛 品： 〃 × 900個＝ 561,600円

Y 完 成 品： 〃 ×2,800個＝1,747,200円

Y 正 常 仕 損 品： 〃 × 80個＝ 49,920円

Y 月 末 仕 掛 品： 〃 × 320個＝ 199,680円

(2) 加工費の按分

仕掛品―加工費

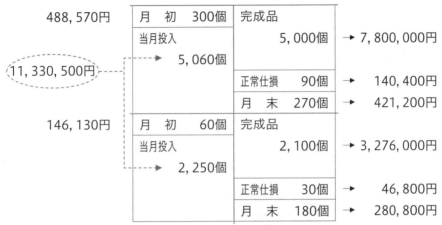

488,570円	月 初 300個	完成品	
	当月投入	5,000個	→ 7,800,000円
11,330,500円	5,060個		
		正常仕損 90個	→ 140,400円
		月 末 270個	→ 421,200円
146,130円	月 初 60個	完成品	
	当月投入	2,100個	→ 3,276,000円
	2,250個		
		正常仕損 30個	→ 46,800円
		月 末 180個	→ 280,800円

按 分 単 価：$\dfrac{488,570円＋146,130円＋11,330,500円}{(5,000個＋90個＋270個)＋(2,100個＋30個＋180個)}$＝1,560円/個

X 完 成 品：1,560円/個×5,000個＝7,800,000円

X 正 常 仕 損 品： 〃 × 90個＝ 140,400円

X 月 末 仕 掛 品： 〃 × 270個＝ 421,200円

Y 完 成 品： 〃 ×2,100個＝3,276,000円

Y 正 常 仕 損 品： 〃 × 30個＝ 46,800円

Y 月 末 仕 掛 品： 〃 × 180個＝ 280,800円

(3) 正常仕損費の追加配賦

① X製品（完成品のみ負担）

〈原料費〉 62,400円 ｝ 完成品原価に加算
〈加工費〉 140,400円

② Y製品（完成品と月末仕掛品に数量比で追加配賦）

〈原料費〉

完成品負担分：$\dfrac{49,920円}{3,500個+400個} \times 3,500個 = 44,800円$

月末仕掛品負担分：　　〃　　　　×　400個 ＝ 5,120円

〈加工費〉

完成品負担分：$\dfrac{46,800円}{3,500個+400個} \times 3,500個 = 42,000円$

月末仕掛品負担分：　　〃　　　　×　400個 ＝ 4,800円

(4)　まとめ

①　X製品

完成品総合原価：

原　料　費；3,120,000円 ＋ 62,400円 ＝ 3,182,400円

加　工　費；7,800,000円 ＋ 140,400円 ＝ 7,940,400円

計　　　　　　　　　　　　11,122,800円

（単位あたり製造原価　11,122,800円 ÷ 5,000個 ＝ 2,224.56円/個）

月末仕掛品原価：

原　料　費；561,600円

加　工　費；421,200円

計　　　982,800円

②　Y製品

完成品総合原価：

原　料　費；1,747,200円 ＋ 44,800円 ＝ 1,792,000円

加　工　費；3,276,000円 ＋ 42,000円 ＝ 3,318,000円

計　　　　　　　　　　　5,110,000円

（単位あたり製造原価　5,110,000円 ÷ 3,500個 ＝ 1,460円/個）

月末仕掛品原価：

原　料　費；199,680円 ＋ 5,120円 ＝ 204,800円

加　工　費；280,800円 ＋ 4,800円 ＝ 285,600円

計　　　　　　　　　　490,400円

　等級別総合原価計算は，同一工程において，同種製品を連続生産するが，その製品を形状，大きさ，品位等によって等級に区別する場合に適用する。

　等級別総合原価計算にあっては，各等級製品について適当な等価係数を定め，一期間における完成品の総合原価又は一期間の製造費用を等価係数に基づき各等級製品にあん分してその製品原価を計算する。

　等価係数の算定およびこれに基づく等級製品原価の計算は，次のいずれかの方法による。

(1)　各等級製品の重量，長さ，面積，純分度，熱量，硬度等原価の発生と関連ある製品の諸性質に基づいて等価係数を算定し，これを各等級製品の一期間における生産量に乗じた積数の比をもって，一期間の完成品の総合原価を一括的に各等級製品にあん分してその製品原価を計算し，これを製品単位に均分して単位原価を計算する。

(2)　一期間の製造費用を構成する各原価要素につき，又はその性質に基づいて分類された数個の原価要素群につき，各等級製品の標準材料消費量，標準作業時間等各原価要素又は原価要素群の発生と関連ある物量的数値等に基づき，それぞれの等価係数を算定し，これを各等級製品の一期間における生産量に乗じた積数の比をもって，各原価要素又は原価要素群をあん分して，各等級製品の一期間の製造費用を計算し，この製造費用と各等級製品の期首仕掛品原価とを，当期における各等級製品の完成品とその期末仕掛品とに分割することにより，当期における各等級製品の総合原価を計算し，これを製品単位に均分して単位原価を計算する。

　この場合，原価要素別又は原価要素群別に定めた等価係数を個別的に適用しないで，各原価要素又は原価要素群の重要性を加味して総括し，この総括的等価係数に基づいて，一期間の完成品の総合原価を一括的に各等級製品にあん分して，その製品原価を計算することができる。

05 連産品の原価計算

Theme

> **Check** ここでは，同一原材料から複数の異種製品が必然的に生産される場合の計算方法について学習する。特に連結原価の配賦方法を理解することが重要である。

1 連産品の原価計算

1. 連産品と副産物

　同一工程において同一原材料から複数の異種製品が必然的に生産される場合において，産出された製品間に大きな経済価値（＝売却価値）の差がない場合，それらの製品のことを連産品という。これとは逆に，製品間に大きな経済価値の差がある場合には，経済価値の高い製品（群）を主産物，経済価値の低い製品を副産物という。

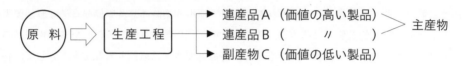

2. 連産品の原価計算

（1）　連産品とは

　連産品とは，同一工程において同一原材料から必然的に生産される異種製品で，相互に経済価値が高くその主副を明確に区別できないものをいう。

　連産品の例としては，原油の精製により生産される重油，軽油，灯油，ガソリンなどや，豚の解体により得られるロース，もも，ひれなどの各部位の肉などがある。

（2）　連結原価

　連結原価（または結合原価，ジョイント・コスト）とは，連産品が分離するまでに共通して発生するコストのことをいう。なお，生産過程において連産品が分離されるポイントのことを分離点といい，通常この分離点までを1つの工程として扱うことが多い。

　また，分離した後の連産品に個別の加工を行って最終製品となる場合には，さらに加工コストが発生するが，このコストは製品別に把握できるため分離後個別費とよばれる。

　連産品の原価計算では，連産品に共通して発生する連結原価をどのように配賦するかが問題となる。

連結原価 …… 連産品が分離するまでに共通に発生するコスト

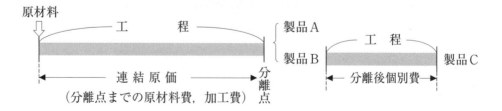

⑶ 連結原価の配賦とその必要性

　連結原価を個々の連産品に配賦する理由は財務会計目的にあるといえる。

　連産品は，経営者が特定の製品だけを選択して個別に生産することができず，分離するまでは「一体のもの」である。連結原価はその「一体のもの」に対して発生した原価であって，特定の連産品との間に個別の結びつきはない。すなわち，連結原価の発生要因となる資源の利用量（材料消費量や作業時間数など）は個々の連産品へ直接跡づけることはできず，連結原価を製品別に直接把握することは不可能である。

　しかし，財務諸表の作成にあたり売上原価や期末棚卸資産価額などの製品原価情報を得るためには，なんらかの方法で連結原価を連産品に配賦しておく必要があるのである。

> 連結原価を配賦する目的 …… 財務諸表作成のための製品原価情報の入手

⑷ 連結原価の配賦方法

　連結原価を連産品に配賦する方法には，一般的に次の２つがある。

> 物量基準 …… 連産品の産出量など，なんらかの共通的な物量数値にもとづいて連結原価を
> 　　　　　　 配賦する方法をいう。
> 市価基準 …… 正常市価（注）にもとづいて連結原価を配賦する方法をいい，連産品だけに
> 　　　　　　 認められている例外的な方法である。
> 　　　　　　 　これは市価の高い製品には，原価も多く負担させようとする考え方（＝負担
> 　　　　　　 力主義）にもとづいた計算方法である。

　（注）正常市価… 通常の状況のもとで予想される比較的長期間の平均市場価格

一口メモ　原油の精製のしくみ

　原油は精油所において蒸留装置や分解装置に投入され，ガソリン，ナフサ，灯油，軽油，重油など各種の石油製品（石油留分という）に分離される。まず原油を加熱炉で350度以上に熱し，これを高さがおよそ50メートルほどの蒸留塔の中に吹き込むことで，沸点の差から各種の製品に分かれていくのである。

① 分離後に追加加工を行わない場合

設例 5-1

当工場では，原料Aを投入して連産品である製品B，Cを生産・販売している。当月の生産計画および予想されるコスト，市場価格は次のとおりである。なお，月初・月末の仕掛品および製品は存在しないものとする。

（資料）

1．分離点における生産量と単位あたり市場価格

	生 産 量	単位あたり市場価格
製 品 B	1,000kg	4,500円
製 品 C	2,000kg	2,250円

2．分離点までの製造原価

	金 額
分離点までの製造原価	6,750,000円

上記の資料にもとづいて次の各問に答えなさい。

〔問1〕

物量（重量）を基準に連結原価を配賦した場合，各製品の単位あたり製造原価と製品別の売上総利益を計算しなさい。

〔問2〕

市価を基準に連結原価を配賦した場合，各製品の単位あたり製造原価と製品別の売上総利益を計算しなさい。

【解 答】

〔問1〕物量（重量）基準

製 品	B	C	合 計
製品単位あたり製造原価	2,250円	2,250円	――
売 上 総 利 益	2,250,000円	0円	2,250,000円

〔問2〕市価基準

製 品	B	C	合 計
製品単位あたり製造原価	3,375円	1,687.5円	――
売 上 総 利 益	1,125,000円	1,125,000円	2,250,000円

【解　説】

〔問1〕物量（重量）基準

　物量基準は，分離点における各連産品の物量数値（本問では重量）によって連結
原価を配賦する。

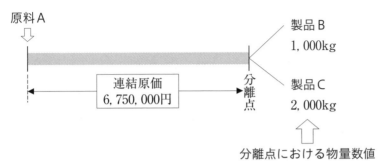

（1）連結原価の配賦

　　製品Bへの配賦額：$\dfrac{6,750,000円}{1,000kg+2,000kg}$ ×1,000kg ＝ 2,250,000円

　　製品Cへの配賦額：　　　　〃　　　　　　×2,000kg ＝ 4,500,000円

　　なお，物量基準による連結原価の配賦は，平均製造単価（＝ 2,250円/kg）を等
価係数として使用していることになる。具体的には，積数（＝等価係数×生産量）
がそのまま連結原価の配賦額となっている。

（2）製品単位あたりの製造原価

　　製品B：2,250,000円÷1,000kg ＝ 2,250円/kg

　　製品C：4,500,000円÷2,000kg ＝ 2,250円/kg

（3）売上総利益の計算

	製　品　B	製　品　C	合　　計	
売　上　高	4,500,000円（＊1）	4,500,000円（＊2）	9,000,000円	（＊1）4,500円×1,000kg
売　上　原　価				（＊2）2,250円×2,000kg
連結原価	2,250,000円	4,500,000円	6,750,000円	
売上総利益	2,250,000円	0円	2,250,000円	
売上総利益率	50%	0%	25%	

　上記の計算結果をみると，製品Cの売上総利益率は0％であり，まったく収益力
のない製品であるかのようにみえる。しかしながら，連産品は特定の製品を選んで
生産することができないため，各製品間の収益性（ここでは売上総利益率）が異なっ
てしまうような配賦計算は望ましくないとする考え方もある。

〔問2〕市価基準

　市価基準は，各連産品の正常市価を等価係数として使用し，正常市価に生産量を
掛けた売却価額総額を積数として連結原価を配賦する方法である。

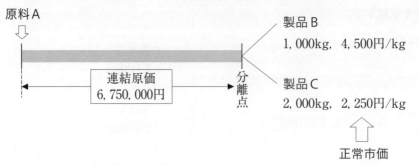

(1) 売却価額総額（＝積数）の計算

　　製品B：4,500円/kg × 1,000kg = 4,500,000円

　　製品C：2,250円/kg × 2,000kg = 4,500,000円

(2) 連結原価の配賦

　　製品Bへの配賦額：$\dfrac{6,750,000円}{4,500,000円 + 4,500,000円}$ × 4,500,000円 = 3,375,000円

　　製品Cへの配賦額：　　　　　〃　　　　　　× 4,500,000円 = 3,375,000円

(3) 製品単位あたりの製造原価

　　製品B：3,375,000円 ÷ 1,000kg = 3,375円/kg

　　製品C：3,375,000円 ÷ 2,000kg = 1,687.5円/kg

(4) 売上総利益の計算

	製 品 B	製 品 C	合　　計	
売　上　高	4,500,000円(＊1)	4,500,000円(＊2)	9,000,000円	(＊1) 4,500円×1,000kg
売　上　原　価				(＊2) 2,250円×2,000kg
連結原価	3,375,000円	3,375,000円	6,750,000円	
売上総利益	1,125,000円	1,125,000円	2,250,000円	
売上総利益率	25%	25%	25%	

　　上記の計算結果をみると，製品Bも製品Cも売上総利益率は25％で等しくなっ
ている。これは，市価基準が正常市価に見合った原価を負担させようとする考え方
（＝負担力主義）にもとづく計算だからである。

一口メモ　**価値移転的計算**

　連産品の原価計算で適用される市価基準に対して，連産品以外の製品で行っている製品原価計算の
しくみは「価値移転的計算」である。これは，発生した原価を，製品に関連する物量的尺度（原価の
発生に関連する材料消費量や作業時間などの資源利用量）にもとづいて完成品や仕掛品などの原価計
算対象にできるだけ正確に跡づけていく計算のことをいう。

② 分離後に追加加工を行う場合

　分離した連産品をさらに加工した後で販売するような場合には，分離点における市価が明らかでなく，連結原価の配賦計算に利用できないことも多い。この場合には，次の式で計算した見積正味実現可能価額にもとづいて連結原価を配賦する。この配賦方法を，見積正味実現可能価額法（estimated net realizable value method：見積NRV法）という。

> 見積正味実現可能価額 ＝ 最終製品の正常市価 － 見積分離後個別費(注)

　　(注) 見積分離後個別費は「正常個別費」ともいう。

設例 5-2

　当工場では，原料Aを投入して連産品である製品B，Cを生産しているが，BもCもそのままでは販売せず，それぞれ個別に追加加工を行ったのち最終製品B，Cとして販売する。分離されたBとCは中間製品でありそれぞれB′，C′とよぶ。当月の生産計画および予想されるコスト，市場価格は次のとおりである。なお，月初・月末の仕掛品および製品は存在しない。

（資　料）

1．分離点における生産量と単位あたり市場価格

	生　産　量	単位あたり市場価格
中間製品B′	1,000kg	4,500円
中間製品C′	2,000kg	2,250円

2．分離点までの製造原価と分離後の追加加工費（個別費）

	金　　額
分離点までの製造原価	6,750,000円
B′ の 追 加 加 工 費	125,000円
C′ の 追 加 加 工 費	500,000円

3．最終製品の生産量と単位あたり市場価格

	生　産　量	単位あたり市場価格
最 終 製 品 B	1,000単位	5,000円
最 終 製 品 C	4,000単位	1,250円

〔問〕中間製品B′とC′には外部市場があるものの，そのまま販売しないため分離点における市価は利用できないものとする。そこで，分離点における見積正味実現可能価額を基準に連結原価を配賦し，各最終製品の単位あたり製造原価と製品別の売上総利益を計算しなさい。

　なお，見積正味実現可能価額とは，最終製品の市価から分離点後の個別費を控除した金額である。

【解　答】

製　　品	B	C	合　計
製品単位あたり製造原価	3,635円	935円	——
売　上　総　利　益	1,365,000円	1,260,000円	2,625,000円

【解　説】

　本問のように，追加加工をした後で販売するなどの理由から，分離点における市価が利用できない場合には，見積正味実現可能価額にもとづいて連結原価を配賦する。見積正味実現可能価額とは最終製品の正常市価から見積個別費を差し引いた金額をいい，いわば連結原価に対応する（分離点での）市価を最終製品の市価から逆算して求めたものをいう。

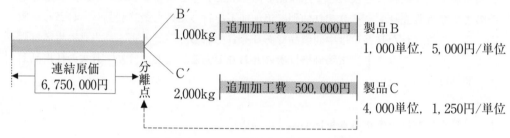

分離点における見積正味実現可能価額

(1) 分離点における見積正味実現可能価額（＝積数）の計算

　　中間製品B′：5,000円/単位 × 1,000単位 − 125,000円 = 4,875,000円

　　中間製品C′：1,250円/単位 × 4,000単位 − 500,000円 = 4,500,000円

(2) 連結原価の配賦

　　中間製品B′への配賦額：$\dfrac{6,750,000円}{4,875,000円 + 4,500,000円} \times 4,875,000円 = 3,510,000円$

　　中間製品C′への配賦額：　　　　　〃　　　　　 × 4,500,000円 = 3,240,000円

(3) 最終製品の完成品総合原価と単位あたり製造原価

　① 製品B

　　完成品総合原価：3,510,000円〈連結原価配賦額〉＋125,000円〈分離後個別加工費〉＝3,635,000円

　　単位あたり製造原価：3,635,000円 ÷ 1,000単位 ＝ 3,635円/単位

　② 製品C

　　完成品総合原価：3,240,000円〈連結原価配賦額〉＋500,000円〈分離後個別加工費〉＝3,740,000円

　　単位あたり製造原価：3,740,000円 ÷ 4,000単位 ＝ 935円/単位

(注) 追加加工を行う場合には，最終完成品原価は，連結原価配賦額だけでなく分離後の追加加工費を加算しなければならないことに注意してほしい。

(4) 売上総利益の計算

	製品B	製品C	合　計
売　上　高	5,000,000円(＊1)	5,000,000円(＊2)	10,000,000円
売上原価			
連結原価	3,510,000円	3,240,000円	6,750,000円
追加加工費	125,000円	500,000円	625,000円
計	3,635,000円	3,740,000円	7,375,000円
売上総利益	1,365,000円	1,260,000円	2,625,000円
売上総利益率	27.3%	25.2%	26.25%

(＊1) 5,000円×1,000単位

(＊2) 1,250円×4,000単位

　　上記の計算結果をみると，製品Bと製品Cの売上総利益率は異なっているが，これは分離後に行われる追加加工費の影響である。分離点で産出された中間製品に追加加工をするかしないか，また，どのように加工するかは，他の連産品とは無関係に個々の製品ごとに決定される。

補足　連産品と他の製品との比較

　連産品と他の種類の製品との異同点は次のとおりである。

　連産品は，同一工程で複数の製品が生産される点では等級製品や組製品と同じといえるが，複数の製品が必然的に生産されてしまい，特定の製品だけを個別に生産することはできない。この点で，経営管理者が個別に生産量を決定できる等級製品や組製品とは異なっている。また，連産品と組製品は異種製品であるが，等級製品は同種製品である。

　さらに，連産品と等級製品は等価係数を用いた原価按分を行う点で共通性を見いだせるが，等級製品の等価係数は原価の発生となんらかの因果関係が認められる物量を基準にした等価係数であるのに対して，連産品は正常市価を基準に設定された等価係数を使用することができる点で異なっている。

研究　修正正味実現可能価額法（修正NRV法）

前述の［設例5－2］のように分離後の連産品に個別加工を行う場合には，各製品の売上総利益率は異なってしまうが，連産品は不可避的に結合して生産されるため，仮に追加加工を行うとしても，各製品が同等の収益力をもつべきとする考え方もある。

このような場合には，次のように連結原価を配賦し，各製品の売上総利益率を一致させる。

〈手順①〉

［設例5－2］において，工場全体の売上総利益率は26.25％であるため，まず，各製品の売上総利益率がそれぞれ26.25％になるように売上総利益を計算し，そこから製品別の原価合計を逆算する。

製品Bの売上総利益：5,000,000円×26.25％＝1,312,500円

〃　の原価合計：5,000,000円－1,312,500円＝3,687,500円

製品Cの売上総利益：5,000,000円×26.25％＝1,312,500円

〃　の原価合計：5,000,000円－1,312,500円＝3,687,500円

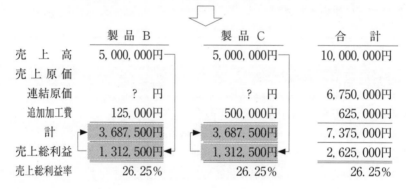

	製品 B	製品 C	合　計
売　上　高	5,000,000円	5,000,000円	10,000,000円
売　上　原　価			
連結原価	?　円	?　円	6,750,000円
追加加工費	125,000円	500,000円	625,000円
計	3,687,500円	3,687,500円	7,375,000円
売上総利益	1,312,500円	1,312,500円	2,625,000円
売上総利益率	26.25％	26.25％	26.25％

〈手順②〉

次いで，各製品の原価合計より追加加工費を差し引いて連結原価配賦額を逆算する。

製品Bの連結原価配賦額：3,687,500円－125,000円＝3,562,500円

製品Cの連結原価配賦額：3,687,500円－500,000円＝3,187,500円

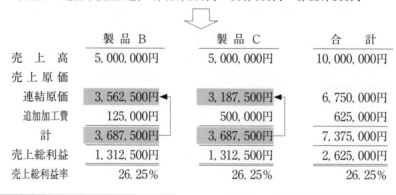

	製品 B	製品 C	合　計
売　上　高	5,000,000円	5,000,000円	10,000,000円
売　上　原　価			
連結原価	3,562,500円	3,187,500円	6,750,000円
追加加工費	125,000円	500,000円	625,000円
計	3,687,500円	3,687,500円	7,375,000円
売上総利益	1,312,500円	1,312,500円	2,625,000円
売上総利益率	26.25％	26.25％	26.25％

　連産品とは，同一工程において同一原料から生産される異種の製品であって，相互に主副を明確に区別できないものをいう。連産品の価額は，連産品の正常市価等を基準として定めた等価係数に基づき，一期間の総合原価を連産品にあん分して計算する。この場合，連産品で，加工の上売却できるものは，加工製品の見積売却価額から加工費の見積額を控除した額をもって，その正常市価とみなし，等価係数算定の基礎とする。ただし，必要ある場合には，連産品の一種又は数種の価額を副産物に準じて計算し，これを一期間の総合原価から控除した額をもって，他の連産品の価額とすることができる。

Theme
05

連
産
品
の
原
価
計
算

2 副産物の処理

1. 副産物とは

　副産物とは主産物の製造過程から必然に派生する物品のことをいい，言い換えれば，同一工程において同一原材料から必然的に生産される産出品であるが，主産物に比べて経済価値（売却価値）が低いものをいう。したがって，副産物と連産品の違いは同時に生産された製品相互間の相対的価値の違いにもとづくものであるといえる。

2. 副産物の処理と評価

(1) 副産物の処理

　　副産物は主産物に比べるとその経済価値が低いことから，手間をかけて製造原価を計算することはせず，評価額（見積売却価値や再利用価値）によって測定される。副産物の評価額は主産物の製造原価から控除される。

　　その際，副産物の評価額をどの時点で主産物の製造原価から控除するかは，副産物が分離されるタイミングにより以下のように分けられる。

① 副産物の分離点の進捗度 ＞ 月末仕掛品の進捗度

　　この場合には，まず月末仕掛品原価を計算しておき，残りの製造費用より副産物の評価額を控除して完成品原価を計算する。

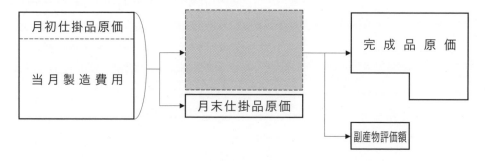

② 副産物の分離点の進捗度 ≦ 月末仕掛品の進捗度

　　この場合には，製造費用の合計から副産物の評価額を先に控除しておき，残りの製造費用を完成品と月末仕掛品に按分する。

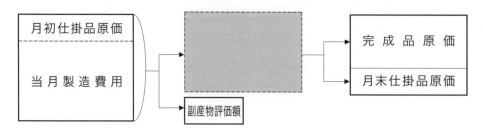

⑵　副産物の評価

副産物の評価額は，仕損品や作業屑と同じように次のように算定する。

外部売却	そのまま売却する場合	評価額＝見積売却価額－見積販売費及び一般管理費 または　見積売却価額－見積販売費及び一般管理費－見積利益
	加工してから売却する場合	評価額＝見積売却価額－（見積加工費＋見積販売費及び一般管理費） または　見積売却価額－（見積加工費＋見積販売費及び一般管理費） 　　　　　－見積利益
自家消費	そのまま自家消費する場合	評価額＝（自家消費により）節約されるべき物品の見積購入価額
	加工してから自家消費する場合	評価額＝（自家消費により）節約されるべき物品の見積購入価額 　　　　　－見積加工費

なお，副産物がごくわずかしか発生しない場合には，原価計算上，副産物の評価額を製造原価からは控除せず，売却時点でその売却収入を雑収入に計上することができる。参考までにその仕訳を示せば次のようになる。

発生時：　処理なし（製造原価から控除しない）

売却時：　（現　　　　　金）　××　　　　（雑　収　入）　××

参考　**原価計算基準28：副産物等の処理と評価**

総合原価計算において，副産物が生ずる場合には，その価額を算定して，これを主産物の総合原価から控除する。副産物とは，主産物の製造過程から必然に派生する物品をいう。

副産物の価額は，次のような方法によって算定した額とする。

⑴　副産物で，そのまま外部に売却できるものは，見積売却価額から販売費および一般管理費又は販売費，一般管理費および通常の利益の見積額を控除した額

⑵　副産物で，加工の上売却できるものは，加工製品の見積売却価額から加工費，販売費および一般管理費又は加工費，販売費，一般管理費および通常の利益の見積額を控除した額

⑶　副産物で，そのまま自家消費されるものは，これによって節約されるべき物品の見積購入価額

⑷　副産物で，加工の上自家消費されるものは，これによって節約されるべき物品の見積購入価額から加工費の見積額を控除した額

軽微な副産物は，前項の手続によらないで，これを売却して得た収入を，原価計算外の収益とすることができる。

作業くず，仕損品等の処理および評価は，副産物に準ずる。

Theme
05

連産品の原価計算

　当工場では，原料Aを投入して連産品B，Cを生産している。その生産プロセスは，まず第1工程においてBとCの中間生産物であるB′とC′を分離する。その際，工程終点において副産物も同時に分離される。分離されたB′は第2工程へ，C′は第3工程に移され，追加加工を行ったのちに最終製品B，Cとなる。下記の資料にもとづいて当月の原価計算を行い，(1)副産物評価額，(2)月末仕掛品原価，(3)各連産品に関する連結原価総額，(4)最終製品の完成品総合原価および完成品単位原価を計算しなさい。

（資　料）

1．実績生産データ

	第1工程	第2工程	第3工程
月初仕掛品	250kg (0.2)	──	──
当月投入	3,450	1,000単位	4,000単位
合　計	3,700kg	1,000単位	4,000単位
月末仕掛品	200　(0.5)	──	──
副産物	500		
完成品	3,000kg	1,000単位	4,000単位

　（注1）原料Aは第1工程の始点で投入される。仕掛品の（　　）内の数値は加工費進捗度を示す。

　（注2）第1工程の完成品の内訳は次のとおりである。

　　　　中間製品B′　1,000kg，中間製品C′　2,000kg

2．実績原価データ

	第1工程		第2工程	第3工程
	原料費	加工費	加工費	加工費
月初仕掛品原価	180,000円	67,750円	──	──
当月製造費用	2,449,500円	4,384,250円	130,000円	420,000円

3．その他の資料

　(1) 第1工程の完成品と月末仕掛品への原価配分は先入先出法による。

　(2) 連結原価は分離点における見積正味実現可能価額を基準に配賦する。最終製品および副産物の正常市価と見積分離後個別費は次のとおりである。

	製品 B	製品 C	副産物
正 常 市 価	5,000円/単位	1,250円/単位	152円/kg
見 積 加 工 費	125円/単位	100円/単位	──
見 積 販 売 費	──	25円/単位	20円/kg

【解　答】

(1) 副産物評価額　　　　66,000円

(2) 月末仕掛品原価　　　265,500円

(3) 連結原価総額　　　6,750,000円

(4) 最終製品の完成品総合原価および完成品単位原価

	製 品 B	製 品 C
完成品総合原価	3,640,000円	3,660,000円
完成品単位原価	3,640円/単位	915円/単位

【解　説】

1．第1工程の計算（先入先出法）

　　本問では，第1工程において連産品のほかに副産物が産出される。副産物は工程終点で分離されるため，まず月末仕掛品原価を計算しておき，残った総合原価から副産物の評価額を控除したものが連産品に関する連結原価となる。

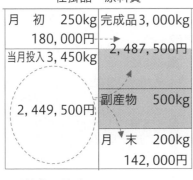

仕掛品—原料費

月　初　250kg 180,000円	完成品3,000kg 2,487,500円
当月投入3,450kg 2,449,500円	副産物　500kg
	月　末　200kg 142,000円

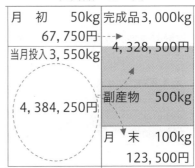

仕掛品—加工費

月　初　50kg 67,750円	完成品3,000kg 4,328,500円
当月投入3,550kg 4,384,250円	副産物　500kg
	月　末　100kg 123,500円

(1) 原料費の按分

$$月末仕掛品：\frac{2,449,500円}{(3,000kg-250kg+500kg)+200kg}×200kg=142,000円$$

完　成　品：180,000円+2,449,500円-142,000円=2,487,500円

(2) 加工費の按分

$$月末仕掛品：\frac{4,384,250円}{(3,000kg-50kg+500kg)+100kg}×100kg=123,500円$$

完　成　品：67,750円+4,384,250円-123,500円=4,328,500円

(3) まとめ

副産物評価額：(152円/kg-20円/kg)×500kg=66,000円

月末仕掛品原価：142,000円+123,500円=265,500円

連結原価総額：2,487,500円+4,328,500円-66,000円=6,750,000円

2．連結原価の配賦

　本問では分離点後に個別費が生じるため，最終製品の正常市価から分離点後の見積
個別費を控除した分離点における見積正味実現可能価額にもとづいて連結原価を配賦
する。

(1)　分離点における見積正味実現可能価額（＝積数）の計算

　　　中間製品B′：（5,000円/単位－125円/単位）×1,000単位＝4,875,000円

　　　中間製品C′：（1,250円/単位－100円/単位－25円/単位）×4,000単位＝4,500,000円

　　　なお，本問においては見積加工費のほかに見積販売費のデータも与えられている
ことに注意しなければならない。分離点における見積正味実現可能価額を計算する
目的は，連結原価を配賦するための等価係数（および積数）を算定することであり，
連結原価に対応する（分離点での）市価を最終製品の市価から逆算して求めている。
したがって，最終製品の市価に含まれる見積個別費はすべて控除しなければならな
い。

(2)　連結原価の配賦

$$\text{B′への配賦額：} \frac{6,750,000円}{4,875,000円 + 4,500,000円} \times 4,875,000円 = 3,510,000円$$

$$\text{C′への配賦額：} \qquad \text{〃} \qquad \times 4,500,000円 = 3,240,000円$$

(3)　最終製品の完成品総合原価と完成品単位原価

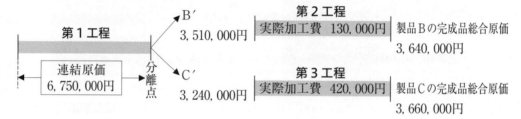

①　製品B

　　　完成品総合原価：3,510,000円〈連結原価配賦額〉＋130,000円〈実際分離後加工費〉＝3,640,000円
　　　完成品単位原価：3,640,000円÷1,000単位＝3,640円/単位

②　製品C

　　　完成品総合原価：3,240,000円〈連結原価配賦額〉＋420,000円〈実際分離後加工費〉＝3,660,000円
　　　完成品単位原価：3,660,000円÷4,000単位＝915円/単位

　なお，最終製品の完成品総合原価を計算する際には次の点に注意する。

(イ)　連結原価配賦額に加算するのは分離後加工費の実際額である。

　　　工程別計算を考えると，連結原価の配賦手続は単に次工程への振替額を求め
る計算にすぎず，第2工程や第3工程では，連結原価配賦額を前工程費として
受け入れることになる。参考までに勘定連絡図を示せば次のようになる。

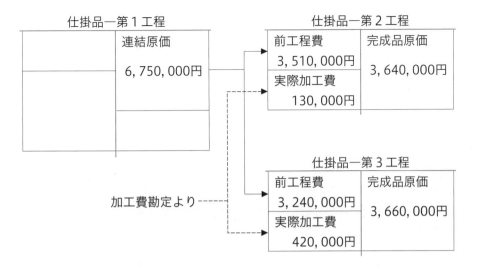

㋺ 実際販売費のデータが仮に与えられていても製品原価には加算しない。

分離点の見積正味実現可能価額を計算するときには見積加工費と見積販売費の両方を控除しているため，最終完成品の製造原価を求めるときにも，同じように実際加工費と実際販売費の両方を加えてしまいがちである。両者の計算の意味はまったく異なるので注意が必要である。

前者は，連結原価を配賦するための等価係数（および積数）の計算であり，後者は実際製造費用をもとに製品の製造原価を計算する手続きである。

06 標準原価計算の基礎
Theme

Check ここでは，標準原価計算の意義や目的とともに，勘定記入法と差異分析の基礎について学習する。

1 標準原価計算総論

1. 標準原価計算の意義と概要

標準原価計算とは，製品原価を標準原価で計算することによって，原価管理に有効な情報の入手および計算・記帳の簡略化・迅速化に役立つ原価計算の方法をいう。

また，標準原価を帳簿組織に組み込むことにより，製品原価の計算と財務会計とが有機的に結びついたものを標準原価計算制度という。

これまで学習してきた実際原価計算（制度）においても，計算を迅速に行うなどの目的から直接材料費，直接労務費，製造間接費の計算で予定価格や予定配賦率（または正常配賦率）を用いたが，標準原価計算（制度）では，各原価要素の価格面だけでなく消費量の面についても科学的・統計的調査にもとづいた予定数値を使って製品原価の計算を行うのである。

参考までに，原価計算制度と適用される生産形態との組み合わせを示せば次のようになる。

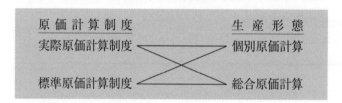

（注）ここでは，標準総合原価計算を前提に学習し，標準個別原価計算は，「テーマ06 **4** 2.」において説明する。

2. 標準原価計算の目的

標準原価計算の目的には以下のものがある。

(1) 原価管理目的

一定期間における標準原価と実際原価を比較・分析することで原価管理（原価統制）に有用な情報を提供する。

(2) 財務諸表作成目的

棚卸資産価額および売上原価を標準原価で計算することにより，財務諸表の作成に役立てる。

(3) 予算管理目的

予算編成，特に見積財務諸表の作成に信頼しうる基礎資料を提供する。

(4) 記帳の簡略化・迅速化

標準原価を勘定組織の中に組み入れることにより記帳を簡略化し，迅速化する。

3. 原価標準の設定と製品原価の計算

(1) 原価標準の設定

標準原価計算では，製品の生産活動の開始に先立って，製品1単位の製造に必要な原価を科学的・統計的方法によって調査して設定しておく。これを原価標準といい，事前に定められた製品単位あたりのあるべき原価である。この原価標準は，原価要素ごとに設定され，標準原価カードにまとめられる。なお原価標準は，通常1年間は改訂されることなく適用される。

> 原価標準… 製品1単位あたりの標準原価

〈例〉標準原価カード

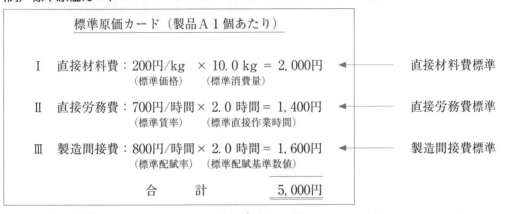

(注1) 原価要素単位あたりの予定価格を価格標準といい，製品単位あたりの原価要素の予定消費量のことを物量標準という。
(注2) 外注加工賃などの直接経費がある場合には，製品単位あたりの標準直接経費を契約条件などにもとづいて計上する。
(注3) 標準総合原価計算では，直接材料費以外の原価を加工費としてまとめる場合もある。

一口メモ ┃ **科学的・統計的調査とは**

科学的・統計的調査とは，一定の生産方式，一定の材料および材質，一定の工具熟練度などを前提にして，材料の消費量や作業時間などを試験的方法や動作研究などによって慎重かつ客観的に予測し算定することをいう。

(2) 製品原価の計算

標準原価計算では，完成品原価や仕掛品原価などの製品原価は，原価標準に製品生産量を乗じた標準原価によって計算される。そのため，生産活動の結果，生産量さえ把握できれば，ただちにその計算・記帳を行うことができる。

また，原価標準はあらかじめ設定されている「事前原価」であるのに対して，完成品や仕掛品の標準原価は実際生産量が確定してはじめて計算できる「事後原価」である。

$$（完成品や仕掛品の）標準原価 = 原価標準×製品生産量$$

(注) 仕掛品の標準原価は，原価要素別の進捗度を加味して計算する。

設例 6-1

当社では，製品Aを生産・販売しており，標準原価計算制度を採用している。下記の資料にもとづいて，当月の完成品総合原価と月末仕掛品原価を計算しなさい。

（資　料）

1．原価標準（製品A 1個あたり）

直接材料費：200円/kg　×10kg/個　= 2,000円

直接労務費：700円/時間× 2 時間/個= 1,400円

製造間接費：800円/時間× 2 時間/個= 1,600円

合　計　　　　　　　　　　　5,000円

(注) 製造間接費の配賦率800円/時間は直接作業時間にもとづく予定配賦率である。

2．当月の生産データ

完 成 品 量　　2,000個

月末仕掛品量　　　400個（0.5）

(注) 1．直接材料は，工程の始点ですべて投入される。

2．生産データの（　　）内の数値は，加工費の進捗度を示す。

【解　答】

完成品総合原価　　10,000,000円

月末仕掛品原価　　 1,400,000円

【解　説】

標準原価計算では，製品原価は標準原価（＝原価標準×製品生産量）で計算する。なお，仕掛品原価は，加工費進捗度を加味して計算しなければならない。

1．完成品総合原価の計算

　　5,000円/個×2,000個＝10,000,000円

　　または，原価要素別に計算してもよい。

　　直接材料費：2,000円/個×2,000個＝　4,000,000円

　　直接労務費：1,400円/個×2,000個＝　2,800,000円

　　製造間接費：1,600円/個×2,000個＝　3,200,000円

　　　合　　計　　　　　　　　　　　10,000,000円

2．月末仕掛品原価の計算

　　直接材料費：2,000円/個×400個　　　＝　　800,000円

　　直接労務費：1,400円/個×400個×0.5＝　　280,000円

　　製造間接費：1,600円/個×400個×0.5＝　　320,000円

　　　合　　計　　　　　　　　　　　　1,400,000円

補足　実際原価計算の欠陥と標準原価計算の生成

　実際原価計算には，原価管理に役立つ情報を提供できないという欠陥があり，標準原価計算は，この欠陥を克服するために工夫された原価計算方式である。

　ここで，実際原価計算の欠陥には次のようなものがある。

(1)　実際原価の変動性

　　たとえば，季節的な材料の値上がりや，不慣れな工具の作業などで，まったく同一規格の製品の製造原価が先月は1,000円だったのに，今月は1,200円と算定されたとする。

　　このように実際原価は，その時々の原価財の価格，作業能率，操業度など，原価に影響を及ぼす要素の偶然的変動がそのまま製品原価に反映してしまい，原価を管理する比較基準としての信頼性に欠ける。

(2)　ころがし計算による計算の遅延化

　　実際原価計算においては，実際原価の計算は，費目別計算から製品別計算に至るまでのころがし計算によって算定する。したがって，前段階の計算が終了してはじめて次の計算段階へ進めるため，原価資料の提供が遅れてしまい，原価管理に有用なタイムリーな情報の入手ができない。

参考 原価計算基準40：標準原価算定の目的

標準原価算定の目的としては，おおむね次のものをあげることができる。

(1) 原価管理を効果的にするための原価の標準として標準原価を設定する。これは標準原価を設定する最も重要な目的である。

(2) 標準原価は，真実の原価として仕掛品，製品等のたな卸資産価額および売上原価の算定の基礎となる。

(3) 標準原価は，予算とくに見積財務諸表の作成に，信頼しうる基礎を提供する。

(4) 標準原価は，これを勘定組織の中に組み入れることによって，記帳を簡略化し，じん速化する。

4. 標準原価計算の手続き

標準原価計算を実施している場合における一連の原価計算手続は，おおむね次のようになる。このうち，(2)から(6)の手続きは毎月の原価計算として経常的に行われるが，(1)の原価標準の設定は，最初の生産開始時と原価標準の改訂時にのみ行われる手続きである。

(1) **原価標準の設定と指示** … 生産活動の開始前に，製品単位あたりのあるべき原価（＝原価標準）を設定し，標準原価カードにまとめる。

(2) **標準原価の計算** ………… 生産活動の結果得られた実際生産量に対して，標準原価を計算する。

(3) **実際原価の集計** ………… (2)の実際生産量について，原価の実際発生額を集計する。

(4) **標準原価差異の把握** …… 標準原価と実際原価を比較し，標準原価差異を把握する。

(5) **標準原価差異の分析** …… 標準原価差異を分析し，差異の生じた原因を把握する。

(6) **原価報告** ………………… 差異分析の結果にもとづき，改善措置を講ずるための基礎資料を経営管理者に提供する。また，必要であれば，原価標準の改訂を行う。

上記の一連の手続きを図で示せば次のようになる。

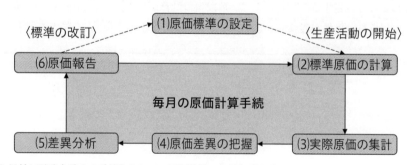

(注) これ以外に財務会計上の手続きとして，原価差異の会計処理がある。

参考 原価計算基準41（一部）：標準原価の算定

標準原価は，直接材料費，直接労務費等の直接費および製造間接費について，さらに製品原価について算定する。

原価要素の標準は，原則として物量標準と価格標準との両面を考慮して算定する。

(1) 標準直接材料費

 1 標準直接材料費は，直接材料の種類ごとに，製品単位当たりの標準消費量と標準価格とを定め，両者を乗じて算定する。

 2 標準消費量については，製品の生産に必要な各種素材，部品等の種類，品質，加工の方法および順序等を定め，科学的，統計的調査により製品単位当たりの各種材料の標準消費量を定める。標準消費量は，通常生ずると認められる程度の減損，仕損等の消費余裕を含む。

 3 標準価格は，予定価格又は正常価格とする。

(2) 標準直接労務費

 1 標準直接労務費は，直接作業の区分ごとに，製品単位当たりの直接作業の標準時間と標準賃率とを定め，両者を乗じて算定する。

 2 標準直接作業時間については，製品の生産に必要な作業の種類別，使用機械工具，作業の方式および順序，各作業に従事する労働の等級等を定め，作業研究，時間研究その他経営の実情に応ずる科学的，統計的調査により製品単位当たりの各区分作業の標準時間を定める。標準時間は，通常生ずると認められる程度の疲労，身体的必要，手待等の時間的余裕を含む。

 3 標準賃率は，予定賃率又は正常賃率とする。

(3) 製造間接費の標準

 製造間接費の標準は，これを部門別（又はこれを細分した作業単位別，以下これを「部門」という。）に算定する。部門別製造間接費の標準とは，一定期間において各部門に発生すべき製造間接費の予定額をいい，これを部門間接費予算として算定する。その算定方法は，第2章第4節33の(4)に定める実際原価の計算における部門別計算の手続に準ずる。部門間接費予算は，固定予算又は変動予算として設定する。

（中略）

(4) 標準製品原価

 標準製品原価は，製品の一定単位につき標準直接材料費，標準直接労務費等を集計し，これに標準間接費配賦率に基づいて算定した標準間接費配賦額を加えて算定する。標準間接費配賦率は固定予算算定の基礎となる操業度ならびにこの操業度における標準間接費を基礎として算定する。

 標準原価計算において加工費の配賦計算を行なう場合には，部門加工費の標準を定める。その算定は，製造間接費の標準の算定に準ずる。

研究 原価標準の種類

原価標準は，その構成要素の前提となる価格・能率・操業度をどの程度の厳格度（これをタイトネスという）で仮定するかによっていくつかの種類に分けることができる。

	理想標準原価	現実的標準原価	正常(標準)原価(＊3)
価 格 水 準	理想価格 （企業の最も有利な価格）	当座価格 （次期に予想される価格）	正常価格
能 率 水 準	理想能率(＊1)	達成可能高能率(＊2)	正常能率
操 業 水 準	実際的生産能力	期待実際操業度	平均操業度
主たる用途 （◎は最も 適したもの）	・他の標準原価の指標	◎原価管理 ・棚卸資産評価 ・予算編成	・原価管理 ◎棚卸資産評価
利 用 領 域	原価計算制度外	原価計算制度	原価計算制度

（＊1）原価管理上，最高の能率水準をいい，通常生じると認められる程度の仕損・減損等による余裕分を含まない。

（＊2）原価管理上，達成目標とすべき良好な能率のことをいい，不可避的な不能率（通常生じると認められる程度の仕損・減損等による余裕分）を許容量として含めた能率である。

（＊3）正常（標準）原価は，価格・能率・操業度について次の点を考慮している。
　　①　異常な状態を排除
　　②　比較的長期における過去の平均
　　③　将来のすう勢を加味

なお実務上は，次の予定原価を標準原価として用いることがある。

　予定原価＝予定価格×予定消費量

〈水　準〉価格水準…当座価格，能率水準…短期予定，操業水準…期待実際操業度

〈用　途〉◎予算編成

　　　　・原価管理

　　　　・棚卸資産評価

144

❷ 標準原価計算における勘定記入法

1. 標準原価計算における勘定記入の特徴

　標準原価計算を採用した場合の勘定記入の特徴は，製造原価を記録する勘定のどこかの地点で，原価の記録を実際原価ではなく標準原価に置き換え，それ以後は標準原価で計算・記録を行う（＝非通算方式という）ことにある。その結果，実際原価の計算結果を待たずに製品原価の計算が進められるため，計算を迅速に行うことができる。また，その後，置き換えた地点の実際原価が判明したら標準原価と比較し，原価差異を把握することができる。

〈図〉標準原価計算の勘定連絡（＝非通算方式）

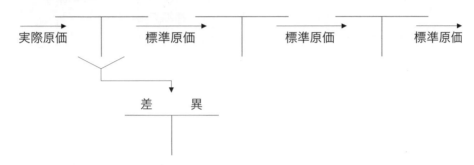

　この関係を，具体的に示してみると，標準原価計算では，製品原価（仕掛品原価を含む）を標準原価によって計算するため，仕掛品勘定の貸方側の記入は必ず標準原価で行われることになる(注)。

　（注）月初仕掛品原価は，前月の月末仕掛品原価の繰越記入にあたるため標準原価で計算される。

　したがって，原価要素の当月消費額（＝当月投入分の原価）をいくらで仕掛品勘定に振り替えるかによって，勘定記入法は区別されることになる。

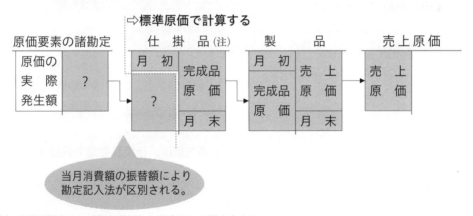

　（注）仕掛品勘定は，原価要素ごとに設定される場合もある。
　　〈例〉仕掛品—直接材料費
　　　　　仕掛品—直接労務費
　　　　　仕掛品—製造間接費

　なお，どの記入方法によっても，算定される原価差異の金額は同じであり，単に原価差異が把握される場所（勘定科目名）が異なるだけであることに注意しなければならない。

2. 具体的な勘定記入法

(1) シングル・プラン

シングル・プランとは，原価要素の当月消費額を標準原価で仕掛品勘定へ振り替える勘定記入法をいう。シングル・プランでは，仕掛品勘定の記入はすべて標準原価で行われ，原価差異は原価要素の諸勘定にて把握される。

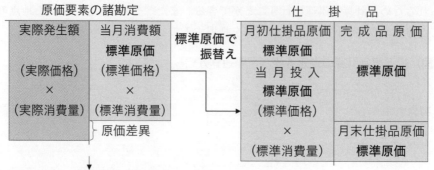

原価差異は，原価要素の各勘定で把握される。

(2) パーシャル・プラン

パーシャル・プランとは，原価要素の当月消費額を実際原価で仕掛品勘定へ振り替える勘定記入法をいう。パーシャル・プランでは，原価差異は仕掛品勘定にて把握される。

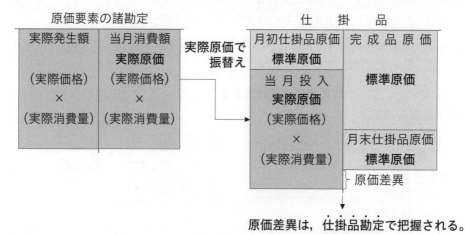

原価差異は，仕掛品勘定で把握される。

補足 シングル・プランとパーシャル・プランの呼称について

シングル（single）とは，「たった一つ」という意味であり，この方法では，仕掛品勘定がすべて標準原価で記入されるため，シングル・プランとよばれる。

他方，パーシャル（partial）とは「一部分，部分的」という意味であり，仕掛品勘定の一部分が標準原価，一部分が実際原価で記入されるため，パーシャル・プランとよばれる。

⑶ 修正パーシャル・プラン

　修正パーシャル・プランとは，原価要素の消費額のうち直接材料費と直接労務費については，「標準価格×実際消費量」で仕掛品勘定に振り替え，製造間接費については，主として実際発生額を仕掛品勘定に振り替える勘定記入法である。

　修正パーシャル・プランでは，価格要因にもとづく差異（価格差異，賃率差異）は原価要素の勘定にて把握し，物量要因にもとづく差異（数量差異，時間差異）および製造間接費差異は仕掛品勘定にて把握される。

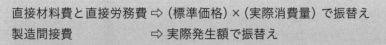

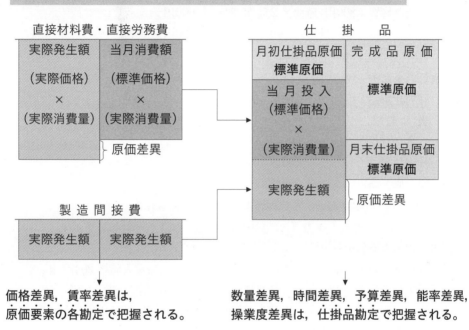

価格差異，賃率差異は，
原価要素の各勘定で把握される。

数量差異，時間差異，予算差異，能率差異，
操業度差異は，仕掛品勘定で把握される。

補足　修正パーシャル・プランの根拠

　修正パーシャル・プランは，責任会計の見地から，パーシャル・プランを一部修正した勘定記入法をいう。

　原価差異のうち，価格差異や賃率差異は，製造能率の良否とは無関係に，外部的な要因で発生し，工程管理者にとって管理不能なことが多い。

　業績評価を適切に行う観点（＝責任会計の見地）からみれば，これらの管理不能な差異は，各工程の原価業績報告書（＝仕掛品勘定の原価明細）に含めないように，できるだけ早い時点で製品原価計算の記録の流れから分離したほうが望ましい。この意味から，修正パーシャル・プランは，パーシャル・プランより優れた方法であるといえる。

　当社では，製品Ａを生産・販売しており，標準原価計算制度を採用している。下記の資料にもとづいて，各設問ごとに材料，賃金，製造間接費の各勘定および仕掛品勘定の記入を示しなさい。ただし，原価差異については，差異分析は行わず総差異を表示するのみでよい。

（資　料）

１．原価標準（製品Ａ１個あたり）

　　　　直接材料費：200円/kg ×10kg/個 ＝ 2,000円
　　　　直接労務費：700円/時間×２時間/個＝ 1,400円
　　　　製造間接費：800円/時間×２時間/個＝ 1,600円
　　　　　　合　　計　　　　　　　　　　 5,000円

　　（注）製造間接費の配賦率800円/時間は，直接作業時間にもとづく予定配賦率である。

２．当月の生産データ

　　　　月初仕掛品　　　　　 500個（0.3）
　　　　当 月 投 入　　　 1,900個
　　　　　合　　計　　　　 2,400個
　　　　月末仕掛品　　　　　 400個（0.5）
　　　　完　成　品　　　　 2,000個

　　（注）１．直接材料は，工程の始点ですべて投入される。
　　　　　　２．生産データの（　　）内の数値は，加工費の進捗度を示す。

３．当月の実際原価データ

　(1) 直接材料の当月購入高（掛買い） 21,000kg（実際購入価格 204円/kg）
　　　 月末在庫量1,460kg，また月初材料はなく，棚卸減耗も発生していない。
　(2) 直接労務費の当月実際発生額　698円/時間×4,220時間 ＝ 2,945,560円
　(3) 製造間接費の当月実際発生額　3,429,000円

〔設問1〕シングル・プランによった場合
〔設問2〕パーシャル・プランによった場合
〔設問3〕修正パーシャル・プランによった場合（製造間接費は実際発生額を仕掛品勘定に振り替えるものとする）

【解　答】

〔設問1〕シングル・プランによった場合

（単位：円）

材　料			
買 掛 金	4,284,000	仕 掛 品	3,800,000
		次月繰越	297,840
		総 差 異	186,160
	4,284,000		4,284,000

仕　掛　品			
前月繰越	1,450,000	製　　品	10,000,000
材　　料	3,800,000	次月繰越	1,400,000
賃　　金	2,870,000		
製造間接費	3,280,000		
	11,400,000		11,400,000

賃　金			
諸　　口	2,945,560	仕 掛 品	2,870,000
		総 差 異	75,560
	2,945,560		2,945,560

製 造 間 接 費			
諸　　口	3,429,000	仕 掛 品	3,280,000
		総 差 異	149,000
	3,429,000		3,429,000

〔設問2〕パーシャル・プランによった場合

（単位：円）

材　料			
買 掛 金	4,284,000	仕 掛 品	3,986,160
		次月繰越	297,840
	4,284,000		4,284,000

仕　掛　品			
前月繰越	1,450,000	製　　品	10,000,000
材　　料	3,986,160	次月繰越	1,400,000
賃　　金	2,945,560	総 差 異	410,720
製造間接費	3,429,000		
	11,810,720		11,810,720

賃　金			
諸　　口	2,945,560	仕 掛 品	2,945,560

製 造 間 接 費			
諸　　口	3,429,000	仕 掛 品	3,429,000

〔設問3〕修正パーシャル・プランによった場合

(単位：円)

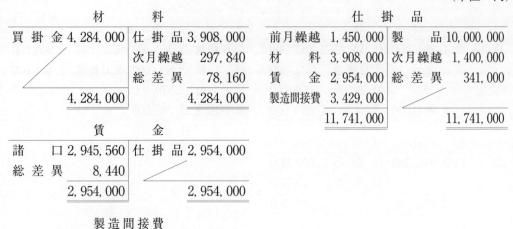

材　　　料			
買 掛 金	4,284,000	仕 掛 品	3,908,000
		次月繰越	297,840
		総 差 異	78,160
	4,284,000		4,284,000

仕　　掛　　品			
前月繰越	1,450,000	製　　　品	10,000,000
材　　　料	3,908,000	次月繰越	1,400,000
賃　　　金	2,954,000	総 差 異	341,000
製造間接費	3,429,000		
	11,741,000		11,741,000

賃　　　金			
諸　　　口	2,945,560	仕 掛 品	2,954,000
総 差 異	8,440		
	2,954,000		2,954,000

製 造 間 接 費			
諸　　　口	3,429,000	仕 掛 品	3,429,000

【解　説】

1．生産データの整理

仕　　掛　　品		
月　初 500個	完成品	
（150個）	2,000個	
当月投入	（2,000個）	
1,900個		
（2,050個）	月　末 400個	
	（200個）	

(注)（　）内は加工費（直接労務費，製造間接費）
　　の完成品換算量を示す。

2．完成品および仕掛品の標準原価の計算（各設問共通）

　標準原価計算では，勘定記入法が異なっても，仕掛品勘定の貸方側（原価差異を除く）および月初仕掛品原価は必ず標準原価で計算される。

　　完成品総合原価：5,000円/個 × 2,000個 = 10,000,000円

　　月末仕掛品原価：2,000円/個×400個 + (1,400円/個 + 1,600円/個)×200個
　　　　　　　　　 = 1,400,000円

　　月初仕掛品原価：2,000円/個×500個 + (1,400円/個 + 1,600円/個)×150個
　　　　　　　　　 = 1,450,000円

3．原価要素の各勘定から仕掛品勘定への振替額の計算

　　勘定記入法の違いによる相違点は，①原価要素の当月消費額の仕掛品勘定への振替額，②原価差異が把握される場所（勘定）の2つであることに注意する。

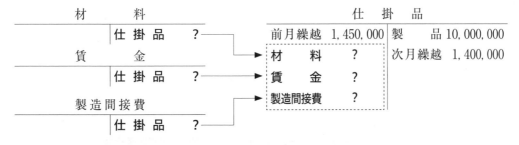

〔設問1〕シングル・プランの場合

> 各原価要素の当月消費額を標準原価で振り替える。

　　直接材料費：2,000円/個×1,900個＝3,800,000円

　　直接労務費：1,400円/個×2,050個＝2,870,000円

　　製造間接費：1,600円/個×2,050個＝3,280,000円

〔設問2〕パーシャル・プランの場合

> 各原価要素の当月消費額を実際原価で振り替える。

　　直接材料費：204円/kg×19,540kg(*)＝3,986,160円

　　直接労務費：698円/時間×4,220時間　＝2,945,560円

　　製造間接費：3,429,000円

　　（*）直接材料実際消費量：21,000kg － 1,460kg ＝ 19,540kg

〔設問3〕修正パーシャル・プランの場合

> 直接材料費と直接労務費 ⇨ （標準価格）×（実際消費量）で振り替える。
> 製造間接費　　　　　　 ⇨ 　実際発生額で振り替える。

　　直接材料費：200円/kg×19,540kg＝3,908,000円

　　直接労務費：700円/時間×4,220時間＝2,954,000円

　　製造間接費：3,429,000円

4．総差異の記入

　　それぞれの勘定の貸借差額にて総差異を記入する（差異の分析については後述）。

151

❸ 標準原価計算における差異分析

1. 差異分析の概要

　標準原価計算においては，標準原価と実際原価とを比較して原価差異を把握し，その原価差異の生じた原因を分析する。これによって，生産活動における能率の良否などを把握し，是正措置を講ずるための資料を経営管理者に提供することができる。

　なお，原価差異は材料受入価格差異を除き，原価要素の当月消費額（＝当月投入分の原価）より生じる。いいかえれば，当月分の製造費用として「発生すべき原価」と「発生した原価」の差額が原価差異である。

> 原価差異＝(当月投入分の)標準原価 － 原価の実際発生額
> 　　　　　　　「発生すべき原価」　　　　「発生した原価」

　(注) 標準原価から実際原価を差し引き，プラスなら有利差異，マイナスなら不利差異を示す。

　たとえば前述の［設例6－2］において，パーシャル・プランを採用している場合には，当月分の実際原価（「発生した原価」）を仕掛品勘定に振り替えたために，当月分の標準原価（「発生すべき原価」）との差額が原価差異として仕掛品勘定にて把握される。

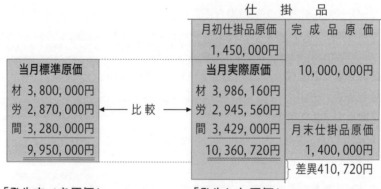

　また，差異分析で把握される原価差異のうち，一部の差異は実際個別原価計算で把握した差異と同じものであり，標準原価計算では，新たに原価の消費能率の良否を示す原価差異が把握される。

	実際個別原価計算と同じ差異	能率の良否を示す差異
直接材料費差異	価格差異	数量差異
直接労務費差異	賃率差異	時間差異
製造間接費差異	予算差異，操業度差異	能率差異

2. 直接材料費の差異分析

直接材料費差異とは，標準直接材料費と実際直接材料費との差額をいい，これを材料の種類別に価格差異と数量差異（＝消費量差異）に分析する。

直接材料費差異 ＝ 標準直接材料費（①）－ 実際直接材料費（②）

〈内　訳〉

価 格 差 異（③）＝（標準価格 － 実際価格）×実際消費量
数 量 差 異（④）＝ 標準価格×（標準消費量－実際消費量）

（注）上記式による数値がプラスなら有利差異，マイナスなら不利差異を示す。

〈差異分析図〉

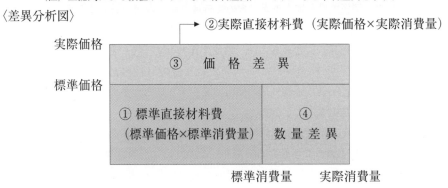

3. 直接労務費の差異分析

直接労務費差異とは，標準直接労務費と実際直接労務費との差額をいい，これを部門別または作業種類別に賃率差異と時間差異（＝労働能率差異）に分析する。

直接労務費差異 ＝ 標準直接労務費（①）－ 実際直接労務費（②）

〈内　訳〉

賃率差異（③）＝（標準賃率 － 実際賃率）×実際直接作業時間
時間差異（④）＝ 標準賃率×（標準直接作業時間 － 実際直接作業時間）

（注）上記式による数値がプラスなら有利差異，マイナスなら不利差異を示す。

〈差異分析図〉

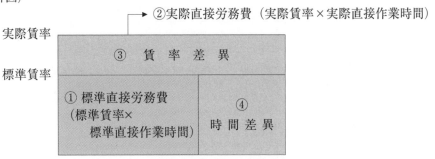

研究 混合差異について

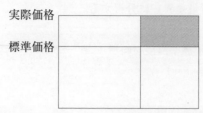

実際価格

標準価格

標準消費量 実際消費量

　直接材料費および直接労務費の差異分析において，上の差異分析図の ▨ の部分は，価格差異と数量差異（または賃率差異と時間差異）の両方が影響している部分であり，これを混合差異という。この混合差異は，それぞれ価格差異と賃率差異に含めて処理されるのが一般的である。

〈理　由〉

　混合差異を価格差異（賃率差異）に含めるのは，数量差異（時間差異）を純粋な管理可能差異として把握するためである。

　価格差異（賃率差異）は管理不能な企業外部の要因で発生することが多いのに対して，数量差異は管理可能な企業内部の要因で発生することが多い。

　そこで，原価管理の見地から，数量差異（時間差異）は原価発生の責任を問いうる管理可能な要因によって生じた部分に限定しておくことが妥当であり，そのために混合差異を価格差異（賃率差異）に含めるのである。

参考 原価計算基準44：原価差異の算定および分析

　原価差異とは実際原価計算制度において，原価の一部を予定価格等をもって計算した場合における原価と実際発生額との間に生ずる差額，ならびに標準原価計算制度において，標準原価と実際発生額との間に生ずる差額（これを「標準差異」となづけることがある。）をいう。

　原価差異が生ずる場合には，その大きさを算定記録し，これを分析する。その目的は，原価差異を財務会計上適正に処理して製品原価および損益を確定するとともに，その分析結果を各階層の経営管理者に提供することによって，原価の管理に資することにある。

4. 製造間接費の差異分析（公式法変動予算）

⑴ 差異分析の計算

製造間接費差異とは，標準製造間接費と実際製造間接費との差額をいい，これを原則として部門別に予算差異，能率差異，操業度差異に分析する。

製造間接費の差異分析については，種々の方法があるが，ここでは，公式法変動予算による差異分析を示す。

> 製造間接費差異 ＝ 標準配賦額（①） − 実際発生額（②）

〈内　訳〉

> 予　算　差　異（③）　　＝ $\underline{\text{変動費率×実際操業度 ＋ 固定費予算額}}$ − 実際発生額
> 　　　　　　　　　　　　　　　　実際操業度における予算許容額
>
> 能　率　差　異（④，⑤）＝ 標準配賦率×（標準操業度 − 実際操業度）
>
> 操　業　度　差　異（⑥）＝ 固定費率×（実際操業度 − 基準操業度）

（注1）　上記式による数値がプラスなら有利差異，マイナスなら不利差異を示す。
（注2）　能率差異はさらに，変動費能率差異（④），固定費能率差異（⑤）に分けることができる。

> 変動費能率差異（④）＝ 変動費率×（標準操業度 − 実際操業度）
>
> 固定費能率差異（⑤）＝ 固定費率×（標準操業度 − 実際操業度）

〈差異分析図〉

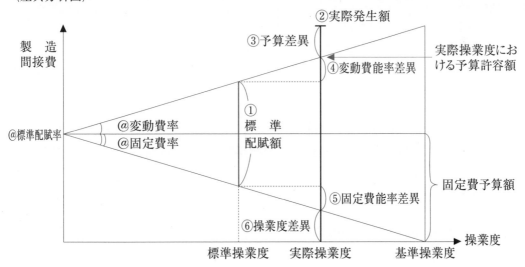

(2) 差異分析の各種方法

公式法変動予算による製造間接費差異の分析方法は，下記に示すように二分法から四分法に分類することができるが，これは差異分析により計算される各差異を把握するうえで，どのようにまとめるかの違いにすぎない。

	四 分 法	三分法(1)(*1)	三分法(2)(*2)	二 分 法
③	予算差異(*3)	予算差異(*3)	予算差異(*3)	管理可能差異
④	変動費能率差異	能 率 差 異	能 率 差 異	
⑤	固定費能率差異		操 業 度 差 異	操 業 度 差 異 (管理不能差異)
⑥	操業度差異(*4)	操業度差異(*4)		

(注)　表の左に付した番号は，前述の差異分析での各差異の番号を示す。
(＊1) 能率差異を変動費および固定費の両方から算出する三分法ともいう。
(＊2) 能率差異を変動費のみから算出する三分法ともいう。
(＊3) 支出差異または消費差異とよぶこともある。
(＊4) 不働能力差異とよぶこともある。

設例 6-3

当社では，製品Aを生産・販売しており，標準原価計算制度を採用している。下記の資料にもとづいて，標準原価差異を分析しなさい。ただし，製造間接費差異については，さらに(1)四分法，(2)三分法（能率差異は変動費と固定費の両方から算出する方法），(3)三分法（能率差異は変動費のみから算出する方法），(4)二分法により差異分析を行いなさい。なお，不利差異の場合には借方，有利差異の場合には貸方と表示すること。

（資　料)
1．原価標準（製品A1個あたり）の一部

　　　　直接材料費：200円/kg　×　10kg/個＝2,000円
　　　　直接労務費：700円/時間×2時間/個＝1,400円
　　　　製造間接費：800円/時間×2時間/個＝<u>1,600円</u>
　　　合　計　　　　　　　　　　　　　　　<u>5,000円</u>

　(注)　製造間接費の配賦率800円/時間は直接作業時間にもとづく予定配賦率であり，月間の正常直接作業時間（基準操業度）は4,300時間，月間固定製造間接費予算額は2,150,000円である。

2．当月の生産データ

月初仕掛品	500個	（0.3)
当 月 投 入	<u>1,900個</u>	
合　　計	2,400個	
月末仕掛品	<u>400個</u>	（0.5)
完 成 品	<u>2,000個</u>	

　(注)　1．直接材料は，工程の始点ですべて投入される。
　　　　 2．（　）内の数値は，加工費の進捗度を示す。

3．当月の実際原価データ

(1)　直接材料の当月購入高（掛買い）　21,000kg（実際購入価格204円/kg）

　　　月末在庫量1,460kg，また，月初材料はなく，棚卸減耗も発生していない。

(2)　直接労務費の当月実際発生額　698円/時間×4,220時間＝2,945,560円

(3)　製造間接費実際発生額　3,429,000円

【解　答】

直 接 材 料 費 差 異	186,160円	〔借方〕
内訳　価 格 差 異	78,160円	〔借方〕
数 量 差 異	108,000円	〔借方〕
直 接 労 務 費 差 異	75,560円	〔借方〕
内訳　賃 率 差 異	8,440円	〔貸方〕
時 間 差 異	84,000円	〔借方〕
製 造 間 接 費 差 異	149,000円	〔借方〕

〈差異分析〉

(1)　四分法

予 算 差 異	13,000円	〔借方〕…㋐
変動費能率差異	36,000円	〔借方〕…㋑
固定費能率差異	60,000円	〔借方〕…㋒
操 業 度 差 異	40,000円	〔借方〕…㋓

(2)　三分法（能率差異は変動費と固定費の両方から算出する方法）

予 算 差 異	13,000円	〔借方〕…㋐
能 率 差 異	96,000円	〔借方〕…㋑＋㋒
操 業 度 差 異	40,000円	〔借方〕…㋓

(3)　三分法（能率差異は変動費のみから算出する方法）

予 算 差 異	13,000円	〔借方〕…㋐
能 率 差 異	36,000円	〔借方〕…㋑
操 業 度 差 異	100,000円	〔借方〕…㋒＋㋓

(4)　二分法

管 理 可 能 差 異	49,000円	〔借方〕…㋐＋㋑
操 業 度 差 異	100,000円	〔借方〕…㋒＋㋓

(注)　製造間接費差異の㋐～㋓の記号は四分法を前提として，各方法における差異の金額を示す。

Theme 06 標準原価計算の基礎

157

【解　説】

1．生産データの整理

　　原価差異は，当月投入分の原価より生じるため，まず生産データを整理する。その際，当月標準消費量を同時に計算しておくとよい。

```
            仕  掛  品
┌──────────────────┬──────────────────┐
│ 月　初  500個    │ 完成品            │
│        (150個)   │        2,000個    │
│                  │        (2,000個)  │
│ 当月投入         │                   │
│       1,900個    │                   │
│       (2,050個)  │ 月　末  400個     │
│                  │        (200個)    │
└──────────────────┴──────────────────┘
```

(注)（　）内は直接労務費と製造間接費の完成品換算量を示す。

　→ 当月標準消費量の計算
　　　直接材料消費量　1,900個×10kg/個＝19,000kg
　　　直 接 作 業 時 間　2,050個×2時間/個＝4,100時間

2．直接材料費の差異分析

(1)　標準直接材料費：200円/kg×10kg/個×1,900個＝3,800,000円
　　　　　　　　　　　　　　　　2,000円/個　　　当月投入量

(2)　実際直接材料費：204円/kg×19,540kg(*)＝3,986,160円
　　　（*）実際消費量：21,000kg−1,460kg＝19,540kg

(3)　直接材料費差異：3,800,000円−3,986,160円＝(−)186,160円〔借方〕

(4)　差異分析
　　　価格差異：(200円/kg−204円/kg)×19,540kg＝(−)78,160円〔借方〕
　　　数量差異：200円/kg×(19,000kg−19,540kg)＝(−)108,000円〔借方〕

```
                          → 実際直接材料費：3,986,160円
 実際 @204円  ┌─────────────────────────────────┐
             │  価 格 差 異    △78,160 円      │
 標準 @200円  ├──────────────────┬──────────────┤
             │ 標準直接材料費   │ 数 量 差 異  │
             │ 3,800,000 円     │ △108,000円   │
             └──────────────────┴──────────────┘
                   標準              実際
                 19,000kg          19,540kg
```

3．直接労務費の差異分析

(1)　標準直接労務費：700円/時間×2時間/個×2,050個＝2,870,000円
　　　　　　　　　　　　1,400円/個　　　　当月投入量

(2)　実際直接労務費：698円/時間×4,220時間＝2,945,560円

(3)　直接労務費差異：2,870,000円−2,945,560円＝(−)75,560円〔借方〕

(4)　差異分析

賃率差異：(700円/時間－698円/時間)×4,220時間＝(＋)8,440円〔貸方〕

時間差異：700円/時間×(4,100時間－4,220時間)＝(－)84,000円〔借方〕

```
                        ┌──→ 実際直接労務費：2,945,560円
                        │
  実際 @698円  ┌─────────────────────────────────┐
              │    賃 率 差 異      ＋8,440円     │
  標準 @700円  ├────────────────┬────────────────┤
              │  標準直接労務費  │  時 間 差 異   │
              │  2,870,000円    │  △84,000円    │
              └────────────────┴────────────────┘
                        標準            実際
                     4,100時間       4,220時間
```

4．製造間接費の差異分析

(1)　標準配賦額：800円/時間×2時間/個×2,050個＝3,280,000円

　　　　　　　　　　1,600円/個　　　　　当月投入量

(2)　実際発生額：3,429,000円

(3)　製造間接費差異：3,280,000円－3,429,000円＝(－)149,000円〔借方〕

(4)　差異分析（四分法）

　㋐予　算　差　異：3,416,000円(＊1)－3,429,000円＝(－)13,000円〔借方〕

　㋑変動費能率差異：300円/時間(＊3)×(4,100時間－4,220時間)＝(－)36,000円〔借方〕

　㋒固定費能率差異：500円/時間(＊2)×(4,100時間－4,220時間)＝(－)60,000円〔借方〕

　㋓操　業　度　差　異：500円/時間(＊2)×(4,220時間－4,300時間)＝(－)40,000円〔借方〕

（＊1）実際操業度における予算許容額：300円/時間(＊3)×4,220時間＋2,150,000円＝3,416,000円

（＊2）固定費率：2,150,000円〈月間固定製造間接費予算〉÷4,300時間〈基準操業度〉＝500円/時間

（＊3）変動費率：800円/時間－500円/時間＝300円/時間

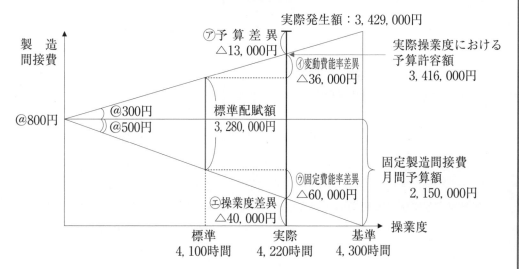

159

[参考] 仕掛品勘定の記入

以上の差異分析の結果にもとづいて，パーシャル・プランによる仕掛品勘定の記入を示せば，次のようになる（製造間接費は，能率差異を変動費と固定費の両方から算出する三分法によっている）。

仕　　掛　　品		（単位：円）	
前 月 繰 越	1,450,000	製　　　　品	10,000,000
材　　　　料	3,986,160	価 格 差 異	78,160
賃　　　　金	2,945,560	数 量 差 異	108,000
製 造 間 接 費	3,429,000	時 間 差 異	84,000
賃 率 差 異	8,440	予 算 差 異	13,000
		能 率 差 異	96,000
		操 業 度 差 異	40,000
		次 月 繰 越	1,400,000
	11,819,160		11,819,160

〔補足〕能率差異を変動費のみから算出する場合の分析図について

能率差異を変動費のみから算出する場合，差異分析図は次のようになる。

この場合，固定費から能率差異は把握されず，操業度差異に含めて把握する。したがって，能率差異の計算のみならず，操業度差異の計算にも注意が必要である。

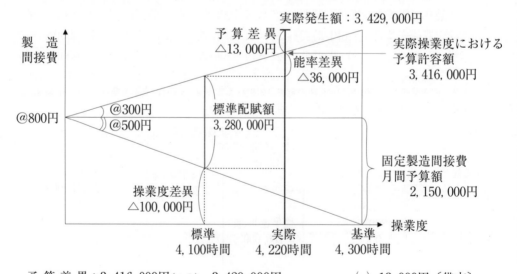

予 算 差 異：3,416,000円（＊3）−3,429,000円＝　　　　（−）　13,000円〔借方〕

能 率 差 異：300円/時間（＊2）×（4,100時間−4,220時間）＝（−）　36,000円〔借方〕

操業度差異：500円/時間（＊1）×（4,100時間−4,300時間）＝（−）100,000円〔借方〕

（−）149,000円〔借方〕

（＊1）固定費率：2,150,000円〈月間固定製造間接費予算〉÷4,300時間〈基準操業度〉＝500円/時間
（＊2）変動費率：800円/時間−500円/時間＝300円/時間
（＊3）実際操業度における予算許容額：300円/時間×4,220時間＋2,150,000円＝3,416,000円

160

補足　変動費予算差異と固定費予算差異

実際原価計算でも学習したように，予算差異を変動費と固定費に分けて把握する場合がある。たとえば［設例6－3］の資料3(3)を次のように変更した場合，差異分析は次のようになる。

（変更資料）

(3)　製造間接費実際発生額

変　動　費：1,299,000円

固　定　費：2,130,000円

合　　計　　3,429,000円

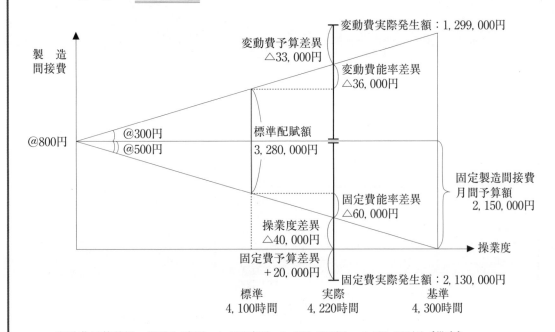

変動費予算差異：300円/時間×4,220時間－1,299,000円 =　(−)33,000円〔借方〕

固定費予算差異：2,150,000円－2,130,000円　　　　　 =　(+)20,000円〔貸方〕

　小　計（予算差異）　　　　　　　　　　　　　　　　　(−)13,000円〔借方〕

変動費能率差異：300円/時間×(4,100時間－4,220時間) =　(−)36,000円〔借方〕

固定費能率差異：500円/時間×(4,100時間－4,220時間) =　(−)60,000円〔借方〕

操　業　度　差　異：500円/時間×(4,220時間－4,300時間) =　(−)40,000円〔借方〕

　合　　計　　　　　　　　　　　　　　　　　　　　　 (−)149,000円〔借方〕

研究 その他の製造間接費予算の場合の差異分析

　製造間接費予算には，前述の公式法変動予算のほかに，固定予算や実査法変動予算（多桁式変動予算）がある。これらの予算を用いている場合の差異分析も，公式法変動予算と同様に，能率差異以外の原価差異は実際原価計算における差異分析と同じである。

(1) 固定予算の場合

〔具体例〕

1．月間製造間接費予算額　　　　　　　　　　　　3,440,000円
　　（注）上記製造間接費予算は，固定予算にもとづき設定されている（配賦基準は直接作業時間）。
2．月間正常直接作業時間（基準操業度）　　　　　　4,300時間
3．当月の標準直接作業時間　　　　　　　　　　　4,100時間
4．当月の実際直接作業時間　　　　　　　　　　　4,220時間
5．当月の製造間接費実際発生額　　　　　　　　　3,429,000円

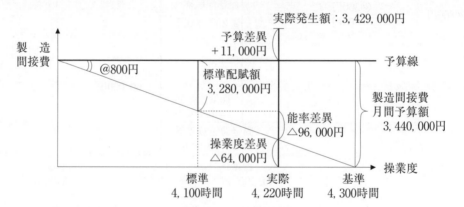

標 準 配 賦 率：3,440,000円÷4,300時間＝800円/時間

標 準 配 賦 額：800円/時間×4,100時間＝3,280,000円

製造間接費差異：3,280,000円－3,429,000円＝(−)149,000円〔借方〕

〈内　訳〉

　予 算 差 異：<u>3,440,000円</u>－3,429,000円＝(＋)11,000円〔貸方〕
　　　　　　　　実際操業度における予算許容額

　能 率 差 異：800円/時間×(4,100時間－4,220時間)＝(−)96,000円〔借方〕

　操業度差異：800円/時間×(4,220時間－4,300時間)＝(−)64,000円〔借方〕

(2) 実査法変動予算（多桁式変動予算）の場合

〔具体例〕

1. 月間製造間接費予算（実査法変動予算）

操　業　度	80%	90%	100%
製造間接費予算額	2,752,000円	3,104,600円	3,440,000円

2. 月間正常直接作業時間（基準操業度）　　　　　4,300時間（100%）
3. 当月の標準直接作業時間　　　　　　　　　　　4,100時間
4. 当月の実際直接作業時間　　　　　　　　　　　4,220時間
5. 当月の製造間接費実際発生額　　　　　　　　　3,429,000円

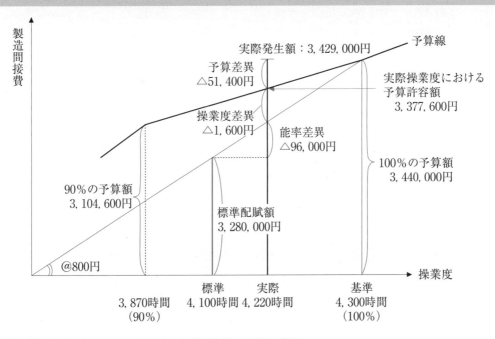

標　準　配　賦　率：3,440,000円÷4,300時間＝800円/時間

標　準　配　賦　額：800円/時間×4,100時間＝3,280,000円

製造間接費差異：3,280,000円－3,429,000円＝(−)149,000円〔借方〕

〈内　訳〉

予　算　差　異：3,377,600円(＊)－3,429,000円＝(−)51,400円〔借方〕
　　　　　　　　<u>実際操業度における予算許容額</u>

（＊）実際操業度における予算許容額

$$3,104,600円+\frac{3,440,000円-3,104,600円}{4,300時間-3,870時間}×(4,220時間-3,870時間)=3,377,600円$$

能　率　差　異：800円/時間×(4,100時間－4,220時間)＝(−)96,000円〔借方〕

操業度差異：800円/時間×4,220時間－3,377,600円＝(−)1,600円〔借方〕

参考 暦日差異の把握

　暦日差異とは，各月が1年のきっちり12分の1でないために生じる操業度差異のことである。通常，月間の基準操業度は，年間基準操業度を12分の1することで求められ，操業度差異は，この月間の基準操業度を基礎として算定される。しかし，月間の基準操業度は，厳密には，年間の予定就業日数に対する各月の実際就業日数の割合で算定されるべきであって，年間の12分の1で算定できるものではない。

〔**具体例**〕

> ［設例6－3］において，次の資料を追加する（他の条件は同一）。
> 1．年間製造間接費予算額（公式法変動予算）と正常直接作業時間
>   変動費　　15,480,000円　　固定費　　　25,800,000円
>   正常直接作業時間（基準操業度）　　　51,600時間
>   （注）製品原価計算上，月間の予算数値は年間数値の12分の1とする。
> 2．年間予定作業日数　　　　　　　　　300日
> 3．当月実際作業日数　　　　　　　　　24日

　四分法を前提とした操業度差異（他の差異は省略）を示せば次のようになる。

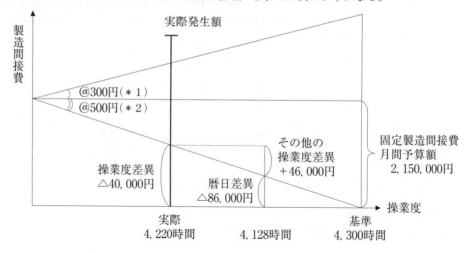

（＊1）変動費率：15,480,000円÷51,600時間＝300円/時間

（＊2）固定費率：25,800,000円÷51,600時間＝500円/時間

操業度差異：500円/時間×（4,220時間－4,300時間（＊3））＝(−)40,000円〔借方〕

（＊3）月間基準操業度：51,600時間÷12か月＝4,300時間

　ここで問題となるのは，操業度差異である。つまり，当月の作業日数は24日であり，年間数値の12分の1（＝25日）ではない。したがって，本来ならば当月の基準操業度は24日分の4,128時間（＝51,600時間÷300日×24日）とすべきであり，これによれば，上記の操業度差異は，暦日差異とその他の操業度差異に分解することができる。

暦　日　差　異：500円/時間×(4,128時間 − 4,300時間) = (−)86,000円〔借方〕

その他の操業度差異：500円/時間×(4,220時間 − 4,128時間) = (+)46,000円〔貸方〕

合　　計　　(−)40,000円〔借方〕

　このように，暦日差異を計算することができるものの，暦日差異は結局のところ年度末までに相殺されてなくなってしまい，また操業度差異自体が，主として管理不能差異であると考えられていることから，この差異分析は実践的にはあまり重要な意味を持たない。

参考　原価計算基準46：標準原価計算制度における原価差異

　標準原価計算制度において生ずる主要な原価差異は，材料受入価額，直接材料費，直接労務費および製造間接費のおのおのにつき，おおむね次のように算定分析する。

(1)　材料受入価格差異

　　材料受入価格差異とは，材料の受入価格を標準価格をもって計算することによって生ずる原価差異をいい，標準受入価格と実際受入価格との差異に，実際受入数量を乗じて算定する。

(2)　直接材料費差異

　　直接材料費差異とは，標準原価による直接材料費と直接材料費の実際発生額との差額をいい，これを材料種類別に価格差異と数量差異とに分析する。

　　1　価格差異とは，材料の標準消費価格と実際消費価格との差異に基づく直接材料費差異をいい，直接材料の標準消費価格と実際消費価格との差異に，実際消費数量を乗じて算定する。

　　2　数量差異とは，材料の標準消費数量と実際消費数量との差異に基づく直接材料費差異をいい，直接材料の標準消費数量と実際消費数量との差異に，標準消費価格を乗じて算定する。

(3)　直接労務費差異

　　直接労務費差異とは，標準原価による直接労務費と直接労務費の実際発生額との差額をいい，これを部門別又は作業種類別に賃率差異と作業時間差異とに分析する。

　　1　賃率差異とは，標準賃率と実際賃率との差異に基づく直接労務費差異をいい，標準賃率と実際賃率との差異に，実際作業時間を乗じて算定する。

　　2　作業時間差異とは，標準作業時間と実際作業時間との差異に基づく直接労務費差異をいい，標準作業時間と実際作業時間との差異に，標準賃率を乗じて算定する。

(4)　製造間接費差異

　　製造間接費差異とは，製造間接費の標準額と実際発生額との差額をいい，原則として一定期間における部門間接費差異として算定し，これを能率差異，操業度差異等に適当に分析する。

5. 材料受入価格差異の把握と勘定記入

　費目別計算（工原テキストⅠ）でも学習したように，材料の購入原価は予定価格（本テーマでは標準価格）を用いて計算することができる。この場合には，材料購入時において材料受入価格差異（＝購入材料価格差異）が把握される。

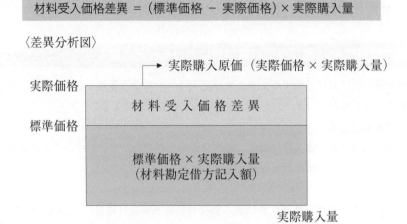

　また，この方法を採用した場合には次のような利点がある。

①　数量さえ判明すれば記帳できるため，計算記帳事務が簡略化・迅速化される。
②　購入量に対しての価格差異を把握するため，購買活動の管理に役立つ。

　標準原価計算制度において材料受入価格差異を把握する場合，すでに学習したいずれの勘定記入法とも結合する。したがって，差異の把握と勘定記入法との組み合わせは以下のようになる。

⑴　**シングル・プランを採用している場合**

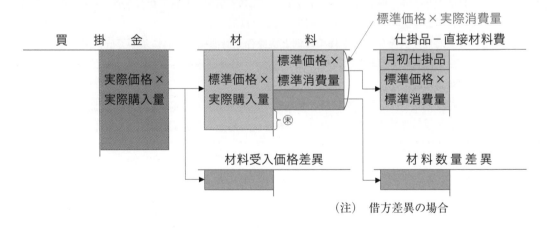

(2) パーシャル・プラン，修正パーシャル・プランを採用している場合

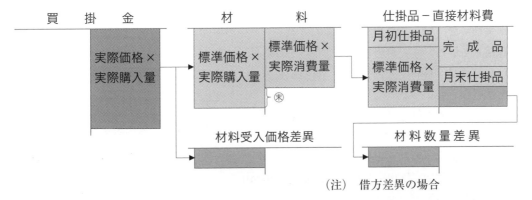

（注） 借方差異の場合

　パーシャル・プランと修正パーシャル・プランでは，数量差異はともに仕掛品勘定で把握されることになり，結果としての勘定記入は同じになる。

補足 インプット法とアウトプット法

　原価差異の把握方法は，どのタイミングで原価差異を把握するかという視点から，インプット法とアウトプット法に分類することができる。

　インプット法とは，原価財の投入時に原価差異を把握する方法であり，原価差異の把握が迅速に行えるという長所があるが，計算事務は煩雑になるという短所がある。

　一方，アウトプット法とは，一定期間における実際生産量が判明してから原価差異を把握する方法であり，原価計算期末に一括して差異分析を行うことから，計算事務が相対的に簡略化されるという長所があるが，原価差異の把握は遅れるという短所がある。

　インプット法とアウトプット法は，それぞれシングル・プランとパーシャル・プランに結びつけて考えることができる。すなわち，原価財の投入時に原価差異を把握するならば，勘定記入法はシングル・プランを採用し，実際生産量が判明してから原価差異を把握するのであれば，勘定記入法はパーシャル・プランを採用するのである。

　したがって，シングル・プランは，個々の投入量ごとに標準投入量が判明する個別原価計算と結びつきやすく，パーシャル・プランは，量産品の原価を原価計算期末に一括して計算する総合原価計算と結びつきやすい。

当社では，製品Aを生産・販売しており，パーシャル・プランの標準原価計算制度を採用している。また材料は，標準単価で材料勘定に借記している。下記の資料にもとづいて，材料，材料受入価格差異，材料数量差異，仕掛品－直接材料費の各勘定への記入を示しなさい。

なお，差異の勘定は締め切らなくてよい。

（資　料）

1．原価標準（製品A 1 個あたり）の一部

直接材料費：200円/kg×10kg/個＝2,000円

2．当月の生産データ

月初仕掛品	500個	（0.3）
当 月 投 入	1,900個	
合　計	2,400個	
月末仕掛品	400個	（0.5）
完 成 品	2,000個	

（注）　1．直接材料は，工程の始点ですべて投入される。

　　　　2．（　　）内の数値は，加工費の進捗度を示す。

3．当月の実際原価データ

直接材料の当月購入高（掛買い）21,000kg　（実際購入価格 204円/kg）

月末在庫量 1,460kg，また月初材料はなく，棚卸減耗も発生していない。

【解　答】

（単位：円）

材　料

買 掛 金	4,200,000	仕掛品-直接材料費	3,908,000
		次月繰越	292,000
	4,200,000		4,200,000

仕掛品―直接材料費

前月繰越	1,000,000	製　品	4,000,000
材　料	3,908,000	材料数量差異	108,000
		次月繰越	800,000
	4,908,000		4,908,000

材料受入価格差異

買 掛 金	84,000	

材料数量差異

仕掛品-直接材料費	108,000	

【解　説】

1．材料勘定と材料受入価格差異勘定の記入

　　材料の購入時に標準価格の 200円/kg で借記（＝受入記帳）をしているため，材料勘定の記入はすべて標準価格を用いて計算される。

　　　　材料購入原価：200円/kg×21,000kg＝4,200,000円 …… 材料勘定借方記入額

　　　　材 料 消 費 額：200円/kg×19,540kg(*)＝3,908,000円 … 標準価格×実際消費量

　　　　　　　(*) 実際消費量：21,000kg－1,460kg＝19,540kg

　　　　次 月 繰 越 額：200円/kg×1,460kg＝292,000円

　　　　材料受入価格差異：（200円/kg－204円/kg）×21,000kg＝(−)84,000円〔借方〕

　　なお，材料購入時の仕訳を示せば次のとおりである。

| （材　　　　料） | 4,200,000 | （買　　掛　　金） | 4,284,000 |
| （材料受入価格差異） | 84,000 | | |

2．仕掛品−直接材料費勘定と材料数量差異勘定の記入

(1)　生産データの整理（直接材料は工程始点で投入）

仕　掛　品

月　初		完成品	
	500個		2,000個
当月投入			
	1,900個	月　末	
			400個

当月標準消費量の計算
1,900個×10kg/個＝19,000kg

(2)　標準原価および材料数量差異の計算

　　　完 成 品 原 価：2,000円/個×2,000個＝4,000,000円

　　　月初仕掛品原価：2,000円/個×500個＝1,000,000円

　　　月末仕掛品原価：2,000円/個×400個＝800,000円

　　　材 料 数 量 差 異：200円/kg×（19,000kg－19,540kg）＝(−)108,000円〔借方〕

4 その他の計算形態

　前項までの説明では，単一工程単純総合原価計算を前提にしてきた。しかし，標準原価計算は，単一工程単純総合原価計算のみならず，他の総合原価計算の形態や個別原価計算など，実際原価計算制度のもとで学習した計算形態のすべてに対して適用が可能である。

　ここでは，その他の標準原価計算の計算例として，標準工程別単純総合原価計算および標準個別原価計算について考察する。

1. 標準工程別総合原価計算

　もともと原価を工程別に計算する目的は，正確な製品原価の計算と，原価管理にある。このうち，後者の目的に重点を置き，かつ原価を正確に計算するためには標準原価計算を併せて適用することが最も有効な手段であるといえる。

(1) 原価標準の設定

　　工程別単純総合計算において標準原価計算を適用する場合，製品単位あたりに必要な標準原価（＝原価標準）は，下記の例示のように工程別に集計され，その原価標準を用いて，各工程の仕掛品勘定における完成品原価および仕掛品原価を計算する。

〈例〉工程別の標準原価カード（製品A1個あたり）

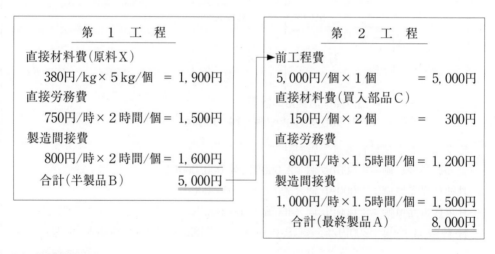

(2) 勘定連絡図

　　標準工程別総合原価計算（累加法）の勘定連絡図をパーシャル・プランを前提に示すと次のようになる。

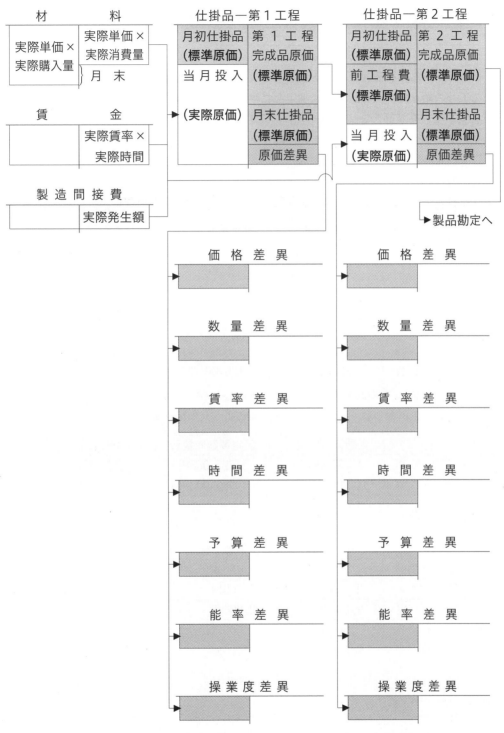

（注）上図において，各工程の仕掛品勘定の完成品原価，（月初・月末）仕掛品原価は標準原価により計算され，当月製造費用は，前工程費振替額を除き実際発生額が振り替えられる。なお，第1工程完成品の第2工程への実際投入量が，第2工程における標準消費量と等しくない場合には，前工程費からも数量差異が生じることになる。

　当工場では，製品Aを製造・販売しており，パーシャル・プランの標準原価計算制度を採用している。製品Aは第1工程と第2工程を経て完成する。まず第1工程では原料Xを工程の始点で投入し，これを加工して半製品Bを生産する。第2工程では半製品Bを加工して最終製品Aを完成させるが，工程の60％の地点において買入部品Cを投入している。なお，最終製品Aを1個完成させるのに必要な半製品Bは1個である。

　以下の資料にもとづいて，次の各問に答えなさい。

（資　料）

1．原料および買入部品の標準単価と製品A1個あたりの標準消費量

品　　目	標準単価	標準消費量
原　料　X	380円/kg	5kg
買入部品C	150円/個	2個

2．標準賃率・標準製造間接費配賦率および製品A1個あたりの標準直接作業時間

	標準賃率	標準配賦率	標準直接作業時間
第1工程	750円/時	800円/時	2時間/個
第2工程	800円/時	1,000円/時	1.5時間/個

（注）製造間接費配賦基準は，直接作業時間とする。

3．月間製造間接費予算と月間正常直接作業時間（基準操業度）

	変動製造間接費	固定製造間接費	正常直接作業時間
第1工程	1,575,000円	2,625,000円	5,250時間
第2工程	1,320,000円	1,980,000円	3,300時間

4．当月の実績生産データ（半製品Bはすべて第2工程に投入された）

	第1工程	第2工程
月初仕掛品	200個(0.3)	400個(0.8)
当　月　投　入	2,600個	2,500個
合　　　　計	2,800個	2,900個
月末仕掛品	300個(0.5)	500個(0.2)
完　成　品	2,500個	2,400個

（注）（　）内の数値は，仕掛品の加工費進捗度を示す。

5．当月の実績原価データ

	第1工程	第2工程
原　料　X	5,264,000円(13,160kg)	――
買入部品C	――	603,000円(4,020個)
直接労務費	3,848,000円(5,200時間)	2,632,500円(3,250時間)
変動製造間接費	1,574,000円	1,291,000円
固定製造間接費	2,640,000円	1,980,000円

〔問1〕半製品Bと最終製品Aの原価標準（単位あたり標準原価）を計算しなさい。

〔問2〕各工程の仕掛品勘定を完成させなさい。

〔問3〕各工程の仕掛品勘定の総差異を分析し，差異分析表を完成させなさい。ただし，製造間接費の能率差異は変動費と固定費の合計で計算すること。

【解　答】

〔問1〕

半製品B　　5,000円/個　　　　最終製品A　　8,000円/個

〔問2〕

（単位：円）

第1工程—仕掛品

月初仕掛品原価	566,000	第2工程—仕掛品	12,500,000
X 原 料 費	5,264,000	月末仕掛品原価	1,035,000
直 接 労 務 費	3,848,000	総 差 異	357,000
製 造 間 接 費	4,214,000		
	13,892,000		13,892,000

第2工程—仕掛品

月初仕掛品原価	2,984,000	製 品	19,200,000
第1工程—仕掛品	12,500,000	月末仕掛品原価	2,770,000
買 入 部 品 C	603,000	総 差 異	20,500
直 接 労 務 費	2,632,500		
製 造 間 接 費	3,271,000		
	21,990,500		21,990,500

〔問3〕

	第1工程	第2工程
直接材料費価格差異	263,200円〔借方〕	0円〔——〕
直接材料費数量差異	60,800円〔借方〕	3,000円〔借方〕
直接労務費賃率差異	52,000円〔貸方〕	32,500円〔借方〕
直接労務費時間差異	15,000円〔借方〕	16,000円〔貸方〕
変動製造間接費予算差異	14,000円〔借方〕	9,000円〔貸方〕
固定製造間接費予算差異	15,000円〔借方〕	0円〔——〕
製造間接費能率差異	16,000円〔借方〕	20,000円〔貸方〕
操 業 度 差 異	25,000円〔借方〕	30,000円〔借方〕
合 計	357,000円〔借方〕	20,500円〔借方〕

【解　説】

1．原価標準の整理

　標準工程別総合原価計算では，あらかじめ原価標準を工程単位に整理しておくとよい。

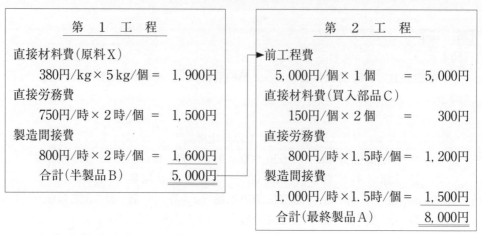

第　1　工　程	
直接材料費（原料X）	
380円/kg×5 kg/個 =	1,900円
直接労務費	
750円/時×2時/個 =	1,500円
製造間接費	
800円/時×2時/個 =	1,600円
合計（半製品B）	5,000円

第　2　工　程	
前工程費	
5,000円/個×1個　　=	5,000円
直接材料費（買入部品C）	
150円/個×2個　　=	300円
直接労務費	
800円/時×1.5時/個 =	1,200円
製造間接費	
1,000円/時×1.5時/個 =	1,500円
合計（最終製品A）	8,000円

2．生産データの整理と仕掛品勘定の記入

　(1)　第1工程の計算

第1工程―仕掛品（X原料費）

月　初	完成品
200個	2,500個
当月投入	
2,600個	月　末
	300個

→当月標準消費量の計算
　2,600個×5 kg/個＝13,000kg

第1工程―仕掛品（加工費）

月　初	完成品
60個	2,500個
当月投入	
2,590個	月　末
	150個

→当月標準消費量の計算
　2,590個×2時間/個＝5,180時間

〈仕掛品勘定の記入〉

①　完成品総合原価：5,000円/個×2,500個＝12,500,000円（→第2工程―仕掛品勘定へ）

②　月初仕掛品原価：

　　X 原 料 費；1,900円/個×200個＝380,000円

　　直接労務費；1,500円/個×　60個＝　90,000円

　　製造間接費；1,600円/個×　60個＝　96,000円

　　　合　　計　　　　　　　　　　566,000円

③　月末仕掛品原価：

　　X 原 料 費；1,900円/個×300個＝　570,000円

　　直接労務費；1,500円/個×150個＝　225,000円

　　製造間接費；1,600円/個×150個＝　240,000円

　　　合　　計　　　　　　　　　1,035,000円

④　当月製造費用：実際製造費用が記入される（パーシャル・プラン）。

⑤　総　　差　　異：貸借差引により 357,000円〔借方〕

174

(2) 第2工程の計算

本設例では，第2工程の途中（進捗度60％）で追加材料（買入部品C）を投入していることに注意する。月末仕掛品は加工費進捗度20％の地点にあり，追加材料の投入点をまだ通過していない。すなわち月末仕掛品は買入部品Cの投入を受けておらず，この買入部品費を負担しない。

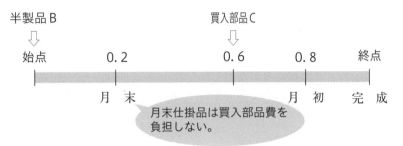

第2工程一仕掛品（前工程費）

月 初	完成品
400個	2,400個
当月投入	
2,500個	月 末
	500個

→ **当月標準消費量の計算**
　　── （差異は生じない）

第2工程一仕掛品（加工費）

月 初	完成品
320個	2,400個
当月投入	
2,180個	月 末
	100個

→ **当月標準消費量の計算**
　　2,180個×1.5時/個＝3,270時間

第2工程一仕掛品（C部品費）

月 初	完成品
400個（＊1）	2,400個
当月投入	
2,000個	月 末
	0個（＊2）

（＊1）月初仕掛品の完成品換算量
　　　400個×100％＝400個（◀投入点を通過済み）
（＊2）月末仕掛品の完成品換算量
　　　500個× 0％＝ 0個（◀投入点を未通過）

→ **当月標準消費量の計算**
　　2,000個×2個＝4,000個

〈仕掛品勘定の記入〉
① 完成品総合原価：8,000円/個×2,400個＝19,200,000円（→製品勘定へ）
② 月初仕掛品原価：

　　前 工 程 費；5,000円/個×400個＝2,000,000円
　　買入部品C；　300円/個×400個＝　120,000円
　　直接労務費；1,200円/個×320個＝　384,000円
　　製造間接費；1,500円/個×320個＝　480,000円
　　合　計　　　　　　　　　　　　2,984,000円

③　月末仕掛品原価：

前 工 程 費；5,000円/個×500個＝2,500,000円
買入部品Ｃ；　300円/個×　0個＝　　　　0円
直接労務費；1,200円/個×100個＝　120,000円
製造間接費；1,500円/個×100個＝　150,000円
　　合　計　　　　　　　　　　　2,770,000円

④　当 月 製 造 費 用：

前工程費；第1工程―仕掛品勘定から第1工程完成品の標準原価を振り替える。
そ の 他；実際製造費用が記入される（パーシャル・プラン）。

⑤　総　　　差　　　異：貸借差額により20,500円〔借方〕

3．差異分析

(1)　第1工程

〈直接材料費差異〉… 原料Ｘ

直接材料費価格差異：（380円/kg － 400円/kg）× 13,160kg ＝(−)263,200円〔借方〕
直接材料費数量差異：380円/kg ×（13,000kg － 13,160kg）＝(−)　60,800円〔借方〕

〈直接労務費差異〉

直接労務費賃率差異：（750円/時間－740円/時間）×5,200時間 ＝(+)52,000円〔貸方〕
直接労務費時間差異：750円/時間×（5,180時間－5,200時間）＝(−)15,000円〔借方〕

```
　　　　　　　　　　　　　　　　┌─► 実際直接労務費：3,848,000円
実際 @740円 ┌──────────────────┴──────────┐
　　　　　　│　賃 率 差 異　　　＋52,000円　　│
標準 @750円 ├──────────────────┬──────────┤
　　　　　　│　標準直接労務費　　│　時 間 差 異 │
　　　　　　│　3,885,000円　　　│　△15,000円 │
　　　　　　└──────────────────┴──────────┘
　　　　　　　　　　標準　　　　　　　実際
　　　　　　　　5,180時間　　　　5,200時間
```

〈製造間接費差異〉

変動製造間接費予算差異：300円/時間×5,200時間−1,574,000円＝(−)14,000円〔借方〕

固定製造間接費予算差異：2,625,000円−2,640,000円＝(−)15,000円〔借方〕

製造間接費能率差異：(300円/時間＋500円/時間)×(5,180時間−5,200時間)＝(−)16,000円〔借方〕

操業度差異：500円/時間×(5,200時間−5,250時間)＝(−)25,000円〔借方〕

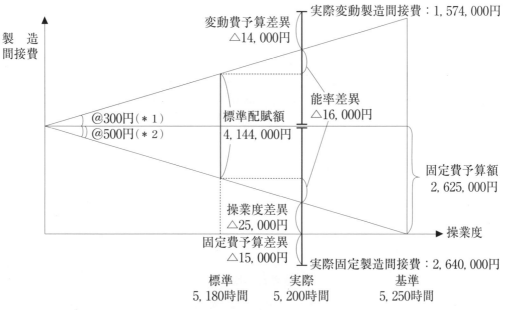

（＊1）変動費率：1,575,000円÷5,250時間＝300円/時間
（＊2）固定費率：2,625,000円÷5,250時間＝500円/時間

(2) 第2工程

〈直接材料費差異〉… 買入部品C

直接材料費価格差異：(150円/個 − 150円/個)× 4,020個 ＝ 0円〔——〕

直接材料費数量差異：150円/個×(4,000個 − 4,020個)＝(−)3,000円〔借方〕

〈直接労務費差異〉

直接労務費賃率差異：(800円/時間 − 810円/時間) × 3,250時間 = (−)32,500円〔借方〕

直接労務費時間差異：800円/時間 × (3,270時間 − 3,250時間) = (+)16,000円〔貸方〕

実際直接労務費：2,632,500円

実際 @810円	賃 率 差 異 　△32,500円	
標準 @800円	標準直接労務費 2,616,000円	時 間 差 異 +16,000円

標準　　　　　　実際
3,270時間　　3,250時間

〈製造間接費差異〉

変動製造間接費予算差異：400円/時間 × 3,250時間 − 1,291,000円 = (+)9,000円〔貸方〕

固定製造間接費予算差異：1,980,000円 − 1,980,000円 = 0円〔——〕

製造間接費能率差異：(400円/時間 + 600円/時間) × (3,270時間 − 3,250時間) = (+)20,000円〔貸方〕

操業度差異：600円/時間 × (3,250時間 − 3,300時間) = (−)30,000円〔借方〕

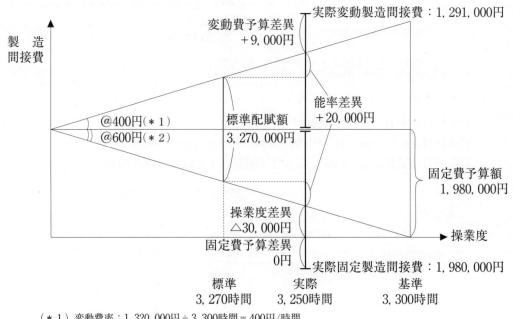

（＊1）変動費率：1,320,000円 ÷ 3,300時間 = 400円/時間

（＊2）固定費率：1,980,000円 ÷ 3,300時間 = 600円/時間

〔補足〕**仕掛品勘定が工程別に設定されていない場合**

　問2では，仕掛品勘定が工程別に設定されていたが，工程別に設定されていない場合は，次のようになる（単位：円）。

仕　掛　品

月初仕掛品原価	3,550,000	製　　　　品	19,200,000
X　原　料　費	5,264,000	月末仕掛品原価	3,805,000
買　入　部　品　C	603,000	総　差　異	377,500
直　接　労　務　費	6,480,500		
製　造　間　接　費	7,485,000		
	23,382,500		23,382,500

　この場合，工程別の原価ボックスをまとめて仕掛品勘定に記入する。その際，貸借で重複する部分（下記　　　部）は相殺されることになる（単位：円）。

第1工程—仕掛品

月初仕掛品 566,000	第2工程へ 12,500,000
当月投入	
X原料費 5,264,000 直接労務費 3,848,000 製造間接費 4,214,000	月末仕掛品 1,035,000
	総差異 357,000

第2工程—仕掛品

月初仕掛品 2,984,000	製品 19,200,000
当月投入 前工程費 12,500,000	
	月末仕掛品 2,770,000
買入部品C 603,000 直接労務費 2,632,500 製造間接費 3,271,000	総差異 20,500

仕　掛　品

月初仕掛品 566,000	第2工程へ 12,500,000
当月投入	
X原料費 5,264,000 直接労務費 3,848,000 製造間接費 4,214,000	月末仕掛品 1,035,000
	総差異 357,000
月初仕掛品 2,984,000	製品 19,200,000
当月投入 前工程費 12,500,000	
	月末仕掛品 2,770,000
買入部品C 603,000 直接労務費 2,632,500 製造間接費 3,271,000	総差異 20,500

〈仕掛品勘定の記入〉

〔借方〕

月初仕掛品原価：566,000円＋2,984,000円＝3,550,000円

当月製造費用

    X 原 料 費：5,264,000円

    買 入 部 品 C：603,000円

    直 接 労 務 費：3,848,000円＋2,632,500円＝6,480,500円

    製 造 間 接 費：4,214,000円＋3,271,000円＝7,485,000円

〔貸方〕

製 品：19,200,000円（最終完成品原価）

月末仕掛品原価：1,035,000円＋2,770,000円＝3,805,000円

総 差 異：357,000円＋20,500円＝377,500円

設例 6-6

  当工場では，製品Sを製造している。製品Sを1個製造するためには，まず，材料1個を第1工程で加工し，半製品1個を製造する。次いで，半製品1個を外注に出し，部品1個を製造する。外注先から納品された部品1個はただちに第2工程で加工し，製品1個が完成する。製品Sが製造される工程を図示すれば以下のようになる。なお，月初・月末には，工程間在庫（半製品在庫）と製品在庫のみがあり，自工場工程内および外注先に在庫は存在しない。

          第1工程   外 注   第2工程

材 料 ────→ 半製品 ────→ 部 品 ────→ 製品S

  外注先には，第1工程を終了した半製品を無償で支給し，外注加工が終わったものを引き取り，納品数に外注単価をかけて外注加工賃を計算する。

  製造間接費は直接作業時間を配賦基準にして配賦する。なお，当工場では修正パーシャル・プランの標準原価計算を採用している。製造間接費についての原価差異はすべて，仕掛品勘定から振り替えられるものとする。

  以下の資料にもとづいて，次の各問に答えなさい。

〔問1〕製品Sの原価標準（単位あたり標準原価）を計算しなさい。

〔問2〕仕掛品勘定を完成させなさい。

〔問3〕直接材料費の数量差異と直接労務費の時間差異，および製造間接費の総差異を求めなさい。ただし，（　）の中には，借方差異の場合は「借」を，貸方差異の場合は「貸」を記入すること。

（資　料）

1．材料の標準単価

品　目	標準単価
材　料	500円/個

2．1個あたり標準作業時間

産出品目	工　程	標準作業時間
半製品	第1工程	0.2時間/個
製品S	第2工程	0.3時間/個

3．標準賃率・標準製造間接費配賦率

工　程	標準賃率	標準配賦率
第1工程	1,000円/時間	1,500円/時間
第2工程	1,200円/時間	1,300円/時間

4．1個あたり外注加工賃

納入品目	外注加工賃
半製品	800円/個

5．当月の製品Sの実際生産量

月間実際生産量
2,000個

6．当月の実際消費量

品　目	実際消費量
材　料	1,920個
部　品	2,000個

7．当月の半製品支給量

支給品目	外注先支給数量
半製品	2,000個

8．当月の実際直接作業時間

工　程	実際直接作業時間
第1工程	382時間
第2工程	605時間

9．当月の月初・月末在庫量

品　目	月初在庫量	月末在庫量
半製品	200個	100個

10．当月の製造間接費実際発生額
　　1,385,000円

【解　答】

〔問1〕

2,550　円

〔問2〕

仕　掛　品　　　　（単位：円）

月初仕掛品原価	200,000	完成品総合原価	5,100,000
当月製造費用		月末仕掛品原価	100,000
直接材料費	960,000	原価差異	53,000
直接労務費	1,108,000		
直接経費	1,600,000		
製造間接費	1,385,000		
	5,253,000		5,253,000

〔問3〕

直接材料費数量差異	10,000	円	（借）
直接労務費時間差異	8,000	円	（借）
製造間接費総差異	35,000	円	（借）
合　計	53,000	円	（借）

【解　説】
1．原価標準の整理

直接材料費	500円/個×1個/個=	500円
第1工程加工費		
直接労務費	1,000円/時間×0.2時間/個=	200円
製造間接費	1,500円/時間×0.2時間/個=	300円
	半製品1個あたり	1,000円

前工程費（半製品）	1,000円/個×1個/個=	1,000円
外注加工賃		800円
	部品1個あたり	1,800円

前工程費（部品）	1,800円/個×1個/個=	1,800円
第2工程加工費		
直接労務費	1,200円/時間×0.3時間/個=	360円
製造間接費	1,300円/時間×0.3時間/個=	390円
	製品S1個あたり	2,550円

2．生産データの整理と仕掛品勘定の記入

(1)　生産データの整理

　　　第1工程の完成量は，半製品ボックスから逆算して求める。

第1工程仕掛品		半製品		外注先		第2工程仕掛品	
投入 1,900個	完成 1,900個	初 200個	支給 2,000個 (資料7)	支給 2,000個	納品 2,000個	投入 2,000個	完成 2,000個 (資料5)
		完成 1,900個 (貸借差引)					
			末 100個				

▶当月標準消費量の計算

　　直接材料消費量　1,900個×1個/個＝1,900個

　　直接作業時間　1,900個×0.2時間/個＝380時間

当月標準直接作業時間

2,000個×0.3時間/個＝600時間

(2)　仕掛品勘定の記入（修正パーシャル・プラン）

　　　本問における仕掛品勘定は工程別に区分されていないため，すべての工程の原価ボックスをまとめて仕掛品勘定に記入する。その際，貸借で重複する部分（下記▨▨部）は相殺されることになる。

　　　また，本問では，工程内仕掛品は存在しないが，半製品の在庫があり，これが月初・月末仕掛品に相当する。なお，修正パーシャル・プランであるため，当月消費（＝当月製造費用）の直接材料費と直接労務費は，標準単価・標準賃率に実際消費量・実際直接作業時間を乗じた金額を，製造間接費は問題指示より，実際発生額を記入する。

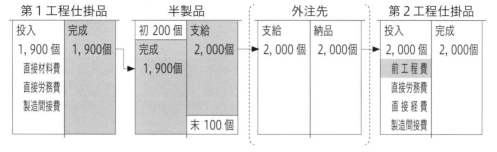

〔借方〕

月初仕掛品原価（半製品の月初在庫）：1,000円/個×200個＝200,000円

直接材料費：500円/個〈標準単価〉×1,920個〈実際消費量〉＝960,000円

直接労務費：

第1工程；1,000円/時間〈標準賃率〉×382時間〈実際直接作業時間〉＝382,000円

第2工程；1,200円/時間〈 〃 〉×605時間〈 〃 〉＝726,000円

計 1,108,000円

直接経費（外注加工賃）：800円/個×2,000個〈納品数〉＝1,600,000円

製造間接費：1,385,000円（実際発生額）

〔貸方〕

完成品総合原価：2,550円/個×2,000個＝5,100,000円

月末仕掛品原価（半製品の月末在庫）：1,000円/個×100個＝100,000円

原価差異：53,000円（貸借差額）

3．差異分析

(1) 直接材料費数量差異

500円/個×（1,900個−1,920個）＝(−)10,000円（借）

(2) 直接労務費時間差異

第1工程：1,000円/時間×（380時間−382時間）＝(−)2,000円（借）

第2工程：1,200円/時間×（600時間−605時間）＝(−)6,000円（借）

計 (−)8,000円（借）

(3) 製造間接費差異

（1,500円/時間×380時間＋1,300円/時間×600時間）−1,385,000円

＝(−)35,000円（借）

(4) 原価差異合計

(−)10,000円＋(−)8,000円＋(−)35,000円＝(−)53,000円

本問は修正パーシャル・プランであるため，（本問では計算不能だが）直接材料費価格差異と直接労務費賃率差異は仕掛品勘定にて把握されない。よって，問2の仕掛品勘定における総差異と問3で求めた原価差異の合計が一致する。

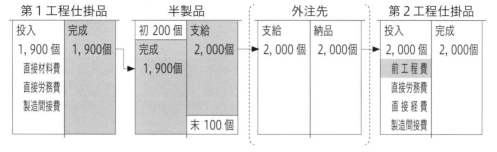

Theme
06

標準原価計算の基礎

　1つの工程のなかにさらに細かな作業単位（または小工程）がある場合，必要に応じて作業単位別（小工程別）に原価を集計することがある。このような計算を作業区分別原価計算といい，その計算例を示すと次のとおりである。

■設　例

　当社は製品Hを量産しており，製品原価計算は修正パーシャル・プランの標準工程別総合原価計算を採用している。下記の資料にもとづいて，当月の(A)原価計算関係諸勘定の記入と，(B)原価差異の分析を行いなさい。

（資　料）

1．製品H1個あたりの標準原価に関する資料

<table>
<tr><th rowspan="3">直接材料費</th><th>材料品目</th><th>標準消費量</th><th>標準単価</th><th colspan="2">第 1 工 程</th><th colspan="2">第 2 工 程</th><th rowspan="3"></th></tr>
<tr><th></th><th></th><th></th><th>第1作業</th><th>第2作業</th><th>第3作業</th><th>第4作業</th></tr>
<tr><td>DM－1</td><td>2 kg</td><td>400円/kg</td><td>800円</td><td>——</td><td></td><td></td></tr>
<tr><td></td><td>DM－2</td><td>4</td><td>100</td><td>——</td><td>400円</td><td></td><td></td></tr>
<tr><td></td><td colspan="6" style="text-align:right">標準直接材料費</td><td>1,200円</td></tr>
</table>

<table>
<tr><th rowspan="2">直接労務費</th><th>作業番号</th><th>標準時間</th><th>標準賃率</th><th colspan="2">第 1 工 程</th><th colspan="2">第 2 工 程</th><th rowspan="2"></th></tr>
<tr><th></th><th></th><th></th><th>第1作業</th><th>第2作業</th><th>第3作業</th><th>第4作業</th></tr>
<tr><td>DL－1</td><td>0.5時</td><td>600円/時</td><td>300円</td><td>——</td><td></td><td></td></tr>
<tr><td>DL－2</td><td>0.4</td><td>800</td><td>——</td><td>320円</td><td></td><td></td></tr>
<tr><td>DL－3</td><td>0.8</td><td>600</td><td></td><td></td><td>480円</td><td></td></tr>
<tr><td>DL－4</td><td>0.4</td><td>1,000</td><td></td><td></td><td></td><td>400円</td></tr>
<tr><td colspan="6" style="text-align:right">標準直接労務費</td><td>1,500円</td></tr>
</table>

<table>
<tr><th rowspan="2">製造間接費</th><th>配賦基準</th><th>標準時間</th><th>標準配賦率</th><th colspan="2">第 1 工 程</th><th colspan="2">第 2 工 程</th><th rowspan="2"></th></tr>
<tr><th></th><th></th><th></th><th>第1作業</th><th>第2作業</th><th>第3作業</th><th>第4作業</th></tr>
<tr><td>機械運転時間</td><td>0.7時</td><td>700円/時</td><td>490円</td><td>——</td><td>——</td><td>——</td></tr>
<tr><td>〃</td><td>0.5</td><td>700</td><td>——</td><td>350円</td><td>——</td><td>——</td></tr>
<tr><td>直接作業時間</td><td>0.8</td><td>800</td><td>——</td><td>——</td><td>640円</td><td>——</td></tr>
<tr><td>〃</td><td>0.4</td><td>800</td><td>——</td><td>——</td><td>——</td><td>320円</td></tr>
<tr><td colspan="6" style="text-align:right">標準製造間接費</td><td>1,800円</td></tr>
</table>

製品H1個あたりの標準製造原価	4,500円

(1)　製品Hの製造は，第1工程（第1作業と第2作業）および第2工程（第3作業と第4作業）によって行われ，第1工程完成品はただちに第2工程に投入される。

(2)　直接材料DM－1は第1作業の始点，DM－2は第2作業の始点でそれぞれ投入される。

(3)　製造間接費は，第1工程は機械運転時間，第2工程は直接作業時間を基準に製品に配賦している。

2．製造間接費月間予算（公式法変動予算）に関するデータ

	第1工程	第2工程
変動費予算額	780,000円	825,000円
固定費予算額	1,040,000円	1,375,000円
合　計	1,820,000円	2,200,000円
月間正常機械運転時間	2,600時	――
月間正常直接作業時間	――	2,750時

3．当月の生産データ

	第1工程	第2工程
月初仕掛品量	100個①	250個③
当月投入量	2,200	2,100
合　計	2,300個	2,350個
月末仕掛品量	200　②	350　④
完成品量	2,100個	2,000個

(注)　①　第2作業の途中にあり，直接労務費，製造間接費の進捗度は80%である。

②　第1作業の途中にあり，直接労務費，製造間接費の進捗度は50%である。

③　第3作業の途中にあり，直接労務費，製造間接費の進捗度は60%である。

④　第4作業の途中にあり，直接労務費，製造間接費の進捗度は40%である。

4．当月の実際原価データ

(1)　直接材料の当月における購入と消費に関するデータ

材料品目	当月実際購入量	実際購入単価	当月実際消費量
DM-1	5,000kg	405円	4,480kg
DM-2	8,500kg	98円	7,920kg

　当社では，直接材料は掛けで購入し，材料勘定に標準単価で借記している。DM-1，DM-2とも月初棚卸高はなく，また月末に棚卸減耗も生じていない。

(2)　実際直接労務費に関するデータ

作業番号	実際直接作業時間	実際直接労務費
DL-1	1,080時	669,600円
DL-2	840時	663,600円
DL-3	1,730時	1,063,950円
DL-4	880時	862,400円

　なお，月初，月末の未払賃金はなかったものとする。

(3)　製造間接費に関するデータ

	第1工程	第2工程
実際製造間接費	1,818,000円	2,146,000円
実際機械運転時間	2,540時	――
実際直接作業時間	――	2,610時

　なお，製造間接費は実際発生額を各工程の仕掛品勘定に振り替えている。

5．その他

　　原価計算関係諸勘定の記入にあたり，原価差異を把握する勘定においては，総差異と記入するのみでよい。また材料受入価格差異勘定は締め切る必要はない。

　　なお，製造間接費の差異は，各工程ごとに予算差異，（変動費および固定費の）能率差異，および操業度差異に分析する。

【解　答】

(A)　原価計算関係諸勘定の記入（単位：円）

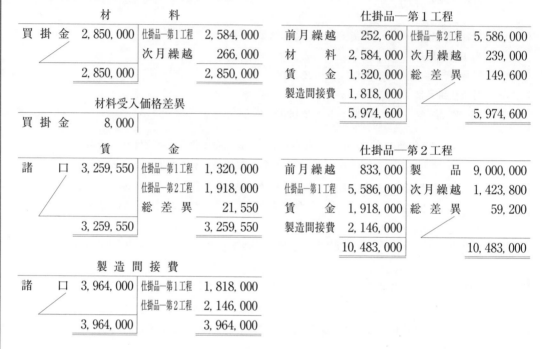

材　　料

買　掛　金	2,850,000	仕掛品—第1工程	2,584,000
		次　月　繰　越	266,000
	2,850,000		2,850,000

材料受入価格差異

買　掛　金	8,000	

賃　　金

諸　　　口	3,259,550	仕掛品—第1工程	1,320,000
		仕掛品—第2工程	1,918,000
		総　差　異	21,550
	3,259,550		3,259,550

製　造　間　接　費

諸　　　口	3,964,000	仕掛品—第1工程	1,818,000
		仕掛品—第2工程	2,146,000
	3,964,000		3,964,000

仕掛品—第1工程

前月繰越	252,600	仕掛品—第2工程	5,586,000
材　　料	2,584,000	次月繰越	239,000
賃　　金	1,320,000	総　差　異	149,600
製造間接費	1,818,000		
	5,974,600		5,974,600

仕掛品—第2工程

前月繰越	833,000	製　　品	9,000,000
仕掛品—第1工程	5,586,000	次月繰越	1,423,800
賃　　金	1,918,000	総　差　異	59,200
製造間接費	2,146,000		
	10,483,000		10,483,000

(B)　原価差異の分析

(1)　直接材料費

	材料受入価格差異	数量差異
DM−1	25,000円〔借方〕	32,000円〔借方〕
DM−2	17,000円〔貸方〕	8,000円〔貸方〕
合　計	8,000円〔借方〕	24,000円〔借方〕

(2)　直接労務費

	賃　率　差　異	時　間　差　異
第　1　作　業	21,600円〔借方〕	18,000円〔借方〕
第　2　作　業	8,400円〔貸方〕	25,600円〔借方〕
計：第1工程	13,200円〔借方〕	43,600円〔借方〕
第　3　作　業	25,950円〔借方〕	18,000円〔貸方〕
第　4　作　業	17,600円〔貸方〕	24,000円〔借方〕
計：第2工程	8,350円〔借方〕	6,000円〔借方〕
合　計	21,550円〔借方〕	49,600円〔借方〕

(3) 製造間接費

	予 算 差 異	能 率 差 異	操 業 度 差 異	合　　計
第 1 工 程	16,000円〔借方〕	42,000円〔借方〕	24,000円〔借方〕	82,000円〔借方〕
第 2 工 程	12,000円〔貸方〕	4,800円〔貸方〕	70,000円〔借方〕	53,200円〔借方〕
合　　計	4,000円〔借方〕	37,200円〔借方〕	94,000円〔借方〕	135,200円〔借方〕

（注）仕掛品—第1工程勘定の総差異：24,000円 + 43,600円 + 82,000円 = 149,600円〔借方〕
　　　仕掛品—第2工程勘定の総差異：6,000円 + 53,200円 = 59,200円〔借方〕

【解　説】

1．原価要素諸勘定の記入

(1) 材料勘定と材料受入価格差異勘定の計算

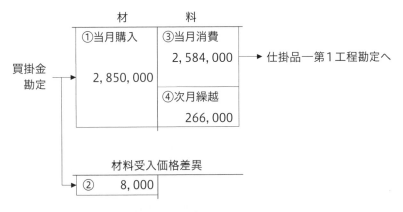

① 当月購入原価（材料勘定借記額）

　　DM − 1：400円/kg × 5,000kg = 2,000,000円

　　DM − 2：100円/kg × 8,500kg = 　850,000円

　　合　　計　　　　　　　　　　　2,850,000円

② 材料受入価格差異

　　DM − 1：(400円/kg − 405円/kg) × 5,000kg = (−)25,000円〔借方〕

　　DM − 2：(100円/kg − 98円/kg) × 8,500kg = (+)17,000円〔貸方〕

　　合　　計　　　　　　　　　　　　　　　　　(−) 8,000円〔借方〕

③ 当月消費額（＝標準単価×実際消費量）

　　DM − 1：400円/kg × 4,480kg = 1,792,000円

　　DM − 2：100円/kg × 7,920kg = 　792,000円

　　合　　計　　　　　　　　　2,584,000円… 仕掛品 − 第1工程勘定へ

④ 月末材料有高（次月繰越額）

　　DM − 1：400円/kg × 520kg(＊1) = 208,000円　　（＊1）5,000kg − 4,480kg = 520kg

　　DM − 2：100円/kg × 580kg(＊2) = 　58,000円　　（＊2）8,500kg − 7,920kg = 580kg

　　合　　計　　　　　　　　　　266,000円

(2) 賃金勘定の計算

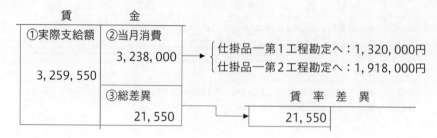

① 当月実際支給額

　　669,600円 + 663,600円 + 1,063,950円 + 862,400円 = 3,259,550円

② 当月消費額（＝標準賃率×実際直接作業時間）

　　DL－1：　　600円/時×1,080時 ＝　　648,000円

　　DL－2：　　800円/時×　840時 ＝　　672,000円

　　　　　　第1工程分合計　1,320,000円

　　DL－3：　　600円/時×1,730時 ＝ 1,038,000円

　　DL－4：1,000円/時×　880時 ＝　　880,000円

　　　　　　第2工程分合計　1,918,000円

③ 総差異：貸借差額で21,550円〔借方〕… 修正パーシャル・プランのため賃率差異

　　〈内訳〉DL－1：　　600円/時×1,080時 －　　669,600円 =(－)21,600円〔借方〕

　　　　　　DL－2：　　800円/時×　840時 －　　663,600円 =(＋) 8,400円〔貸方〕

　　　　　　DL－3：　　600円/時×1,730時 － 1,063,950円 =(－)25,950円〔借方〕

　　　　　　DL－4：1,000円/時×　880時 －　　862,400円 =(＋)17,600円〔貸方〕

(3) 製造間接費勘定：実際発生額を各工程の仕掛品勘定に振り替える。

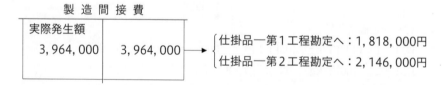

2．原価標準の整理

　　工程別総合原価計算に標準原価計算を適用する場合には，あらかじめ原価標準を工程別に整理しておくとよい。なお，1つの工程で複数の異なる作業が行われている場合には，作業区分別に原価を集計することがある。本問では，加工費（直接労務費と製造間接費）について，作業区分別にまとめるのが実践的である。

```
                  第 1 工 程
直接材料費
  DM−1 :400円/kg×2 kg    =    800円
  DM−2 :100円/kg×4 kg    =    400円
          小   計            1,200円
加工費(第1作業分)
  直接労務費:600円/時×0.5時 =    300円
  製造間接費:700円/時×0.7時 =    490円
          小   計              790円
加工費(第2作業分)
  直接労務費:800円/時×0.4時 =    320円
  製造間接費:700円/時×0.5時 =    350円
          小   計              670円
          合   計            2,660円
```

```
                  第 2 工 程
前工程費
  2,660円/個×1個            = 2,660円
加工費(第3作業分)
  直接労務費:600円/時×0.8時 =    480円
  製造間接費:800円/時×0.8時 =    640円
          小   計            1,120円
加工費(第4作業分)
  直接労務費:1,000円/時×0.4時 =    400円
  製造間接費:  800円/時×0.4時 =    320円
          小   計              720円
          合   計            4,500円
```

3. 生産データの整理と仕掛品勘定の記入

(1) タイム・テーブル

原価要素別（加工費は作業区分別）に原価の進捗度の推移を示すと次のようになる。

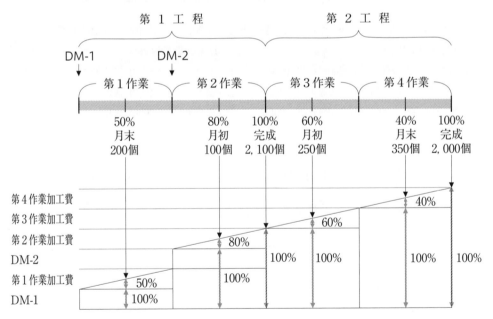

189

(2) 第1工程の計算

仕掛品―第1工程（DM-1）

月　初 100個×100%	完成品 2,100個
当月投入 2,200個	月　末 200個×100%

→当月標準消費量の計算
　　2,200個×2kg/個＝4,400kg

仕掛品―第1工程（DM-2）

月　初 100個×100%	完成品 2,100個
当月投入 2,000個（貸借差引）	月　末 200個×0%

→当月標準消費量の計算
　　2,000個×4kg/個＝8,000kg

仕掛品―第1工程（第1作業）

月　初 100個×100%	完成品 2,100個
当月投入 2,100個（貸借差引）	月　末 200個×50%

→当月標準消費量の計算
　　作業時間　2,100個×0.5時/個＝1,050時
　　機械時間　2,100個×0.7時/個＝1,470時

仕掛品―第1工程（第2作業）

月　初 100個×80%	完成品 2,100個
当月投入 2,020個（貸借差引）	月　末 200個×0%

→当月標準消費量の計算
　　作業時間　2,020個×0.4時/個＝808時
　　機械時間　2,020個×0.5時/個＝1,010時

① 完成品総合原価：2,660円/個×2,100個＝5,586,000円（→仕掛品－第2工程勘定へ）

② 月初仕掛品原価
　　Ｄ　Ｍ　－　1：800円/個×100個＝80,000円
　　Ｄ　Ｍ　－　2：400円/個×100個＝40,000円
　　第1作業加工費：790円/個×100個＝79,000円
　　第2作業加工費：670円/個×　80個＝53,600円
　　合　　計　　　　　　　　　　　252,600円

③ 月末仕掛品原価
　　Ｄ　Ｍ　－　1：800円/個×200個＝160,000円
　　Ｄ　Ｍ　－　2：400円/個×　0個＝　　　0円
　　第1作業加工費：790円/個×100個＝79,000円
　　第2作業加工費：670円/個×　0個＝　　　0円
　　合　　計　　　　　　　　　　　239,000円

④ 総差異：貸借差額で149,600円〔借方〕

(3) 第2工程の計算

仕掛品―第2工程（前工程費）

月　初	完成品
250個×100%	2,000個
当月投入 2,100個	月　末 350個×100%

→ **当月標準消費量の計算**

　　　── （差異は生じない）

仕掛品―第2工程（第3作業）

月　初	完成品
250個×60%	2,000個
当月投入 2,200個 （貸借差引）	月　末 350個×100%

→ **当月標準消費量の計算**

　作業時間　2,200個×0.8時/個＝1,760時

仕掛品―第2工程（第4作業）

月　初	完成品
250個×0%	2,000個
当月投入 2,140個 （貸借差引）	月　末 350個×40%

→ **当月標準消費量の計算**

　作業時間　2,140個×0.4時/個＝856時

① 前工程費の受入額：5,586,000円

② 完成品総合原価：4,500円/個×2,000個＝9,000,000円 （→製品勘定へ）

③ 月初仕掛品原価　　　　　　　　④ 月末仕掛品原価

前 工 程 費：2,660円/個×250個＝665,000円　　前 工 程 費：2,660円/個×350個＝　931,000円

第3作業加工費：1,120円/個×150個＝168,000円　　第3作業加工費：1,120円/個×350個＝　392,000円

第4作業加工費：　720円/個× 0個＝　　　0円　　第4作業加工費：　720円/個×140個＝　100,800円

　合　　計　　　　　　　　833,000円　　　　合　　計　　　　　　　1,423,800円

⑤ 総　　差　　異：貸借差額で59,200円〔借方〕

4．差異分析

(1) 仕掛品−第1工程

① 直接材料費差異（数量差異）

DM−1：400円/kg×（2kg/個×2,200個−4,480kg）＝(−)32,000円〔借方〕

DM−2：100円/kg×（4kg/個×2,000個−7,920kg）＝(+) 8,000円〔貸方〕

② 直接労務費差異（時間差異のみ）

DL−1：600円/時×（0.5時/個×2,100個−1,080時）＝(−)18,000円〔借方〕

DL−2：800円/時×（0.4時/個×2,020個− 840時）＝(−)25,600円〔借方〕

③ 製造間接費差異

予 算 差 異：300円/時×2,540時＋1,040,000円−1,818,000円＝(−)16,000円〔借方〕

能 率 差 異：700円/時×（2,480時(＊)−2,540時）＝(−)42,000円〔借方〕

操業度差異：400円/時×（2,540時−2,600時）＝(−)24,000円〔借方〕

（＊）標準機械作業時間：1,470時間〈第1作業〉＋1,010時間〈第2作業〉＝2,480時間

〈差異分析図〉

① 直接材料費

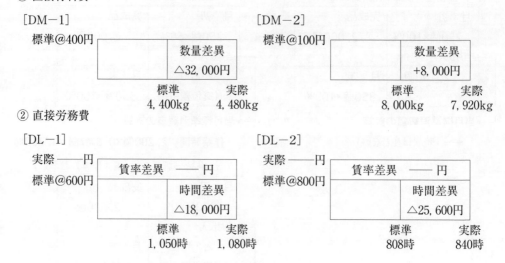

[DM-1]
標準@400円

	数量差異 △32,000円
標準 4,400kg	実際 4,480kg

[DM-2]
標準@100円

	数量差異 +8,000円
標準 8,000kg	実際 7,920kg

② 直接労務費

[DL-1]
実際——円
標準@600円

賃率差異 ——円	
	時間差異 △18,000円
標準 1,050時	実際 1,080時

[DL-2]
実際——円
標準@800円

賃率差異 ——円	
	時間差異 △25,600円
標準 808時	実際 840時

（注）賃率差異は，仕掛品勘定では把握されない。

③ 製造間接費

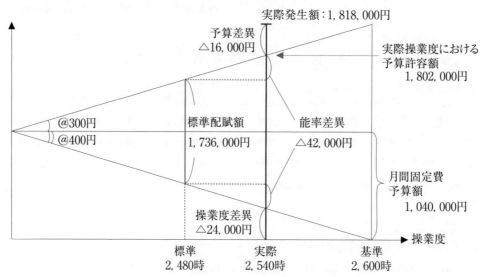

実際発生額：1,818,000円

予算差異
△16,000円

実際操業度における
予算許容額
1,802,000円

@300円
@400円

標準配賦額
1,736,000円

能率差異
△42,000円

月間固定費
予算額
1,040,000円

操業度差異
△24,000円

操業度

標準　　　　実際　　　　基準
2,480時　　2,540時　　2,600時

(2) 仕掛品－第2工程

① 直接労務費差異（時間差異のみ）

DL-3：　600円/時×（0.8時/個×2,200個－1,730時）=(+)18,000円〔貸方〕

DL-4：1,000円/時×（0.4時/個×2,140個－　880時）=(−)24,000円〔借方〕

② 製造間接費差異

予　算　差　異：300円/時×2,610時+1,375,000円－2,146,000円=(+)12,000円〔貸方〕

能　率　差　異：800円/時×（2,616時(＊)－2,610時）=(+)4,800円〔貸方〕

操業度差異：500円/時×（2,610時－2,750時）=(−)70,000円〔借方〕

（＊）標準直接作業時間：1,760時間〈第3作業〉+856時間〈第4作業〉=2,616時間

192

〈差異分析図〉

① 直接労務費

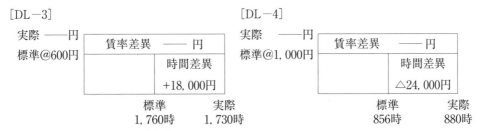

［DL－3］

実際 ——円	賃率差異 —— 円	
標準@600円		時間差異 +18,000円

標準 1,760時	実際 1,730時

［DL－4］

実際 ——円	賃率差異 —— 円	
標準@1,000円		時間差異 △24,000円

標準 856時	実際 880時

（注） 賃率差異は，仕掛品勘定では把握されない。

② 製造間接費

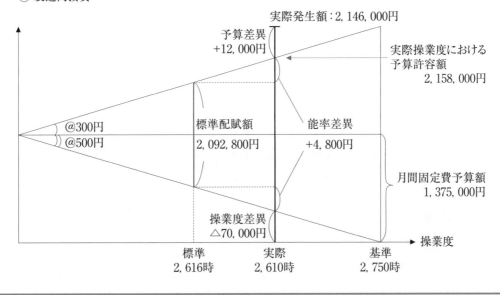

実際発生額：2,146,000円

予算差異 +12,000円

実際操業度における
予算許容額
2,158,000円

@300円
@500円

標準配賦額
2,092,800円

能率差異
+4,800円

月間固定費予算額
1,375,000円

操業度差異
△70,000円

操業度

標準 2,616時	実際 2,610時	基準 2,750時

2. 標準個別原価計算

(1) 原価標準の設定

　　個別原価計算では，特定の製品製造ごとに発行された製造指図書別に製品原価の計算が行われる。したがって，個別原価計算に標準原価計算を適用する場合，原価標準は，基本的に個別の製造指図書に指示された製品ごと（ないしは製品種類ごと）に設定される。

(2) 指図書別の製造原価と勘定記入の関係

　　標準原価計算では，完成品原価や月末仕掛品原価は標準原価により計算されるため，標準個別原価計算では，製造原価の内訳明細表である製造指図書別原価計算表も標準原価により記録されることになる。したがって，製造指図書別原価計算表と対応する仕掛品勘定の記入は，借方・貸方ともに標準原価で記録するシングル・プランと結びつくことが多い。

〈例〉

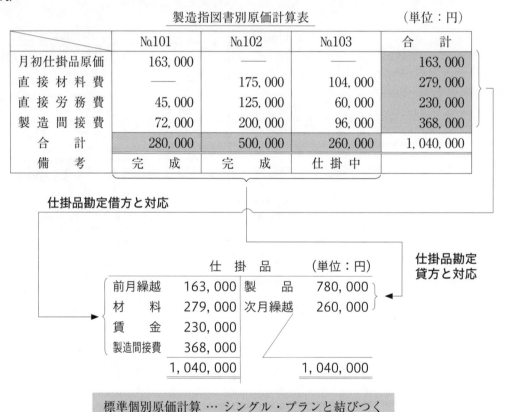

製造指図書別原価計算表　　　　（単位：円）

	No.101	No.102	No.103	合　計
月初仕掛品原価	163,000	――	――	163,000
直 接 材 料 費	――	175,000	104,000	279,000
直 接 労 務 費	45,000	125,000	60,000	230,000
製 造 間 接 費	72,000	200,000	96,000	368,000
合　　計	280,000	500,000	260,000	1,040,000
備　　考	完　成	完　成	仕 掛 中	

仕掛品勘定借方と対応

仕掛品勘定貸方と対応

仕 掛 品　　（単位：円）

前月繰越	163,000	製　　品	780,000
材　　料	279,000	次月繰越	260,000
賃　　金	230,000		
製造間接費	368,000		
	1,040,000		1,040,000

標準個別原価計算 … シングル・プランと結びつく

設例 6-7

当社は，標準規格製品X，Y，Zをロット別に生産し，これに対してシングル・プランの標準原価計算制度を採用している。次に示す資料にもとづいて，当月の(A)原価計算関係諸勘定の記入，(B)製造直接費の原価差異内訳表を完成させなさい。

（資　料）

1．原価標準

製品X，Y，Zそれぞれ1個あたりの標準原価は下記のとおりである。

	製　品　X	製　品　Y	製　品　Z
標準直接材料費			
主要材料費	400円/kg×5kg＝2,000円	400円/kg×3kg＝1,200円	400円/kg×2kg＝　800円
標準直接労務費	600円/時×4時＝2,400円	600円/時×3時＝1,800円	600円/時×2時＝1,200円
標準製造間接費	500円/時×4時＝2,000円	500円/時×3時＝1,500円	500円/時×2時＝1,000円
合　　計	6,400円	4,500円	3,000円

2．製造間接費予算

製造間接費は，公式法変動予算が設定されており，月間正常直接作業時間（基準操業度）における月間予算額は次のとおりである。

変動費　　600,000円　　固定費　　900,000円

正常直接作業時間　　3,000時

3．当月の取引

(1) 製造指図書の発行

製品X，Y，Zを生産するため，次のような製造指図書が発行されている。

製造指図書№106：製品Xを1ロット（1ロット＝500個）を生産

製造指図書№206：製品Yを2ロット（1ロット＝200個）を生産

製造指図書№306：製品Zを1ロット（1ロット＝300個）を生産

(2) 材料の購入（掛買い。なお，月初材料はない。）

主要材料：430円/kg × 2,000kg ＝ 860,000円

(3) 材料実際消費量

製造指図書別の材料実際消費量は次のとおりである。

	№106	№206	№306	合　計
主要材料消費量	——	？kg	？kg	？kg

(4) 超過材料庫出請求書と材料戻入票

各製造指図書別の主要材料の超過材料庫出請求書と材料戻入票の内容は，次のとおりであった。

	超過材料庫出請求書による超過材料消費量	材料戻入票による材料戻入数量
№106	——	——
№206	28kg	——
№306	——	15kg

(5) 直接工実際賃金消費額

	No.106	No.206	No.306	合 計
実際直接作業時間	1,423時	1,182時	375時	2,980時
実 際 賃 率	610円	610円	610円	610円
実際直接労務費	868,030円	721,020円	228,750円	1,817,800円

(6) 製造間接費実際発生額　1,481,000円

(7) 製造指図書別の生産・販売状況

　　上記に示した製造指図書のうち，No.106 は前月に製造着手し，前月末において直接材料費については100％投入済みであり，直接労務費と製造間接費については30％だけ投入されていた。

　　No.206 と No.306 は当月に製造着手した。No.106 と No.206 は期中に完成し，No.306 は期末において直接材料費については100％投入済みであり，直接労務費と製造間接費については60％だけ投入されている。

【解　答】

(A) 原価計算関係諸勘定の記入（単位：円）

(注) 製造間接費の能率差異は変動費および固定費の両方から算出している。また各差異勘定は，借方または貸方の一方にのみ記入している。

材　　料

買 掛 金	860,000	仕 掛 品	720,000
		総 差 異	59,590
		次月繰越	80,410
	860,000		860,000

仕 掛 品

前月繰越	1,660,000	製　　品	5,000,000
材　　料	720,000	次月繰越	636,000
賃　　金	1,776,000		
製造間接費	1,480,000		
	5,636,000		5,636,000

賃　　金

諸　　口	1,817,800	仕 掛 品	1,776,000
		総 差 異	41,800
	1,817,800		1,817,800

製 造 間 接 費

諸　　口	1,481,000	仕 掛 品	1,480,000
		総 差 異	1,000
	1,481,000		1,481,000

価 格 差 異

54,390	

数 量 差 異

5,200	

賃 率 差 異

29,800	

時 間 差 異

12,000	

予 算 差 異	能 率 差 異	操 業 度 差 異
15,000	10,000	6,000

(B) 製造直接費の原価差異内訳表（単位：円）

	No.106	No.206	No.306	合　計
価　格　差　異	――	36,840〔借方〕	17,550〔借方〕	54,390〔借方〕
数　量　差　異	――	11,200〔借方〕	6,000〔貸方〕	5,200〔借方〕
計：直接材料費差異	――	48,040〔借方〕	11,550〔借方〕	59,590〔借方〕
賃　率　差　異	14,230〔借方〕	11,820〔借方〕	3,750〔借方〕	29,800〔借方〕
時　間　差　異	13,800〔借方〕	10,800〔貸方〕	9,000〔借方〕	12,000〔借方〕
計：直接労務費差異	28,030〔借方〕	1,020〔借方〕	12,750〔借方〕	41,800〔借方〕

【解　説】

(A) 原価計算関係諸勘定の記入

１．製造指図書別原価計算表の作成と仕掛品勘定への記入

　　標準原価計算を採用しているため，標準原価により製造指図書別原価計算表を作成したうえで仕掛品勘定に記入する。

製造指図書別原価計算表　　　　　　　（単位：円）

	No.106	No.206	No.306	合　計
月初仕掛品原価	(＊1)1,660,000	――	――	1,660,000
直 接 材 料 費(＊2)	――	480,000	240,000	720,000
直 接 労 務 費(＊3)	840,000	720,000	216,000	1,776,000
製 造 間 接 費(＊4)	700,000	600,000	180,000	1,480,000
合　　　計	3,200,000	1,800,000	636,000	5,636,000
備　考　(＊5)	完　成	完　成	仕 掛 中	

（＊1）月初仕掛品原価〈No.106〉
　　　直接材料費：400円/kg×5kg/個×500個×100％＝1,000,000円
　　　直接労務費：600円/時　×4時/個×500個×　30％＝　360,000円
　　　製造間接費：500円/時　×4時/個×500個×　30％＝　300,000円
　　　　　　　　　合　　　計　　1,660,000円 … 仕掛品勘定借方記入額

（＊2）直接材料費
　　　No.106：　　　　　　　　　　　　　　　　　　　　　―― 円
　　　No.206：400円/kg×3kg/個×200個×2（ロット）×100％＝480,000円
　　　No.306：400円/kg×2kg/個×300個　　　　　×100％＝240,000円
　　　　　　　　　合　　　計　　720,000円 … 仕掛品勘定借方記入額

（＊3）直接労務費
　　　No.106：600円/時×4時/個×500個×（100％－30％）　＝　840,000円
　　　No.206：600円/時×3時/個×200個×2（ロット）×100％＝　720,000円
　　　No.306：600円/時×2時/個×300個　　　　　×　60％＝　216,000円
　　　　　　　　　合　　　計　　1,776,000円 … 仕掛品勘定借方記入額

（＊4）製造間接費
　　　No.106：500円/時×4時/個×500個×（100％－30％）　＝　700,000円
　　　No.206：500円/時×3時/個×200個×2（ロット）×100％＝　600,000円
　　　No.306：500円/時×2時/個×300個　　　　　×　60％＝　180,000円
　　　　　　　　　合　　　計　　1,480,000円 … 仕掛品勘定借方記入額

（＊5）完成品総合原価と月末仕掛品原価… 仕掛品勘定貸方記入額
　　　完成品総合原価：3,200,000円〈No.106〉＋1,800,000円〈No.206〉＝5,000,000円
　　　月末仕掛品原価：636,000円〈No.306〉

2．直接材料実際消費量の推定

標準消費量と超過材料消費量または材料戻入数量より，当月における製造指図書別の実際消費量を推定する。

製造指図書	標準消費量	(＋) 超過材料消費量	(－) 材料戻入数量	(＝) 実際消費量
No.106	——	——	——	——
No.206	3kg×400個=1,200kg	28kg	——	1,228kg
No.306	2kg×300個= 600kg	——	15kg	585kg
合計	1,800kg	28kg	15kg	1,813kg

3．標準原価差異の分析

(1) 直接材料費差異

価格差異：(400円/kg － 430円/kg)×1,813kg ＝(－)54,390円〔借方〕

数量差異：400円/kg×(1,800kg － 1,813kg) ＝(－) 5,200円〔借方〕

〈差異分析図〉

(2) 直接労務費差異

賃率差異：(600円/時－610円/時)×2,980時 ＝(－)29,800円〔借方〕

時間差異：600円/時×(2,960時(＊)－2,980時)＝(－)12,000円〔借方〕

(＊) 標準直接作業時間

No.106：4時×500個×(100％－30％) ＝ 1,400時

No.206：3時×200個×2（ロット）×100％＝ 1,200時

No.306：2時×300個 × 60％＝ 360時

合 計 2,960時

〈差異分析図〉

(3) 製造間接費差異

予 算 差 異：200円/時×2,980時＋900,000円－1,481,000円＝(＋)15,000円〔貸方〕

能 率 差 異：500円/時×(2,960時－2,980時)＝(－)10,000円〔借方〕

操業度差異：300円/時×(2,980時－3,000時)＝(－) 6,000円〔借方〕

〈差異分析図〉

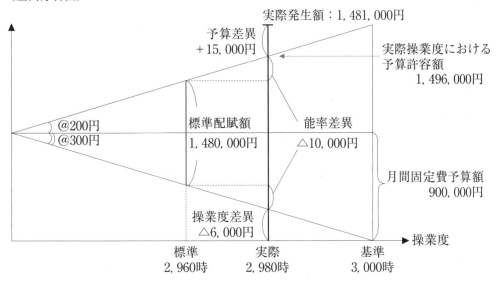

(B) 製造直接費の原価差異内訳表について

標準個別原価計算では，製造指図書別に標準原価が計算されるため，たとえば，製造直接費のように製造指図書別に実際発生額が把握できるものについては，製造指図書ごとに原価差異を計算することができる。

これらの差異は，原価財の投入時に把握できるため（＝インプット法），勘定記入方法としてシングル・プランと結びつくことが多い。

1．直接材料費差異の指図書別内訳

標準消費量を超える材料が出庫されたら（または，余った材料を倉庫に戻し入れたら），その超過分（または戻入分）が数量差異となる。

この超過消費量は，各製造指図書ごとに「超過材料庫出請求書」を発行して把握する。逆に，材料の使い残しが生じた場合には「材料戻入票」を発行する。

原価差異の製造指図書別の内訳は以下のとおりである。

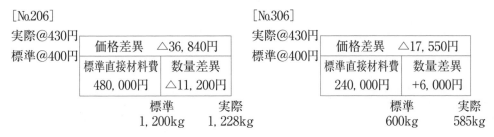

(注) No.106 は，前月に直接材料をすべて投入済みであり，当月において超過庫出も戻入れもないため原価差異は発生しない。

2．直接労務費差異の指図書別内訳

［No.106］

実際@610円
標準@600円

賃率差異	△14,230円	
標準直接労務費 840,000円	時間差異 △13,800円	

標準　　　　実際
1,400時　　1,423時

［No.206］

実際@610円
標準@600円

賃率差異	△11,820円	
標準直接労務費 720,000円	時間差異 +10,800円	

標準　　　　実際
1,200時　　1,182時

［No.306］

実際@610円
標準@600円

賃率差異	△3,750円	
標準直接労務費 216,000円	時間差異 △9,000円	

標準　　　　実際
360時　　　375時

MEMO

07 標準原価計算における仕損・減損
Theme

Check ここでは，標準原価計算において，仕損や減損が発生した場合について学習する。特に，原価標準の設定方法と正常仕損（減損）費の負担方法が重要である。

◼ 仕損や減損が発生する場合の標準原価計算

1. 標準原価計算と仕損・減損

　標準原価計算を行っている企業において，製品を製造するうえで経常的に仕損や減損が発生する場合には，原価計算上，それら通常発生する程度の仕損や減損を考慮に入れて原価標準を設定すべきであり，また，仕損や減損の発生に対する原価管理を行う必要がある。

　なお，仕損や減損は実際原価計算と同様に，その発生が正常か異常かによって原価計算上の処理が異なる。

> 正常仕損（減損）費 …… 正常仕損（減損）の発生点を通過した良品に負担させる。たとえば，
> 　　　　　　　　　　　　工程の終点で発生する場合，完成品のみに負担させることになる。
> 異常仕損（減損）費 …… 非原価項目として処理する。

2. 正常仕損（減損）量と異常仕損（減損）量の把握

　標準原価計算を行っている企業において仕損および減損は，正常仕損（減損）率を超えて発生しているかどうかによって正常仕損（減損）量と異常仕損（減損）量とを把握する。すなわち，正常仕損（減損）率を超えて発生した分が異常仕損（減損）となり，これに対応する異常仕損（減損）費は非原価項目として処理されるのである。

> 正常仕損（減損）量 ＝ 仕損（減損）の発生点を通過した良品×正常仕損（減損）率（＊）
>
> 　　　　　（＊）正常仕損（減損）率＝ $\dfrac{標準仕損（減損）量}{標準良品量}$
>
> 異常仕損（減損）量 ＝ 実際仕損（減損）量 － 正常仕損（減損）量

3. 仕損・減損が発生する場合の原価標準の設定

(1) 原価標準の設定方法

経常的に仕損や減損が発生する場合には，その正常仕損（減損）費を考慮に入れた原価標準を設定すべきであり，この場合の原価標準の設定方法には，次の2つの方法がある。

① 原価要素別標準消費量を正常仕損（減損）率の分だけ増やす方法（以下，第1法とよぶ）

② 仕損（減損）費を含まない単位あたりの正味標準製造原価に，正常仕損（減損）費を特別費として加算する方法（以下，第2法とよぶ）

たとえば，製品1個あたりの正味標準製造原価が次のとおりであり，良品に対して2％の正常仕損が工程の終点で発生する場合，原価標準は次のように示される。

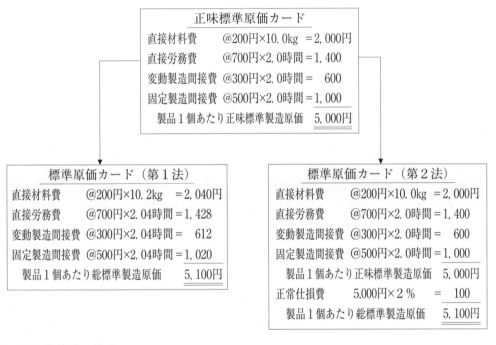

(2) 両原価標準の比較

第2法の正常仕損費を特別費として加算する方法によれば，正常仕損費を含めない原価標準と，正常仕損費を含めた原価標準とが区別されるので，正常仕損費を分離してその金額を明確に把握でき，かつそれを関係する良品へ適切に負担させることができる。

それに対して第1法の正常仕損費を分離しない方法によれば，正常仕損費は自動的に良品に負担させることになる。したがって，第1法の原価標準は度外視法に対応した原価標準，第2法の原価標準は非度外視法に対応した原価標準といえる。

設例 7-1

当社では，製品Aを量産し，全部標準総合原価計算を行っている。次の資料にもとづいて，正常仕損費を組み込んだ原価標準を2通りの方法で示しなさい。

（資　料）

1．製品Aの原価標準

直接材料費	標準単価 200円/kg×標準消費量 10.0kg/個	＝2,000円
直接労務費	標準賃率 700円/時×標準直接作業時間 2.0時間/個	＝1,400
変動製造間接費	標準配賦率 300円/時×標準直接作業時間 2.0時間/個＝	600
固定製造間接費	標準配賦率 500円/時×標準直接作業時間 2.0時間/個	＝1,000
合　計		5,000円

（注1）固定製造間接費の予算は2,150,000円（月額）である。

（注2）上記の原価標準には，仕損費は含まれていない。

2．正常仕損

　製品Aの生産には，工程の終点で正常仕損が発生する。正常仕損率は良品に対し2％である。なお，仕損品に売却価値はない。

【解答・解説】

〔第1法〕原価要素別標準消費量を正常仕損率の分だけ増やす方法

直接材料費	標準単価 200円/kg×標準消費量 10.2kg/個（＊1）	＝2,040円
直接労務費	標準賃率 700円/時×標準直接作業時間 2.04時間/個（＊2）	＝1,428
変動製造間接費	標準配賦率 300円/時×標準直接作業時間 2.04時間/個（＊2）＝	612
固定製造間接費	標準配賦率 500円/時×標準直接作業時間 2.04時間/個（＊2）＝	1,020
	製品A1個あたり総標準製造原価	5,100円

（＊1）正常仕損の余裕分を含んだ直接材料標準消費量：10.0kg/個×1.02 ＝ 10.2kg/個
（＊2）正常仕損の余裕分を含んだ標準直接作業時間：2.0時間/個×1.02 ＝ 2.04時間/個

〔第2法〕正常仕損費を含まない単位あたりの正味標準製造原価に，正常仕損費を特別費として加算する方法

直接材料費	標準単価 200円/kg×標準消費量 10kg/個	＝2,000円
直接労務費	標準賃率 700円/時×標準直接作業時間 2.0時間/個	＝1,400
変動製造間接費	標準配賦率 300円/時×標準直接作業時間 2.0時間/個＝	600
固定製造間接費	標準配賦率 500円/時×標準直接作業時間 2.0時間/個＝	1,000
	製品A1個あたり正味標準製造原価	5,000円
正常仕損費	5,000円/個（＊）×正常仕損率 2％ ＝	100
	製品A1個あたり総標準製造原価	5,100円

（＊）仕損発生点（終点）までの正味標準製造原価

4. 両原価標準における計算と勘定記入

(1) 第1法の原価標準による計算と勘定記入

　　第1法の原価標準では，原価要素別標準消費量の中に，あらかじめ正常仕損の余裕分が含まれているため，正常仕損費は分離して把握されない。したがって，正常仕損の発生点に応じた正常仕損費の負担計算を行うことは難しく，完成品原価のみならず，月初・月末仕掛品原価の中にも，自動的に正常仕損費が算入されることになる。

　　そのため，月初・月末仕掛品原価は，適切な負担計算を反映しない不正確な金額となってしまう。

① 完成品原価

　　正常仕損の余裕分を含んだ原価標準に完成品量を乗じることによって計算する。したがって，完成品原価には自動的に正常仕損費が算入される。

> 完成品原価＝(正常仕損費を含む)原価標準×完成品量
>
> 内訳 {
> 　直接材料費分：(正常仕損費を含む)製品1個あたりの標準直接材料費×完成品量
> 　直接労務費分：(正常仕損費を含む)製品1個あたりの標準直接労務費×完成品量
> 　製造間接費分：(正常仕損費を含む)製品1個あたりの標準製造間接費×完成品量

② 月末仕掛品原価

　　正常仕損の余裕分を含んだ原価標準に月末仕掛品数量（および換算量）を乗じることによって計算する。したがって，月末仕掛品原価には自動的に正常仕損費が算入される。

> 月末仕掛品原価＝(正常仕損費を含む)原価標準×月末仕掛品数量(および換算量)
>
> 内訳 {
> 　直接材料費分：(正常仕損費を含む)製品1個あたりの標準直接材料費×月末仕掛品数量
> 　直接労務費分：(正常仕損費を含む)製品1個あたりの標準直接労務費×月末仕掛品換算量
> 　製造間接費分：(正常仕損費を含む)製品1個あたりの標準製造間接費×月末仕掛品換算量
>
> (注)直接材料費についても，直接材料が加工に応じて平均的に投入される場合には，加工費の完成品換算量を用いて計算する。

　　なお，月初仕掛品原価は，前月において月末仕掛品原価であり，月末仕掛品原価と同様の計算方法となる。

③ 異常仕損費

　　異常仕損費（＝正常仕損率を超えて発生した仕損による損失）は非原価項目となる。しかしながら，第1法の原価標準を採用している場合，異常仕損分の標準原価を計算すると，その異常仕損品原価には良品が負担すべき正常仕損費が自動的に算入されてしまうため，異常仕損品原価を計算せず，標準原価差異に含めて把握する。

> 異常仕損費 …… 標準原価差異に含めて把握する

当社では，製品Aを量産し，パーシャル・プランの全部標準総合原価計算を行っている。次の資料にもとづき，(1)第1法により仕掛品勘定を完成しなさい。また，(2)第1法によって完成した仕掛品勘定における総差異を，①直接材料費価格差異，②直接材料費消費量差異，③直接労務費賃率差異，④直接労務費時間差異，⑤変動製造間接費予算差異（変動予算を使用した予算差異），⑥固定製造間接費予算差異，⑦製造間接費能率差異（変動費と固定費の能率差異合計），⑧操業度差異に分析しなさい。

（資　料）

1．製品Aの原価標準

直接材料費	標準単価 200円/kg×標準消費量 10.0kg/個	= 2,000円
直接労務費	標準賃率 700円/時×標準直接作業時間 2.0時間/個	= 1,400
変動製造間接費	標準配賦率 300円/時×標準直接作業時間 2.0時間/個	= 600
固定製造間接費	標準配賦率 500円/時×標準直接作業時間 2.0時間/個	= 1,000
合　計		5,000円

（注1）固定製造間接費の予算は2,150,000円（月額）である。

（注2）上記の原価標準には，仕損費は含まれていない。

2．正常仕損と異常仕損

製品Aの生産には，工程の終点で正常仕損が発生する。正常仕損率は良品に対し2％であり，それ以上発生した仕損は異常仕損である。正常仕損費は異常仕損品に負担させないものとする。正常仕損品および異常仕損品には，売却価値はない。

3．当月の製品A生産データ

月初仕掛品	500個	(0.3)
当月投入	1,950	
投入合計	2,450個	
差引：仕損品	50個	
月末仕掛品	400 (0.5)	450個
完成品	2,000個	

（注）直接材料は工程の始点で投入される。（　　）内は加工費の進捗度を示す。

仕損はすべて工程の終点で発生した。

4．当月の実際総製造費用

直接材料費 204円/kg×19,540kg ·································	3,986,160円
直接労務費 698円/時間×4,220時間 ····························	2,945,560
変動製造間接費 ··	1,299,000
固定製造間接費 ··	2,130,000
合　計	10,360,720円

5．原価標準の設定について

製品Aの原価標準の中に正常仕損費を組み込む方法としては，原価要素別標準消費量を補正する方法（この方法を第1法という）と，正味標準製造原価に正常仕損費を特別費として加算する方法（この方法を第2法という）がある。

【解　答】

(1) 第1法による仕掛品勘定の記入

<table>
<tr><td colspan="4">仕　掛　品</td><td>（単位：円）</td></tr>
<tr><td>月初仕掛品原価</td><td>1,479,000</td><td>完成品総合原価</td><td>10,200,000</td></tr>
<tr><td>当月実際製造費用</td><td></td><td>月末仕掛品原価</td><td>1,428,000</td></tr>
<tr><td>直接材料費</td><td>3,986,160</td><td>標準原価総差異</td><td>211,720</td></tr>
<tr><td>直接労務費</td><td>2,945,560</td><td></td><td></td></tr>
<tr><td>変動製造間接費</td><td>1,299,000</td><td></td><td></td></tr>
<tr><td>固定製造間接費</td><td>2,130,000</td><td></td><td></td></tr>
<tr><td>実際製造費用計</td><td>10,360,720</td><td></td><td></td></tr>
<tr><td>合　　計</td><td>11,839,720</td><td>合　　計</td><td>11,839,720</td></tr>
</table>

(2) 標準原価総差異の分析

総　差　異	211,720円	〔借方〕
①直接材料費価格差異	78,160円	〔借方〕
②直接材料費消費量差異	32,000円	〔借方〕
③直接労務費賃率差異	8,440円	〔貸方〕
④直接労務費時間差異	26,600円	〔借方〕
⑤変動製造間接費予算差異	33,000円	〔借方〕
⑥固定製造間接費予算差異	20,000円	〔貸方〕
⑦製造間接費能率差異	30,400円	〔借方〕
⑧操業度差異	40,000円	〔借方〕

【解　説】

1．正常仕損費を組み込んだ原価標準（第1法）

直接材料費	標準単価 200円/kg×標準消費量 10.2kg/個（＊1）	＝2,040円
直接労務費	標準賃率 700円/時×標準直接作業時間 2.04時間/個（＊2）	＝1,428
変動製造間接費	標準配賦率 300円/時×標準直接作業時間 2.04時間/個（＊2）＝	612
固定製造間接費	標準配賦率 500円/時×標準直接作業時間 2.04時間/個（＊2）＝	1,020
	製品A1個あたり総標準製造原価	5,100円

（＊1）正常仕損の余裕分を含んだ直接材料標準消費量：10.0kg/個×1.02＝10.2kg/個
（＊2）正常仕損の余裕分を含んだ標準直接作業時間：2.0時間/個×1.02＝2.04時間/個

2．当月の生産データの整理（生産データの（　　）内は，加工費の完成品換算量）

　　まず，正常仕損の余裕分が原価標準の原価要素別標準消費量の中に含まれているため，正常仕損量は生産データから除外（度外視）する。

　　次に，正常仕損費を負担しない異常仕損は計算できないため，異常仕損費は標準原価総差異に含めて把握する。そのため，異常仕損量も生産データから除外する。

仕　掛　品

月　初　　500個	完成品
（　150個）	2,000個
	（2,000個）
当月投入（差引）	
1,900個	
（2,050個）	月　末　　400個
	（　200個）

→ 当月標準消費量の計算
　直接材料消費量　1,900個×10.2kg/個＝19,380kg
　直接作業時間　2,050個×2.04時間/個＝4,182時間

3．仕掛品勘定の完成

　完成品総合原価：5,100円/個×2,000個＝10,200,000円

　月末仕掛品原価：

直接材料費；2,040円/個×400個	＝	816,000円
直接労務費；1,428円/個×200個	＝	285,600円
製造間接費；（612円/個＋1,020円/個）×200個	＝	326,400円
合　計		1,428,000円

　月初仕掛品原価：

直接材料費；2,040円/個×500個	＝	1,020,000円
直接労務費；1,428円/個×150個	＝	214,200円
製造間接費；（612円/個＋1,020円/個）×150個	＝	244,800円
合　計		1,479,000円

　パーシャル・プランであるため，仕掛品勘定借方は当月実際製造費用を記入する。

　標準原価総差異：仕掛品勘定の貸借差額で211,720円〔借方〕

4．標準原価総差異の分析

〈直接材料費差異〉

　①直接材料費価格差異：（200円/kg－204円/kg）×19,540kg＝(-)78,160円〔借方〕

　②直接材料費消費量差異：200円/kg×（19,380kg－19,540kg）＝(-)32,000円〔借方〕

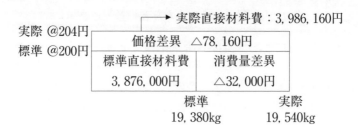

〈直接労務費差異〉

③直接労務費賃率差異：（700円/時間−698円/時間）×4,220時間＝(+)8,440円〔貸方〕

④直接労務費時間差異：700円/時間×（4,182時間−4,220時間）＝(−)26,600円〔借方〕

実際 @698円
標準 @700円

→ 実際直接労務費：2,945,560円

賃率差異　＋8,440円	
標準直接労務費	時間差異
2,927,400円	△26,600円

標準　　　　　実際
4,182時間　　4,220時間

〈製造間接費差異〉

⑤変動製造間接費予算差異：300円/時間×4,220時間−1,299,000円＝(−)33,000円〔借方〕

⑥固定製造間接費予算差異：2,150,000円−2,130,000円＝(+)20,000円〔貸方〕

⑦製造間接費能率差異：(300円/時間＋500円/時間)×（4,182時間−4,220時間)＝(−)30,400円〔借方〕

⑧操業度差異：500円/時間×（4,220時間−4,300時間)＝(−)40,000円〔借方〕

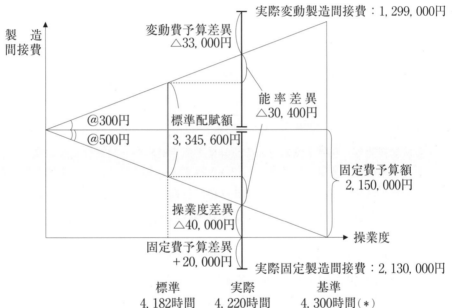

（＊）固定費予算額2,150,000円÷固定費率500円/時間＝4,300時間

⑵ **第2法の原価標準による計算と勘定記入**

　　第2法の原価標準では，正常仕損費を含まない正味原価標準と，それに加算する正常仕損費が区別されているため，正常仕損費を分離して把握することができる。したがって，正常仕損の発生点に応じた適切な正常仕損費の負担計算が行える。

① **完成品原価**

　　正常仕損費を負担する完成品原価は，正常仕損費を特別費として加算した原価標準に完成品量を乗じることによって計算する。

完成品原価 ＝ 原価標準(注) × 完成品量
(注) 正常仕損費を特別費として加算した後の原価標準

内訳
- 直接材料費分：製品1個あたりの正味標準直接材料費×完成品量
- 直接労務費分：製品1個あたりの正味標準直接労務費×完成品量
- 製造間接費分：製品1個あたりの正味標準製造間接費×完成品量
- 正常仕損費分：製品1個あたりの正常仕損費×完成品量

---

② **月末仕掛品原価（月末仕掛品が正常仕損の発生点を通過している場合）**

　　正常仕損費を負担する月末仕掛品原価は，正常仕損費を特別費として加算した原価標準に月末仕掛品数量（および換算量）を乗じることによって計算する。

月末仕掛品原価 ＝ 原価標準(注) × 月末仕掛品数量(および換算量)
(注) 正常仕損費を特別費として加算した後の原価標準

内訳
- 直接材料費分：製品1個あたりの正味標準直接材料費×月末仕掛品数量
- 直接労務費分：製品1個あたりの正味標準直接労務費×月末仕掛品換算量
- 製造間接費分：製品1個あたりの正味標準製造間接費×月末仕掛品換算量
- 正常仕損費分：製品1個あたりの正常仕損費×月末仕掛品数量

---

③ **月末仕掛品原価（月末仕掛品が正常仕損の発生点を通過していない場合）**

　　正常仕損費を負担しない月末仕掛品原価は，正常仕損費を特別費として加算する前の正味原価標準に月末仕掛品数量（および換算量）を乗じることによって計算する。

月末仕掛品原価 ＝ 正味原価標準(注) × 月末仕掛品数量(および換算量)
(注) 正常仕損費を特別費として加算する前の原価標準

内訳
- 直接材料費分：製品1個あたりの正味標準直接材料費×月末仕掛品数量
- 直接労務費分：製品1個あたりの正味標準直接労務費×月末仕掛品換算量
- 製造間接費分：製品1個あたりの正味標準製造間接費×月末仕掛品換算量

---

④ **異常仕損費**

　正常仕損費を負担しない異常仕損費は，正常仕損費を特別費として加算する前の正味原価標準に異常仕損品数量（および換算量）を乗じることによって計算する。

異常仕損費 ＝ 正味原価標準(注) × 異常仕損品数量（および換算量）
（注）正常仕損を特別費として加算する前の原価標準

内訳｛
　直接材料費分：製品1個あたりの正味標準直接材料費×異常仕損品数量
　直接労務費分：製品1個あたりの正味標準直接労務費×異常仕損品換算量
　製造間接費分：製品1個あたりの正味標準製造間接費×異常仕損品換算量

　当社では，製品Ａを量産し，パーシャル・プランの全部標準総合原価計算を行っている。次の資料にもとづき，(1)第２法により仕掛品勘定を完成しなさい。また，(2)第２法によって完成した仕掛品勘定における総差異を，①直接材料費価格差異，②直接材料費消費量差異，③直接労務費賃率差異，④直接労務費時間差異，⑤変動製造間接費予算差異（変動予算を使用した予算差異），⑥固定製造間接費予算差異，⑦製造間接費能率差異（変動費と固定費の能率差異合計），⑧操業度差異に分析しなさい。

（資　料）

1．製品Ａの原価標準

直接材料費	標準単価 200円/kg×標準消費量 10.0kg/個	＝2,000円
直接労務費	標準賃率 700円/時×標準直接作業時間 2.0時間/個	＝1,400
変動製造間接費	標準配賦率 300円/時×標準直接作業時間 2.0時間/個	＝ 600
固定製造間接費	標準配賦率 500円/時×標準直接作業時間 2.0時間/個	＝1,000
合　計		5,000円

（注1）固定製造間接費の予算は2,150,000円（月額）である。

（注2）上記の原価標準には，仕損費は含まれていない。

2．正常仕損と異常仕損

　　製品Ａの生産には，工程の終点で正常仕損が発生する。正常仕損率は良品に対し2％であり，それ以上発生した仕損は異常仕損である。正常仕損費は異常仕損品に負担させないものとする。正常仕損品および異常仕損品には，売却価値はない。

3．当月の製品Ａ生産データ

月初仕掛品		500個 (0.3)
当 月 投 入		1,950
投入合計		2,450個
差引：仕　損　品	50個	
月末仕掛品	400 (0.5)	450個
完　成　品		2,000個

　　（注）直接材料は工程の始点で投入される。（　）内は加工費の進捗度を示す。仕損はすべて工程の終点で発生した。

4．当月の実際総製造費用

直接材料費 204円/kg×19,540kg ・・・・・・・・・・・・・・・・・・・・・・・・・・・・・・	3,986,160円
直接労務費 698円/時間×4,220時間 ・・・・・・・・・・・・・・・・・・・・・・・・・・・	2,945,560
変動製造間接費 ・・・	1,299,000
固定製造間接費 ・・・	2,130,000
合　計	10,360,720円

5．原価標準の設定について

　　製品Ａの原価標準の中に正常仕損費を組み込む方法としては，原価要素別標準消費量を補正する方法（この方法を第１法という）と，正味標準製造原価に正常仕損費を特別費として加算する方法（この方法を第２法という）がある。

【解　答】

（1）第２法による仕掛品勘定の記入

仕　掛　品			（単位：円）
月初仕掛品原価	1,450,000	完成品総合原価	10,200,000
当月実際製造費用		異常仕損費	50,000
直接材料費	3,986,160	月末仕掛品原価	1,400,000
直接労務費	2,945,560	標準原価総差異	160,720
変動製造間接費	1,299,000		
固定製造間接費	2,130,000		
実際製造費用計	10,360,720		
合　計	11,810,720	合　計	11,810,720

（2）標準原価総差異の分析

総　差　異	160,720円	〔借方〕
①直接材料費価格差異	78,160円	〔借方〕
②直接材料費消費量差異	8,000円	〔借方〕
③直接労務費賃率差異	8,440円	〔貸方〕
④直接労務費時間差異	14,000円	〔借方〕
⑤変動製造間接費予算差異	33,000円	〔借方〕
⑥固定製造間接費予算差異	20,000円	〔貸方〕
⑦製造間接費能率差異	16,000円	〔借方〕
⑧操業度差異	40,000円	〔借方〕

【解　説】

１．正常仕損費を組み込んだ原価標準（第２法）

直接材料費	標準単価 200円/kg×標準消費量 10.0kg/個	= 2,000円
直接労務費	標準賃率 700円/時×標準直接作業時間 2.0時間/個	= 1,400
変動製造間接費	標準配賦率 300円/時×標準直接作業時間 2.0時間/個	600
固定製造間接費	標準配賦率 500円/時×標準直接作業時間 2.0時間/個	= 1,000
	製品Ａ１個あたり正味標準製造原価	5,000円
正常仕損費	5,000円/個×正常仕損率　2％	= 100
	製品Ａ１個あたり総標準製造原価	5,100円

２．正常仕損費の負担関係の把握

213

3．当月の生産データの整理（生産データの（　　　）内は，加工費の完成品換算量）

仕　掛　品

月 初 　500個	完成品
（　150個）	2,000個
当月投入（差引）	（2,000個）
1,950個	
（2,100個）	正常仕損　　40個
	（　　40個）
	異常仕損　　10個
	（　　10個）
	月 末 　400個
	（　200個）

完成品負担分
完成品量×2%

50個 － 40個
実際仕損　正常仕損

当月標準消費量の計算

直接材料消費量　1,950個×10.0kg/個＝19,500kg

直接作業時間　2,100個×2.0時間/個＝4,200時間

4．仕掛品勘定の完成

完成品総合原価：5,100円/個×2,000個＝10,200,000円

または次のように計算してもよい。

5,000円/個×2,000個＝10,000,000円〈完成品の正味標準製造原価〉

5,000円/個×　　40個＝　　200,000円〈完成品の負担する正常仕損費〉

合　計　10,200,000円

異 常 仕 損 費：5,000円/個×10個＝50,000円

月末仕掛品原価：

直接材料費；2,000円/個×400個　　　　　　＝　　800,000円

直接労務費；1,400円/個×200個　　　　　　＝　　280,000円

製造間接費；（600円/個＋1,000円/個）× 200個＝　　320,000円

合　計　1,400,000円

月初仕掛品原価：

直接材料費；2,000円/個× 500個　　　　　　＝1,000,000円

直接労務費；1,400円/個× 150個　　　　　　＝　　210,000円

製造間接費；（600円/個＋ 1,000円/個）×150個＝　　240,000円

合　計　1,450,000円

パーシャル・プランであるため，仕掛品勘定借方は当月実際製造費用を記入する。

標準原価総差異：仕掛品勘定の貸借差額で160,720円〔借方〕

5．標準原価総差異の分析

〈直接材料費差異〉

①直接材料費価格差異：（200円/kg－204円/kg）×19,540kg＝(−)78,160円〔借方〕

②直接材料費消費量差異：200円/kg×（19,500kg－19,540kg）＝(−)8,000円〔借方〕

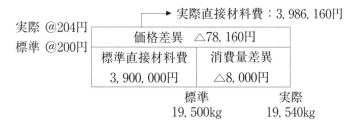

〈直接労務費差異〉

③直接労務費賃率差異：(700円/時間−698円/時間)×4,220時間＝(+)8,440円〔貸方〕

④直接労務費時間差異：700円/時間×(4,200時間−4,220時間)＝(−)14,000円〔借方〕

〈製造間接費差異〉

⑤変動製造間接費予算差異：300円/時間×4,220時間−1,299,000円＝(−)33,000円〔借方〕

⑥固定製造間接費予算差異：2,150,000円−2,130,000円＝(+)20,000円〔貸方〕

⑦製造間接費能率差異：(300円/時間＋500円/時間)×(4,200時間−4,220時間)＝(−)16,000円〔借方〕

⑧操業度差異：500円/時間×(4,220時間−4,300時間)＝(−)40,000円〔借方〕

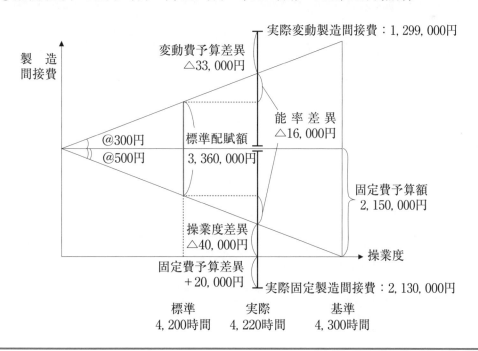

⑶　仕損品に評価額がある場合

　　仕損品に評価額がある場合，仕損の発生点を通過した良品が負担すべき正常仕損費は，次のように示される。

> 正常仕損費＝（正常仕損品1単位の原価－仕損品1単位の評価額）×良品に対する正常仕損率

　　そこで，原価標準の設定にあたっても，評価額を考慮した正常仕損費を計上しなければならない。たとえば，良品に対して2％の正常仕損が工程の終点で発生し，仕損品の評価額が1個あたり500円である場合，第2法の原価標準は次のように示される。

	標準原価カード（第2法）	
直接材料費	@200円×10.0kg	＝2,000円
直接労務費	@700円×2.0時間	＝1,400
変動製造間接費	@300円×2.0時間	＝　600
固定製造間接費	@500円×2.0時間	＝1,000
製品1個あたり正味標準製造原価		5,000円
正常仕損費	（5,000円－500円）×2％＝	90
製品1個あたり総標準製造原価		5,090円

　　なお，異常仕損品にも評価額がある場合の異常仕損費の計算には注意が必要である。

　　正常仕損費を負担しない異常仕損費は，正常仕損費を特別費として加算する前の正味原価標準に異常仕損品数量（および換算量）を乗じ，そこから異常仕損品の評価額を控除することによって計算する。

> 異常仕損費＝正味原価標準×異常仕損品数量（および換算量）－異常仕損品評価額

　当社では，製品Aを量産し，パーシャル・プランの全部標準総合原価計算を行っている。次の資料にもとづき，(1)第2法により仕掛品勘定を完成しなさい。また，(2)第2法によって完成した仕掛品勘定における総差異を，①直接材料費価格差異，②直接材料費消費量差異，③直接労務費賃率差異，④直接労務費時間差異，⑤変動製造間接費予算差異（変動予算を使用した予算差異），⑥固定製造間接費予算差異，⑦製造間接費能率差異（変動費と固定費の能率差異合計），⑧操業度差異に分析しなさい。

（資　料）

１．製品Aの原価標準

直接材料費	標準単価 200円/kg×標準消費量 10.0kg/個	＝2,000円
直接労務費	標準賃率 700円/時×標準直接作業時間 2.0時間/個	＝1,400
変動製造間接費	標準配賦率 300円/時×標準直接作業時間 2.0時間/個	＝ 600
固定製造間接費	標準配賦率 500円/時×標準直接作業時間 2.0時間/個	＝1,000
合　計		5,000円

　　（注１）固定製造間接費の予算は 2,150,000円（月額）である。

　　（注２）上記の原価標準には，仕損費は含まれていない。

２．正常仕損と異常仕損

　　製品Aの生産には，工程の終点で正常仕損が発生する。正常仕損率は良品に対し2％であり，それ以上発生した仕損は異常仕損である。正常仕損費は異常仕損品に負担させないものとする。正常仕損品および異常仕損品には，1個あたり500円の売却処分価値がある。

３．当月の製品A生産データ

月初仕掛品		500個	(0.3)
当月投入		1,950	
投入合計		2,450個	
差引：仕損品	50個		
月末仕掛品	400 (0.5)	450個	
完成品		2,000個	

　　（注）直接材料は工程の始点で投入される。（　　）内は加工費の進捗度を示す。

　　　　仕損はすべて工程の終点で発生した。

４．当月の実際総製造費用

直接材料費 204円/kg× 19,540kg ･････････････････････････	3,986,160円
直接労務費 698円/時間× 4,220時間 ･･･････････････････････	2,945,560
変動製造間接費 ･･･	1,299,000
固定製造間接費 ･･･	2,130,000
合　計	10,360,720円

５．原価標準の設定について

　　製品Aの原価標準の中に正常仕損費を組み込む方法としては，原価要素別標準消費量を補正する方法（この方法を第1法という）と，正味標準製造原価に正常仕損費を

特別費として加算する方法（この方法を第2法という）がある。

【解　答】

(1) 第2法による仕掛品勘定の記入

仕　掛　品			（単位：円）
月初仕掛品原価	1,450,000	完成品総合原価	10,180,000
当月実際製造費用		仕損品評価額	25,000
直接材料費	3,986,160	異常仕損費	45,000
直接労務費	2,945,560	月末仕掛品原価	1,400,000
変動製造間接費	1,299,000	標準原価総差異	160,720
固定製造間接費	2,130,000		
実際製造費用計	10,360,720		
合　　計	11,810,720	合　　計	11,810,720

(2) 標準原価総差異の分析

総　差　異	160,720円	〔借方〕
①直接材料費価格差異	78,160円	〔借方〕
②直接材料費消費量差異	8,000円	〔借方〕
③直接労務費賃率差異	8,440円	〔貸方〕
④直接労務費時間差異	14,000円	〔借方〕
⑤変動製造間接費予算差異	33,000円	〔借方〕
⑥固定製造間接費予算差異	20,000円	〔貸方〕
⑦製造間接費能率差異	16,000円	〔借方〕
⑧操業度差異	40,000円	〔借方〕

【解　説】

1．正常仕損費を組み込んだ原価標準（第2法）

直接材料費	標準単価 200円/kg×標準消費量 10.0kg/個	= 2,000円
直接労務費	標準賃率 700円/時×標準直接作業時間 2.0時間/個	= 1,400
変動製造間接費	標準配賦率 300円/時×標準直接作業時間 2.0時間/個 =	600
固定製造間接費	標準配賦率 500円/時×標準直接作業時間 2.0時間/個 =	1,000
	製品A1個あたり正味標準製造原価	5,000円
正常仕損費	(5,000円/個−500円/個)(＊)×正常仕損率2％ =	90
	製品A1個あたり総標準製造原価	5,090円

（＊）（終点発生の）仕損品原価5,000円/個−仕損品評価額500円/個

2．正常仕損費の負担関係の把握

3．当月の生産データの整理（生産データの（　　）内は，加工費の完成品換算量）

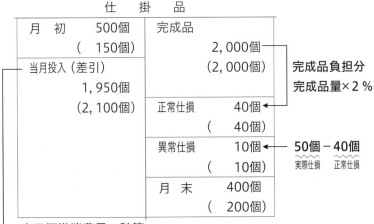

仕　掛　品

月　初　　500個	完成品		
（　150個）		2,000個	完成品負担分
当月投入（差引）		（2,000個）	完成品量×2%
1,950個			
（2,100個）	正常仕損　　40個		
	（　40個）		
	異常仕損　　10個	50個－40個
	（　10個）	実際仕損　　正常仕損
	月　末　　400個		
	（　200個）		

当月標準消費量の計算
　　直接材料消費量　1,950個×10.0kg/個＝19,500kg
　　直 接 作 業 時 間　2,100個×2.0時間/個＝4,200時間

4．仕掛品勘定の完成

完成品総合原価：5,090円/個×2,000個＝10,180,000円

　　　　　　　　　　またはつぎのように計算してもよい。

　　　　　　　　5,000円/個×2,000個　　　　　　　　＝10,000,000円〈完成品の正味標準製造原価〉

　　　　　　　　（5,000円/個－500円/個）×40個＝　　180,000円〈完成品の負担する正常仕損費〉

　　　　　　　　　　　　　　合　計　　10,180,000円

仕 損 品 評 価 額：500円/個×（40個＋10個）＝25,000円

異 常 仕 損 費：（5,000円/個－500円/個）×10個＝45,000円

月末仕掛品原価：

　直接材料費；2,000円/個×400個　　　　　　　＝　　800,000円

　直接労務費；1,400円/個×200個　　　　　　　＝　　280,000円

　製造間接費；（600円/個＋1,000円/個）×200個＝　　320,000円

　　合　計　　　　　　　　　　　　　　　　　　　1,400,000円

月初仕掛品原価：

　直接材料費；2,000円/個×500個　　　　　　　＝1,000,000円

　直接労務費；1,400円/個×150個　　　　　　　＝　　210,000円

　製造間接費；（600円/個＋1,000円/個）×150個＝　　240,000円

　　合　計　　　　　　　　　　　　　　　　　　　1,450,000円

パーシャル・プランであるため，仕掛品勘定借方は当月実際製造費用を記入する。

標準原価総差異：仕掛品勘定の貸借差額で160,720円〔借方〕

5．標準原価総差異の分析

　　〔設例7－3〕とまったく同様の計算のため，〔設例7－3〕を参照のこと。

研究 仕損差異（減損差異）について

標準原価計算においては，異常仕損費を分離せず，原価要素ごとに消費量差異（能率差異）の分析に含めて計算することがあり，その差異を仕損差異とよぶ。具体的には，仕損差異は標準（正常）仕損量と実際仕損量の差を標準価格で評価した金額であり，次のように計算される。

〈直接材料費の仕損差異〉

標準価格×（標準仕損にもとづく標準材料消費量－実際仕損にもとづく標準材料消費量）

〈直接労務費の仕損差異〉

標準賃率×（標準仕損にもとづく標準直接作業時間－実際仕損にもとづく標準直接作業時間）

〈製造間接費の仕損差異〉

標準配賦率×（標準仕損にもとづく標準操業度－実際仕損にもとづく標準操業度）

仕損差異を組み込んだ場合の差異分析図は次のようになる。

〈直接材料費差異〉

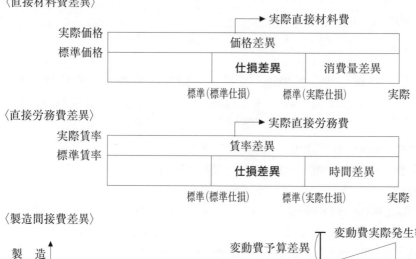

〈製造間接費差異〉

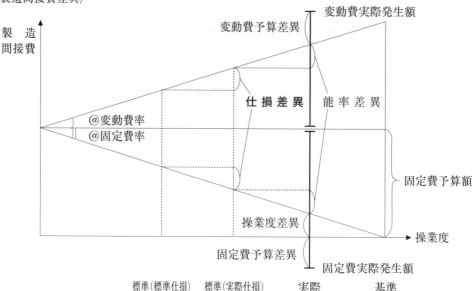

220

前述の［設例7－3］の数値を用いて，異常仕損費を原価要素ごとの仕損差異として把握する場合の計算は以下のようになる。

1．仕掛品勘定の記入

異常仕損費は，標準（正常）仕損量を前提とするため，仕掛品勘定において分離されず，標準原価総差異に含めて表示される。

仕 掛 品		(単位：円)	
月初仕掛品原価	1,450,000	完成品総合原価	10,200,000
当月実際製造費用		月末仕掛品原価	1,400,000
直 接 材 料 費	3,986,160	標準原価総差異	210,720
直 接 労 務 費	2,945,560		
変動製造間接費	1,299,000		
固定製造間接費	2,130,000		
実際製造費用計	10,360,720		
合 計	11,810,720	合 計	11,810,720

2．当月の生産データの整理（生産データの（　　　）内は，加工費の完成品換算量）

仕 掛 品（標準仕損）			仕 掛 品（実際仕損）		
月 初　500個	完成品		月 初　500個	完成品	
（　150個）	2,000個		（　150個）	2,000個	
	（2,000個）			（2,000個）	
当月投入（差引）			当月投入		
1,940個	正常仕損　40個		1,950個	正常仕損　40個	
（2,090個）	（　40個）		（2,100個）	（　40個）	
	月 末　400個			異常仕損　10個	
	（　200個）			（　10個）	
				月 末　400個	
				（　200個）	

異常を除外

→当月標準消費量の計算

1,940個×10.0kg/個＝19,400kg

2,090個×2.0時間/個＝4,180時間

→当月標準消費量の計算

1,950個×10.0kg/個＝19,500kg

2,100個×2.0時間/個＝4,200時間

3．標準原価総差異の分析

〈直接材料費差異〉

直接材料費価格差異：(200円/kg － 204円/kg) × 19,540kg ＝ (−)78,160円〔借方〕

直接材料費消費量差異：200円/kg × (19,500kg − 19,540kg) ＝ (−)8,000円〔借方〕

直接材料費仕損差異：200円/kg × (19,400kg − 19,500kg) ＝ (−)20,000円〔借方〕

	→ 実際直接材料費：3,986,160円		
実際　@204円	価格差異　△78,160円		
標準　@200円			
		仕損差異	消費量差異
		△20,000円	△8,000円
	標準(標準仕損)	標準(実際仕損)	実際
	19,400kg	19,500kg	19,540kg

〈直接労務費差異〉

直接労務費賃率差異：（700円/時間 − 698円/時間）× 4,220時間 ＝（+）8,440円〔貸方〕

直接労務費時間差異：700円/時間 ×（4,200時間 − 4,220時間）＝（−）14,000円〔借方〕

直接労務費仕損差異：700円/時間 ×（4,180時間 − 4,200時間）＝（−）14,000円〔借方〕

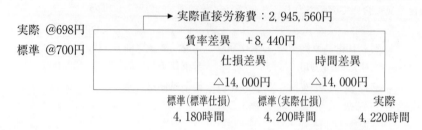

〈製造間接費差異〉

変動製造間接費予算差異：300円/時間 × 4,220時間 − 1,299,000円 ＝（−）33,000円〔借方〕

固定製造間接費予算差異：2,150,000円 − 2,130,000円 ＝（+）20,000円〔貸方〕

製造間接費能率差異：（300円/時間 + 500円/時間）×（4,200時間 − 4,220時間）＝（−）16,000円〔借方〕

操業度差異：500円/時間 ×（4,220時間 − 4,300時間）＝（−）40,000円〔借方〕

製造間接費仕損差異：（300円/時間 + 500円/時間）×（4,180時間 − 4,200時間）＝（−）16,000円〔借方〕

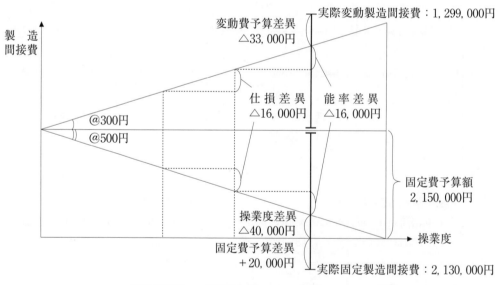

4．仕損差異合計（＝異常仕損費）

直接材料費仕損差異：200円/kg ×（19,400kg − 19,500kg）　　　　　　＝（−）20,000円〔借方〕

直接労務費仕損差異：700円/時間 ×（4,180時間 − 4,200時間）　　　　＝（−）14,000円〔借方〕

製造間接費仕損差異：（300円/時間 + 500円/時間）×（4,180時間 − 4,200時間）＝（−）16,000円〔借方〕

仕損差異合計（＝異常仕損費）　（−）50,000円〔借方〕

研究　仕損関連の差異と仕損無関連の差異

　仕損量を分離把握せず標準原価計算を行うと，仕損費に相当する額が標準原価差異に混入することになる。

　以下の設例で確認する。

■設　例

　当社では，製品Ａを量産し，パーシャル・プランの全部標準原価計算を行っている。次の資料にもとづいて，下記の各問に答えなさい。なお，製造間接費の能率差異については，変動費と固定費の両方から算出する方法によるものとする。

（資　料）

1．製品Ａの原価標準

　　　　直接材料費：標準単価200円/kg×標準消費量10.0kg/個　　　　＝　2,000円
　　　　直接労務費：標準賃率700円/時間×標準直接作業時間2.0時間/個　＝　1,400円
　　　　製造間接費：標準配賦率800円/時間×標準直接作業時間2.0時間/個　＝　1,600円
　　　　　合　計　　　　　　　　　　　　　　　　　　　　　　　　　　　　　5,000円

　　（注）月間の固定製造間接費予算は2,150,000円であり，正常直接作業時間（基準操業度）は4,300時間である。

2．当月の製品Ａ生産データ

　　　　月初仕掛品　　　　500個（0.3）
　　　　当 月 投 入　　 1,900個
　　　　　投入合計　　　 2,400個
　　　　月末仕掛品　　　　400個（0.5）
　　　　完 成 品　　　 2,000個

　　（注）直接材料は，工程の始点ですべて投入される。（　　）内の数値は，加工費の進捗度を示す。

3．当月の実際総製造費用

　　　　直接材料費：204円/kg×19,540kg ……………… 3,986,160円
　　　　直接労務費：698円/時間×4,220時間 …………… 2,945,560円
　　　　製造間接費：…………………………………………… 3,429,000円
　　　　　合　計　　　　　　　　　　　　　　　　　　　 10,360,720円

〔問1〕上記のデータにもとづいて，仕掛品勘定を完成しなさい。また，総差異を分析しなさい。

〔問2〕工程の終点で正常仕損が発生するものとする。正常仕損率は良品に対し2％であり，その正常仕損費は適切に良品の原価に算入し，総差異に現われないようにしたい。以上のことを考慮し，仕掛品勘定を完成するとともに，そのときの総差異の中に含まれる直接材料費消費量差異，直接労務費時間差異および製造間接費能率差異はいくらか求めなさい。仕損品に売却価値はない（問3も同様）。

〔問3〕〔問2〕の差異分析を行ったあと，工程の終点で仕損が50個発生していることが判明した。正常仕損率は良品に対し2％であり，それ以上発生した仕損は異常仕損である。正常仕損費は

異常仕損品に負担させないものとする。なお，〔問2〕で計算した総差異には異常仕損費が含まれることになるため，これを計算し，総差異から切り離して計上することにする。以上のことを考慮し，仕掛品勘定を完成するとともに，そのときの総差異の中に含まれる直接材料費消費量差異，直接労務費時間差異および製造間接費能率差異はいくらか求めなさい。

〔問4〕各問の条件を考慮すると，〔問1〕の直接材料費消費量差異，直接労務費時間差異および製造間接費能率差異の中には，「正常仕損費に相当する差異」および「異常仕損費に相当する差異（仕損差異）」が含まれていることになる。そこで，〔問1〕の直接材料費消費量差異について，「正常仕損費に相当する差異」および「異常仕損費に相当する差異（仕損差異）」がいくら含まれているかを求めなさい。

【解　答】

〔問1〕

仕　　掛　　品			（単位：円）
月初仕掛品原価	1,450,000	完成品総合原価	10,000,000
当月実際製造費用		月末仕掛品原価	1,400,000
直接材料費	3,986,160	標準原価総差異	410,720
直接労務費	2,945,560		
製造間接費	3,429,000		
実際製造費用計	10,360,720		
	11,810,720		11,810,720

差異分析表

直接材料費	価格差異＝	78,160円〔借方〕	消費量差異＝	108,000円〔借方〕
直接労務費	賃率差異＝	8,440円〔貸方〕	時間差異＝	84,000円〔借方〕
製造間接費	予算差異＝	13,000円〔借方〕	能率差異＝	96,000円〔借方〕
	操業度差異＝	40,000円〔借方〕		

（注）〔　〕には，借方差異であれば「借方」，貸方差異であれば「貸方」と記入しなさい（以下の問も同様）。

〔問2〕

仕　　掛　　品			（単位：円）
月初仕掛品原価	1,450,000	完成品総合原価	10,200,000
当月実際製造費用		月末仕掛品原価	1,400,000
直接材料費	3,986,160	標準原価総差異	210,720
直接労務費	2,945,560		
製造間接費	3,429,000		
実際製造費用計	10,360,720		
	11,810,720		11,810,720

差異分析表

直接材料費消費量差異	28,000円〔借方〕	直接労務費時間差異	28,000円〔借方〕
製造間接費能率差異	32,000円〔借方〕		

〔問3〕

仕　　　掛　　　品			(単位：円)
月 初 仕 掛 品 原 価	1,450,000	完 成 品 総 合 原 価	10,200,000
当月実際製造費用		異 常 仕 損 費	50,000
直 接 材 料 費	3,986,160	月 末 仕 掛 品 原 価	1,400,000
直 接 労 務 費	2,945,560	標 準 原 価 総 差 異	160,720
製 造 間 接 費	3,429,000		
実 際 製 造 費 用 計	10,360,720		
	11,810,720		11,810,720

差異分析表

直接材料費消費量差異	8,000円〔借方〕	直接労務費時間差異	14,000円〔借方〕
製造間接費能率差異	16,000円〔借方〕		

〔問4〕

正常仕損費に相当する差異	80,000円〔借方〕	異常仕損費に相当する差異	20,000円〔借方〕

【解　説】

〔問1〕

1．当月の生産データの整理（生産データの（　　）内は，加工費の完成品換算量）

仕 掛 品

月　初　500個	完成品
（150個）	2,000個
当月投入	（2,000個）
1,900個	月　末　400個
（2,050個）	（200個）

当月標準消費量の計算

　直接材料消費量　　1,900個×10.0kg/個＝19,000kg

　直 接 作 業 時 間　　2,050個×2.0時間/個＝4,100時間

2．仕掛品勘定の完成

完成品総合原価：5,000円/個×2,000個＝10,000,000円

月末仕掛品原価：

直接材料費；2,000円/個×400個＝　　800,000円

直接労務費；1,400円/個×200個＝　　280,000円

製造間接費；1,600円/個×200個＝　　320,000円

合　計　1,400,000円

月初仕掛品原価：

直接材料費；2,000円/個×500個＝1,000,000円

直接労務費；1,400円/個×150個＝　　210,000円

製造間接費；1,600円/個×150個＝　　240,000円

合　計　1,450,000円

パーシャル・プランであるため，仕掛品勘定借方は当月実際製造費用を記入する。

標準原価総差異：仕掛品勘定の貸借差額で410,720円〔借方〕

3．標準原価総差異の分析

〈直接材料費差異〉

直接材料費価格差異：（200円/kg－204円/kg）×19,540kg＝(－)78,160円〔借方〕

直接材料費消費量差異：200円/kg×(19,000kg－19,540kg)＝(－)108,000円〔借方〕

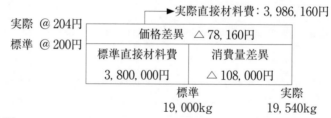

〈直接労務費差異〉

直接労務費賃率差異：（700円/時間－698円/時間）×4,220時間＝(＋)8,440円〔貸方〕

直接労務費時間差異：700円/時間×(4,100時間－4,220時間)＝(－)84,000円〔借方〕

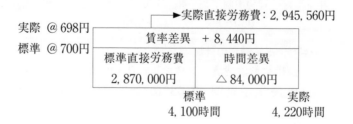

〈製造間接費差異〉

予　算　差　異：3,416,000円（＊1）－3,429,000円＝(-)13,000円〔借方〕

能　率　差　異：800円/時間×(4,100時間－4,220時間)＝(-)96,000円〔借方〕

操　業　度　差　異：500円/時間（＊2）×(4,220時間－4,300時間)＝(-)40,000円〔借方〕

（＊1）実際操業度における予算許容額：300円/時間（＊3）×4,220時間＋2,150,000円＝3,416,000円
（＊2）固定費率：2,150,000円〈月間固定製造間接費予算〉÷4,300時間〈基準操業度〉＝500円/時間
（＊3）変動費率：800円/時間－500円/時間＝300円/時間

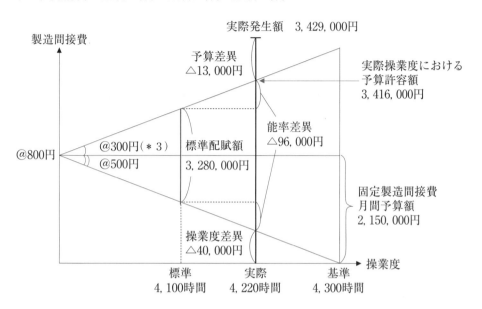

〔問2〕

1．正常仕損費を組み込んだ原価標準（第2法）

「正常仕損費は適切に良品の原価に算入」とあることから，いわゆる第2法（仕損費を含まない単位あたりの正味標準原価に正常仕損費を特別費として加算する方法）により原価標準を設定することになる。

直接材料費	標準単価200円/kg×標準消費量10.0kg/個	= 2,000円
直接労務費	標準賃率700円/時間×標準直接作業時間2.0時間/個	= 1,400
製造間接費	標準配賦率800円/時間×標準直接作業時間2.0時間/個	= 1,600
	製品A1個あたり正味標準製造原価	5,000円
正常仕損費	5,000円/個×正常仕損率2%	= 100
	製品A1個あたり総標準製造原価	5,100円

2．当月の生産データの整理（生産データの（　　）内は，加工費の完成品換算量）

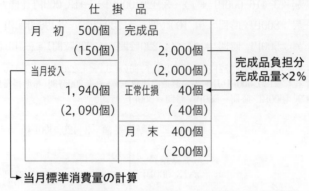

仕　掛　品

月　初　500個	完成品
(150個)	2,000個
	(2,000個)
当月投入	正常仕損　40個
1,940個	(40個)
(2,090個)	月　末　400個
	(200個)

完成品負担分
完成品量×2％

当月標準消費量の計算

直接材料消費量　1,940個×10.0kg/個＝19,400kg

直接作業時間　2,090個×2.0時間/個＝4,180時間

3．仕掛品勘定の完成

完成品総合原価：5,100円/個×2,000個＝10,200,000円

または次のように計算してもよい。

5,000円/個×2,000個＝10,000,000円〈完成品の正味標準製造原価〉

5,000円/個×　40個＝　　200,000円〈完成品の負担する正常仕損費〉

合　計　10,200,000円

月末仕掛品原価：

直接材料費；2,000円/個×400個＝　800,000円

直接労務費；1,400円/個×200個＝　280,000円

製造間接費；1,600円/個×200個＝　320,000円

合　計　1,400,000円

月初仕掛品原価：

直接材料費；2,000円/個×500個＝1,000,000円

直接労務費；1,400円/個×150個＝　210,000円

製造間接費；1,600円/個×150個＝　240,000円

合　計　1,450,000円

パーシャル・プランであるため，仕掛品勘定借方は当月実際製造費用を記入する。

標準原価総差異：仕掛品勘定の貸借差額で210,720円〔借方〕

4．標準原価総差異の分析

〈直接材料費差異〉

直接材料費価格差異：（200円／kg－204円／kg）×19,540kg＝(−)78,160円〔借方〕

直接材料費消費量差異：200円／kg×（19,400kg－19,540kg）＝(−)28,000円〔借方〕

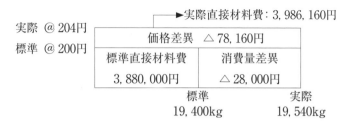

実際 @ 204円
標準 @ 200円

	▶実際直接材料費：3,986,160円
価格差異　△78,160円	
標準直接材料費 3,880,000円	消費量差異 △28,000円
標準 19,400kg	実際 19,540kg

〈直接労務費差異〉

直接労務費賃率差異：（700円／時間－698円／時間）×4,220時間＝(+)8,440円〔貸方〕

直接労務費時間差異：700円／時間×（4,180時間－4,220時間）＝(−)28,000円〔借方〕

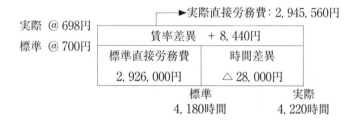

実際 @ 698円
標準 @ 700円

	▶実際直接労務費：2,945,560円
賃率差異　＋8,440円	
標準直接労務費 2,926,000円	時間差異 △28,000円
標準 4,180時間	実際 4,220時間

〈製造間接費差異〉

予　算　差　異：3,416,000円（＊）－3,429,000円＝(−)13,000円〔借方〕

能　率　差　異：800円／時間×（4,180時間－4,220時間）＝(−)32,000円〔借方〕

操　業　度　差　異：500円／時間×（4,220時間－4,300時間）＝(−)40,000円〔借方〕

（＊）実際操業度における予算許容額：300円／時間×4,220時間＋2,150,000円＝3,416,000円

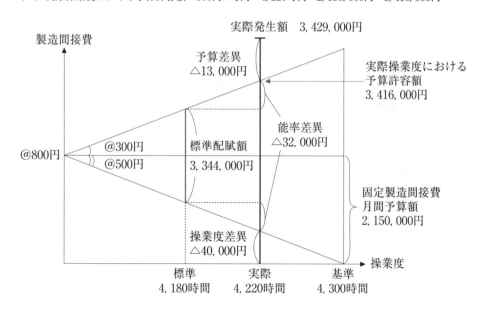

〔問3〕
1．当月の生産データの整理（生産データの（　　）内は，加工費の完成品換算量）

仕　掛　品

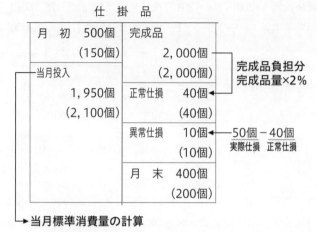

当月標準消費量の計算

直接材料消費量　1,950個×10.0kg/個＝19,500kg
直接作業時間　2,100個×2.0時間/個＝4,200時間

2．仕掛品勘定の完成

完成品総合原価：5,100円/個×2,000個＝10,200,000円

　　　　　　　　または次のように計算してもよい。

　　　　　　　　5,000円/個×2,000個＝10,000,000円〈完成品の正味標準製造原価〉

　　　　　　　　5,000円/個×　　40個＝　　200,000円〈完成品の負担する正常仕損費〉

　　　　　　　　　　　　合　計　10,200,000円

異常仕損費：5,000円/個×10個＝50,000円

月末仕掛品原価：

　直接材料費；2,000円/個×400個＝　800,000円
　直接労務費；1,400円/個×200個＝　280,000円
　製造間接費；1,600円/個×200個＝　320,000円
　　　　　合　計　1,400,000円

月初仕掛品原価：

　直接材料費；2,000円/個×500個＝1,000,000円
　直接労務費；1,400円/個×150個＝　210,000円
　製造間接費；1,600円/個×150個＝　240,000円
　　　　　合　計　1,450,000円

パーシャル・プランであるため，仕掛品勘定借方は当月実際製造費用を記入する。

標準原価総差異：仕掛品勘定の貸借差額で160,720円〔借方〕

3．標準原価総差異の分析

〈直接材料費差異〉

直接材料費価格差異：（200円/kg − 204円/kg）× 19,540kg = (−)78,160円〔借方〕

直接材料費消費量差異：200円/kg ×（19,500kg − 19,540kg）= (−)8,000円〔借方〕

〈直接労務費差異〉

直接労務費賃率差異：（700円/時間 − 698円/時間）× 4,220時間 = (+)8,440円〔貸方〕

直接労務費時間差異：700円/時間 ×（4,200時間 − 4,220時間）= (−)14,000円〔借方〕

〈製造間接費差異〉

予　算　差　異：3,416,000円（＊）− 3,429,000円 = (−)13,000円〔借方〕

能　率　差　異：800円/時間 ×（4,200時間 − 4,220時間）= (−)16,000円〔借方〕

操　業　度　差　異：500円/時間 ×（4,220時間 − 4,300時間）= (−)40,000円〔借方〕

（＊）実際操業度における予算許容額：300円/時間 × 4,220時間 + 2,150,000円 = 3,416,000円

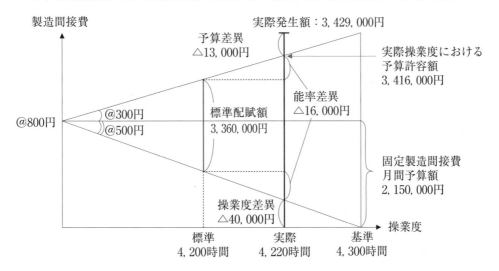

〔問4〕

　各問で使用した生産データおよび直接材料費の差異分析図を示すと以下のようになる。〔問1〕で求めた直接材料費消費量差異の中には、「正常仕損費に相当する差異」および「異常仕損費に相当する差異（仕損差異）」が含まれている。

1．各問で使用した生産データ（直接材料費）

（注）生産データの（　　）内は標準消費量を表す。

2．直接材料費の差異分析図

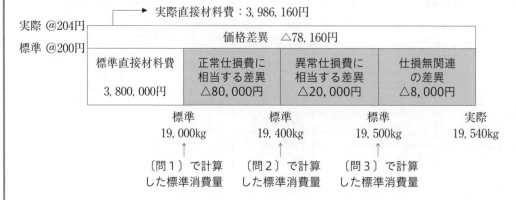

正常仕損費に相当する差異：200円/kg×（19,000kg－19,400kg）＝（－）80,000円〔借方〕
異常仕損費に相当する差異：200円/kg×（19,400kg－19,500kg）＝（－）20,000円〔借方〕
仕損無関連の差異：200円/kg×（19,500kg－19,540kg）＝（－）　8,000円〔借方〕
　　　　合　計　　　　　　　　　　　　　　　　　　　　　　　（－）108,000円〔借方〕

〔問1〕の直接材料費消費量差異（－）108,000円と一致

〈参　考〉

　直接材料費消費量差異と同様に，直接労務費時間差異と製造間接費能率差異の中にも「正常仕損費に相当する差異」および「異常仕損費に相当する差異（仕損差異）」が含まれている。各問で使用した生産データと，直接労務費の差異分析図および製造間接費の差異分析図を示すと以下のようになる。

　なお，異常仕損費に相当する差異（仕損差異）の合計は，〔問3〕における異常仕損費の金額と一致することを最後に示しておく。

1．各問で使用した生産データ（加工費）

〔問1〕の生産データ
仕掛品―加工費

| 月　初 150個 | 完成品 2,000個 |
| 当月投入 2,050個 (4,100時) | 月　末 200個 |

実際直接作業時間 4,220時間

正常仕損80時間分（40個分）

〔問2〕の生産データ
仕掛品―加工費

月　初 150個	完成品 2,000個
当月投入 2,090個 (4,180時)	正常仕損 40個
	月　末 200個

異常仕損20時間分（10個分）

〔問3〕の生産データ
仕掛品―加工費

月　初 150個	完成品 2,000個
当月投入 2,100個 (4,200時)	正常仕損 40個
	異常仕損 10個
	月　末 200個

仕損無関連20時間分

（注）生産データの（　）内は標準直接作業時間を表す。

2．直接労務費の差異分析図

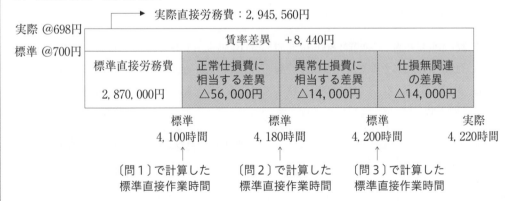

実際直接労務費：2,945,560円
実際 @698円
標準 @700円
賃率差異　＋8,440円

| 標準直接労務費 2,870,000円 | 正常仕損費に相当する差異 △56,000円 | 異常仕損費に相当する差異 △14,000円 | 仕損無関連の差異 △14,000円 |

標準 4,100時間　標準 4,180時間　標準 4,200時間　実際 4,220時間

〔問1〕で計算した標準直接作業時間　〔問2〕で計算した標準直接作業時間　〔問3〕で計算した標準直接作業時間

Theme 07 標準原価計算における仕損・減損

233

正常仕損費に相当する差異：700円／時間×(4,100時間－4,180時間) = (−)56,000円〔借方〕

異常仕損費に相当する差異：700円／時間×(4,180時間－4,200時間) = (−)14,000円〔借方〕

仕 損 無 関 連 の 差 異：700円／時間×(4,200時間－4,220時間) = (−)14,000円〔借方〕

　　　合　計　　　　　　　　　　　　　　　　　　　　　　(−)84,000円〔借方〕

↑

〔問1〕の直接労務費時間差異(−)84,000円と一致

3．製造間接費の差異分析図

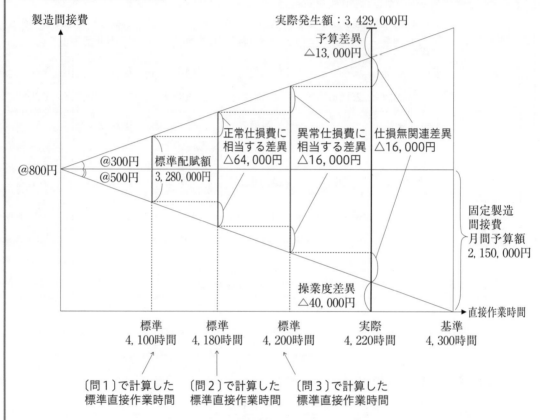

正常仕損費に相当する差異：800円／時間×(4,100時間－4,180時間) = (−)64,000円〔借方〕

異常仕損費に相当する差異：800円／時間×(4,180時間－4,200時間) = (−)16,000円〔借方〕

仕 損 無 関 連 の 差 異：800円／時間×(4,200時間－4,220時間) = (−)16,000円〔借方〕

　　　合　計　　　　　　　　　　　　　　　　　　　　　　(−)96,000円〔借方〕

↑

〔問1〕の製造間接費能率差異(−)96,000円と一致

4．異常仕損費に相当する差異（仕損差異）の合計

直接材料費の異常仕損費に相当する差異　(−)20,000円〔借方〕

直接労務費の異常仕損費に相当する差異　(−)14,000円〔借方〕

製造間接費の異常仕損費に相当する差異　(−)16,000円〔借方〕

　　　合　計　　　　　　(−)50,000円〔借方〕← 〔問3〕の異常仕損費50,000円と一致

(4) 仕損発生点が工程終点でない場合の計算

標準原価計算を行っている企業において，工程の終点以外で仕損が発生する（仕損の検査点を設けている）場合がある。

この場合には，仕損発生点を通過した良品が正常仕損費を負担することになるため，月末仕掛品が仕損発生点を通過している場合には，月末仕掛品にも正常仕損費を負担させなければならない。

設例 7-5

当社では，製品Aを量産し，パーシャル・プランの全部標準総合原価計算を行っている。次の資料にもとづき，(1)第2法により仕掛品勘定を完成しなさい。また，(2)第2法によって完成した仕掛品勘定における総差異を，①直接材料費価格差異，②直接材料費消費量差異，③直接労務費賃率差異，④直接労務費時間差異，⑤変動製造間接費予算差異（変動予算を使用した予算差異），⑥固定製造間接費予算差異，⑦製造間接費能率差異（変動費と固定費の能率差異合計），⑧操業度差異に分析しなさい。

（資　料）

1．製品Aの原価標準

直接材料費	標準単価 200円/kg×標準消費量 10.0kg/個	=2,000円
直接労務費	標準賃率 700円/時×標準直接作業時間 2.0時間/個	=1,400
変動製造間接費	標準配賦率 300円/時×標準直接作業時間 2.0時間/個	= 600
固定製造間接費	標準配賦率 500円/時×標準直接作業時間 2.0時間/個	=1,000
合　計		5,000円

（注1）固定製造間接費の予算は2,150,000円（月額）である。

（注2）上記の原価標準には，仕損費は含まれていない。

2．正常仕損と異常仕損

製品Aの生産には，加工費進捗度0.4の地点で正常仕損が発生する。正常仕損率は良品に対し2%であり，それ以上発生した仕損は異常仕損である。正常仕損費は異常仕損品に負担させないものとする。正常仕損品および異常仕損品に，売却価値はない。

3．当月の製品A生産データ

月初仕掛品		500個（0.3）
当 月 投 入		1,950
投入合計		2,450個
差引：仕 損 品	50個	
月末仕掛品	400（0.5）	450個
完 成 品		2,000個

（注）直接材料は工程の始点で投入された。（　　）内は加工費の進捗度を示す。
仕損はすべて加工費進捗度0.4の地点で発生した。

235

4．当月の実際総製造費用

直接材料費 204円/kg × 19,540kg ······························· 3,986,160円

直接労務費 698円/時間 × 4,220時間 ···························· 2,945,560

変動製造間接費 ··· 1,299,000

固定製造間接費 ··· 2,130,000

　　合　計　　　　　　　　　　　　　　　　　　　　　10,360,720円

5．原価標準の設定について

　　製品Aの原価標準の中に正常仕損費を組み込む方法としては，原価要素別標準消費量を補正する方法（この方法を第1法という）と，正味標準製造原価に正常仕損費を特別費として加算する方法（この方法を第2法という）がある。

【解　答】

(1)　第2法による仕掛品勘定の記入

	仕　　掛　　品		（単位：円）
月初仕掛品原価	1,450,000	完成品総合原価	10,128,000
当月実際製造費用		異 常 仕 損 費	6,400
直 接 材 料 費	3,986,160	月末仕掛品原価	1,425,600
直 接 労 務 費	2,945,560	標準原価総差異	250,720
変動製造間接費	1,299,000		
固定製造間接費	2,130,000		
実際製造費用計	10,360,720		
合　　　計	11,810,720	合　　　計	11,810,720

(2)　標準原価総差異の分析

総　　差　　異	250,720円	〔借方〕
①直接材料費価格差異	78,160円	〔借方〕
②直接材料費消費量差異	8,000円	〔借方〕
③直接労務費賃率差異	8,440円	〔貸方〕
④直接労務費時間差異	56,000円	〔借方〕
⑤変動製造間接費予算差異	33,000円	〔借方〕
⑥固定製造間接費予算差異	20,000円	〔貸方〕
⑦製造間接費能率差異	64,000円	〔借方〕
⑧操業度差異	40,000円	〔借方〕

【解　説】

1．正常仕損費を組み込んだ原価標準（第2法）

直接材料費	標準単価 200円/kg×標準消費量 10.0kg/個	＝ 2,000円
直接労務費	標準賃率 700円/時×標準直接作業時間 2.0時間/個	＝ 1,400
変動製造間接費	標準配賦率 300円/時×標準直接作業時間 2.0時間/個 ＝	600
固定製造間接費	標準配賦率 500円/時×標準直接作業時間 2.0時間/個 ＝	1,000
	製品A1個あたり正味標準製造原価	5,000円
正常仕損費	3,200円/個(＊)×正常仕損率 2％	＝ 64
	製品A1個あたり総標準製造原価	5,064円

（＊）仕損発生点（0.4）までの正味標準製造原価

直接材料費	2,000円/個× 1〈原価の進捗度〉＝	2,000円
直接労務費	1,400円/個×0.4〈　〃　〉＝	560円
変動製造間接費	600円/個×0.4〈　〃　〉＝	240円
固定製造間接費	1,000円/個×0.4〈　〃　〉＝	400円
合　計		3,200円

2．正常仕損費の負担関係と正常仕損量の把握

　正常仕損費の負担関係を把握するとともに，良品（完成品と月末仕掛品）が負担すべき正常仕損品を把握するため，タイム・テーブルに対応させた生産データを示すと次のようになる。

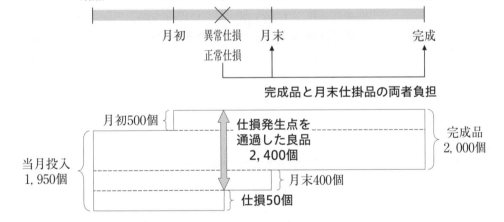

　上記の図解から，当月発生する正常仕損費を負担すべき良品は 2,400個（完成品2,000個と月末仕掛品400個の合計）である。また，その内訳は次のとおりとなる。

正常仕損量：2,400個×2％＝48個 { 完成品負担分：2,000個×2％＝40個
月末仕掛品負担分：　400個×2％＝ 8個

異常仕損量：50個 － 48個 ＝ 2個

3．当月の生産データの整理（生産データの（　　）内は，加工費の完成品換算量）

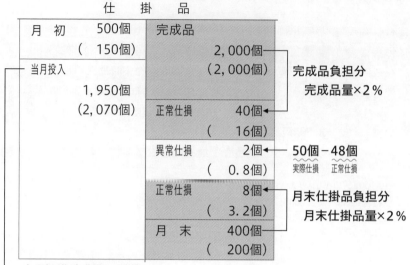

仕　掛　品

月　初　　500個	完成品	
（　150個）	2,000個	
当月投入	（2,000個）	完成品負担分 　完成品量×2％
1,950個	正常仕損　　40個	
（2,070個）	（　16個）	
	異常仕損　　2個	50個－48個 実際仕損　正常仕損
	（　0.8個）	
	正常仕損　　8個	月末仕掛品負担分 　月末仕掛品量×2％
	（　3.2個）	
	月　末　　400個	
	（　200個）	

→ 当月標準消費量の計算
　　直接材料消費量　1,950個×10.0kg/個＝19,500kg
　　直 接 作 業 時 間　2,070個×2.0時間/個＝4,140時間

4．仕掛品勘定の完成

完成品総合原価：5,064円/個×2,000個＝10,128,000円

または次のように計算してもよい。

直接材料費　2,000円/個×（2,000個＋40個）	＝ 4,080,000円
直接労務費　1,400円/個×（2,000個＋16個）	＝ 2,822,400円
製造間接費　（600円/個＋1,000円/個）×（2,000個＋16個）＝	3,225,600円
合　計	10,128,000円

異 常 仕 損 費：

直接材料費；2,000円/個×2個	＝4,000円
直接労務費；1,400円/個×0.8個	＝1,120円
製造間接費；（600円/個＋1,000円/個）×0.8個＝	1,280円
合　計	6,400円

月末仕掛品原価：

直接材料費；2,000円/個×400個	＝　800,000円
直接労務費；1,400円/個×200個	＝　280,000円
製造間接費；（600円/個＋1,000円/個）×200個＝	320,000円
正常仕損費；64円/個×400個	＝　 25,600円
合　計	1,425,600円

または次のように計算してもよい。

直接材料費 2,000円/個×(400個+8個)	=	816,000円
直接労務費 1,400円/個×(200個+3.2個)	=	284,480円
製造間接費 (600円/個+1,000円/個)×(200個+3.2個)	=	325,120円
合 計		1,425,600円

月初仕掛品原価:

直接材料費;2,000円/個×500個	=	1,000,000円
直接労務費;1,400円/個×150個	=	210,000円
製造間接費;(600円/個+1,000円/個)×150個	=	240,000円
合 計		1,450,000円

(注) 月初の時点(=前月繰越)では,仕損発生点を通過していないので正常仕損費を負担しない。

パーシャル・プランであるため,仕掛品勘定借方は当月実際製造費用を記入する。

標準原価総差異:仕掛品勘定の貸借差額で 250,720円〔借方〕

5. 標準原価総差異の分析

〈直接材料費差異〉

①直接材料費価格差異:(200円/kg−204円/kg)×19,540kg = (−)78,160円〔借方〕

②直接材料費消費量差異:200円/kg×(19,500kg−19,540kg) = (−)8,000円〔借方〕

```
                        ┌──→ 実際直接材料費:3,986,160円
実際 @204円         ┌──────────────────────────────┐
標準 @200円         │   価格差異      △78,160円      │
                   ├───────────────┬───────────────┤
                   │ 標準直接材料費 │  消費量差異    │
                   │ 3,900,000円    │  △8,000円      │
                   └───────────────┴───────────────┘
                          標準            実際
                        19,500kg         19,540kg
```

〈直接労務費差異〉

③直接労務費賃率差異:(700円/時間−698円/時間)×4,220時間 = (+)8,440円〔貸方〕

④直接労務費時間差異:700円/時間×(4,140時間−4,220時間) = (−)56,000円〔借方〕

```
                        ┌──→ 実際直接労務費:2,945,560円
実際 @698円         ┌──────────────────────────────┐
標準 @700円         │   賃率差異      +8,440円        │
                   ├───────────────┬───────────────┤
                   │ 標準直接労務費 │  時 間 差 異   │
                   │ 2,898,000円    │  △56,000円     │
                   └───────────────┴───────────────┘
                          標準            実際
                        4,140時間        4,220時間
```

〈製造間接費差異〉

⑤変動製造間接費予算差異：300円/時間×4,220時間−1,299,000円＝⑵33,000円〔借方〕

⑥固定製造間接費予算差異：2,150,000円−2,130,000円＝⑷20,000円〔貸方〕

⑦製造間接費能率差異：（300円/時間＋500円/時間）×（4,140時間−4,220時間）＝⑵64,000円〔借方〕

⑧操業度差異：500円/時間×（4,220時間−4,300時間）＝⑵40,000円〔借方〕

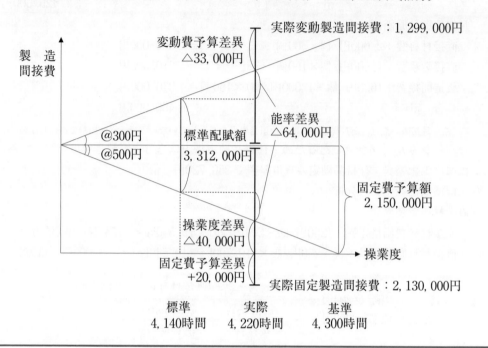

研究　月初仕掛品も仕損発生点を通過している場合の計算

前述の［設例7-5］では，月初仕掛品（進捗度0.3）は，月初の時点ではまだ仕損発生点を通過していないケースであったが，月初仕掛品も（月初の時点で）すでに仕損発生点を通過しているケースではどのように計算すればよいだろうか。

仮に，［設例7-5］において月初仕掛品の加工費進捗度が0.6であった場合，以下のように計算されることになる。

1．正常仕損費の負担関係と正常仕損量の把握

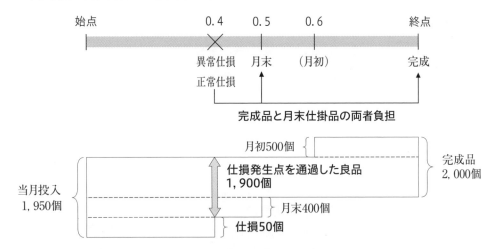

上記の図解から，月初仕掛品はすでに仕損発生点を通過しているため，仕損はすべて当月投入分より発生する。そこで，当月発生する正常仕損費を負担すべき良品は1,900個（完成品2,000個－月初仕掛品500個＝1,500個と月末仕掛品400個の合計）となり，またその内訳は次のとおりである。

正常仕損量：1,900個×2％＝38個 $\begin{cases} \text{当月投入完成品負担分：（2,000個－500個）×2％＝30個} \\ \text{月末仕掛品負担分：400個×2％＝8個} \end{cases}$

異常仕損量：50個－38個＝12個

なお，このケースでは月初仕掛品の500個は，前月末の時点ですでに正常仕損費を負担していることに注意しなければならない。

月初仕掛品原価：

　　直接材料費：2,000円/個×500個　　　　　　　　＝1,000,000円

　　直接労務費：1,400円/個×300個　　　　　　　　＝　420,000円

　　製造間接費：（600円/個＋1,000円/個）×300個　＝　480,000円

　　正常仕損費：64円/個×500個　　　　　　　　　　＝　 32,000円

　　合　　計　　　　　　　　　　　　　　　　　　　　1,932,000円　…　仕掛品勘定の前月繰越額

または，次のように計算してもよい。

直接材料費	2,000円/個×(500個+10個(＊))	＝1,020,000円
直接労務費	1,400円/個×(300個+4個(＊))	＝ 425,600円
製造間接費	(600円/個+1,000円/個)×(300個+4個(＊))＝	486,400円
合　計		1,932,000円

（＊）月初仕掛品に対して前月末に負担させた正常仕損換算量
　　　直接材料費：500個×2％＝10個〈正常仕損量〉
　　　直接労務費，製造間接費：10個×0.4＝4個〈上記正常仕損に対する加工換算量〉

2．当月の生産データの整理（生産データの（　　）内は，加工費の完成品換算量）

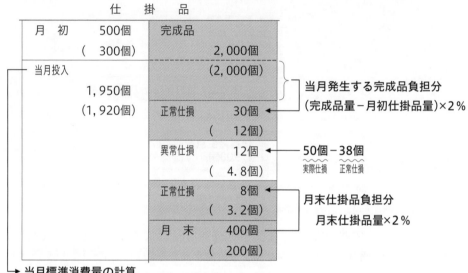

仕　掛　品

→当月標準消費量の計算

　　直接材料消費量　1,950個×10.0kg/個＝19,500kg

　　直接作業時間　1,920個×2.0時間/個＝3,840時間

3．仕掛品勘定の完成

仕　掛　品　　　　　（単位：円）

月初仕掛品原価	1,932,000	完成品総合原価	10,128,000
当月実際製造費用		異常仕損費	38,400
直接材料費	3,986,160	月末仕掛品原価	1,425,600
直接労務費	2,945,560	標準原価総差異	700,720
変動製造間接費	1,299,000		
固定製造間接費	2,130,000		
実際製造費用計	10,360,720		
合　計	12,292,720	合　計	12,292,720

完成品総合原価：5,064円/個×2,000個＝10,128,000円

  （注）当月完成品は月初仕掛品がすでに負担している部分を合計すると2,000個全体が正常仕損費を負担することになる。

異 常 仕 損 費：

  直接材料費；2,000円/個×12個   =   24,000円

  直接労務費；1,400円/個×4.8個   =   6,720円

  製造間接費；(600円/個＋1,000円/個)×4.8個＝   7,680円

  合   計   38,400円

月末仕掛品原価：

  直接材料費；2,000円/個×400個   =   800,000円

  直接労務費；1,400円/個×200個   =   280,000円

  製造間接費；(600円/個＋1,000円/個)×200個＝   320,000円

  正常仕損費；64円/個×400個   =   25,600円

  合   計   1,425,600円

パーシャル・プランであるため，仕掛品勘定借方は当月実際製造費用を記入する。

標準原価総差異：仕掛品勘定の貸借差額で700,720円〔借方〕

4．標準原価総差異の分析

〈直接材料費差異〉

①直接材料費価格差異：(200円/kg－204円/kg)×19,540kg＝(−)78,160円〔借方〕

②直接材料費消費量差異：200円/kg×(19,500kg－19,540kg)＝(−)8,000円〔借方〕

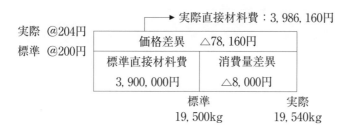

〈直接労務費差異〉

③直接労務費賃率差異：(700円/時間－698円/時間)×4,220時間＝(＋)8,440円〔貸方〕

④直接労務費時間差異：700円/時間×(3,840時間－4,220時間)＝(−)266,000円〔借方〕

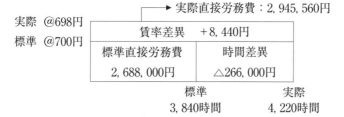

〈製造間接費差異〉
⑤変動製造間接費予算差異：300円/時間×4,220時間－1,299,000円＝(－)33,000円〔借方〕
⑥固定製造間接費予算差異：2,150,000円－2,130,000円＝(＋)20,000円〔貸方〕
⑦製造間接費能率差異：(300円/時間＋500円/時間)×(3,840時間－4,220時間)＝(－)304,000円〔借方〕
⑧操業度差異：500円/時間×(4,220時間－4,300時間)＝(－)40,000円〔借方〕

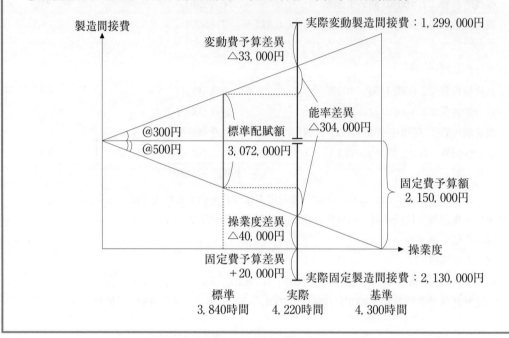

2 配合差異と歩留差異の分析

1. 配合差異と歩留差異とは

　ここまで学習してきた標準原価計算は，製品の製造に必要な原料が１種類であるか，あるいは複数であっても，それらの原料間に代替関係（＝たとえばA原料を少なくして，代わりにB原料を多く使用しても製品が製造できるという関係）がないことを前提としている。

　これに対して，たとえば異なる産地の原綿を混合して紡績する紡績業のように，何種類かの代替可能な原料を配合することで製品が製造される場合，（価格の異なる）原料間で生じる代替関係がコストに影響を及ぼすことになり，この影響を分析するため，原料の消費量差異をさらに配合差異と歩留差異に分析することがある。

(1) 配合差異

　製品製造に必要な原料の配合割合は，あらかじめ技術的テストによって定められており，これを標準配合割合という。

　ところが，原料の産地，季節，品質などの理由から，一定の規格を満たす製品を製造するには原料の配合割合を多少変えることがある。この場合に，投入した原料の実際配合割合が標準配合割合と食い違うことにより生じる消費量差異を配合差異という。

(2) 歩留差異

　製品製造上，原料の歩留率についても，あらかじめ技術的テストによって定められており，これを標準歩留率という。しかし，実際の歩留率は標準歩留率と食い違うことが多く，この歩留率の違いから生じる消費量差異を歩留差異という。

$$原料の歩留率(\%) = \frac{製品産出量}{原料投入量} \times 100$$

　なお，歩留差異は減損差異にほかならない。なぜなら，標準歩留率と実際歩留率の差は，同じ産出量を得るのに必要とする投入量のズレとなってあらわれることから，これは減損量のズレに等しくなるからである。

　また，歩留差異は歩留率の良否により有利差異になることもあるが，本テキストでは不利差異となる例（正常減損量＜実際減損量）について取り上げている。

〈例〉製品B 8.0kgを製造するのに必要な標準原料消費量

2. 配合差異と歩留差異の計算例

(1) 原料別の標準価格で配合差異と歩留差異を計算する方法（通常の分析方法）

原料費の消費量差異は次のように配合差異と歩留差異に分析する。

配合差異は，当月の原料実際投入量について，配合割合のズレを消費量差異として計算したものであり，当月の原料実際投入量合計にもとづき標準配合割合で計算した各原料の消費量と，実際消費量を比較して計算する。

また，歩留差異は，減損発生量の超過によってどれほどの原料を浪費したかを示す消費量差異であり，当月の原料実際消費量合計にもとづき標準配合割合で計算した各原料の消費量と，当月完成品産出量を基準にして標準減損率・標準配合割合で計算した原料消費量を比較する。歩留差異には配合割合のズレの影響が及ばないことに注意が必要である。

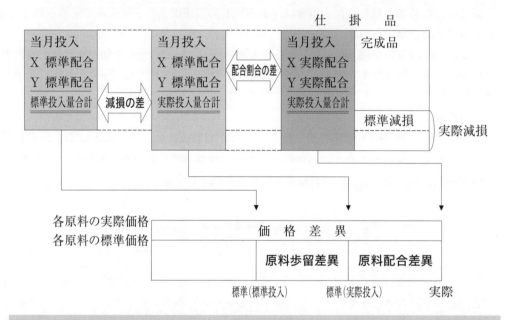

原料配合差異＝各原料の標準価格×（実際投入量にもとづく標準消費量－実際消費量）

原料歩留差異＝各原料の標準価格×（標準投入量にもとづく標準消費量
　　　　　　　　　　　　　　　　－実際投入量にもとづく標準消費量）

(2) 加重平均標準価格を用いた配合差異・歩留差異の分析

たとえば，より安価な原料を標準配合割合より多く消費した場合には，同時に，より高価な原料の消費量は標準よりも少なく消費したこととなるため，結果として企業全体としての原料コストが節約される。このことより，コスト節約の要因となっている安価な原料の超過消費については，有利な配合差異が発生したものと計算されるべきとする考え方がある。

しかし，通常の分析方法（原料別の標準価格で分析する方法）では，実際消費量が標準配合割合による消費量を上回るため不利な配合差異が計算されてしまう。そこで，この問題点を改善する分析方法として，加重平均標準価格を用いた分析がある。

この分析方法では，配合差異は，加重平均標準価格と原料別標準価格の価格差を用いて計算し，歩留差異は加重平均標準価格を用いて計算する。

	標準より多く使用	標準より少なく使用
より安価な原料	有利な配合差異	不利な配合差異
より高価な原料	不利な配合差異	有利な配合差異

なお，加重平均標準価格とは，各原料の標準配合割合を考慮して計算した平均単価をいう。

〈例〉

	（標準価格）	（標準消費量）	
原　料　X	@70円	× 6. 0kg =	420円
原　料　Y	@45円	× 4. 0kg =	180円
投入量計		10. 0kg	600円

加重平均標準価格

600円 ÷ 10. 0kg ＝＠60円
または
＠70円 × 60％ ＋ ＠45円 × 40％ ＝ ＠60円

原料配合差異 ＝（各原料の標準価格 － 加重平均標準価格）
　　　　　　　　　×（標準投入量にもとづく標準消費量－実際消費量）

原料歩留差異 ＝ 加重平均標準価格 ×（標準投入量にもとづく標準消費量－実際消費量）

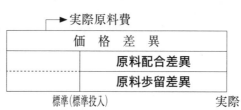

当社では，製品Bを量産し，パーシャル・プランの全部標準総合原価計算を採用している。製品Bは原料XおよびYを配合して製造され，その標準配合割合はX：Y＝6：4と定められている。

次に示す当月の資料にもとづき，(1)各勘定の記入を完成させるとともに，(2)原料ごとの原料受入価格差異の分析をし，また，(3)原料ごとの原料消費量差異を原料配合差異と原料歩留差異とに分析しなさい。

(資　料)

1．製品B 8.0kgを製造するのに必要な各原料の標準単価および標準消費量

　　原料X　標準単価　70円/kg×標準消費量　6.0kg ＝ 420円
　　原料Y　標準単価　45円/kg×標準消費量　4.0kg ＝ 180円
　　合　計　　　　　　　　　　　　　　　　10.0kg　600円

2．原料XおよびYの当月実績データ

原　料	月初在庫量	当月購入量	実際購入単価	月末在庫量	実際消費量
X	600kg	4,300kg	71円/kg	298kg	4,602kg
Y	300kg	3,300kg	47円/kg	402kg	3,198kg
	900kg	7,600kg		700kg	7,800kg

3．当月の製品Bの実際生産量は6,000kgであった。

4．月初仕掛品および月末仕掛品はなかった。

5．原料配合差異および原料歩留差異の分析方法としては，原料別の標準単価で計算する方法と加重平均標準単価で計算する方法とがある。

6．当社では，正常減損費を含まない正味標準製造原価に正常減損費を特別費として加算する方法により原価標準を設定している。

【解　答】

(1)　各勘定の記入（単位：円）

原　　　料

月初	55,500		466,050
	449,500	月末	38,950
	505,000		505,000

仕掛品―原料費

	466,050		450,000
		差異	16,050
	466,050		466,050

原料受入価格差異

10,900	

原料消費量差異

16,050	

(2)　原料受入価格差異一覧表

原　料	金　額
X	4,300円〔借方〕
Y	6,600円〔借方〕
合　計	10,900円〔借方〕

(3)① 原料配合差異および原料歩留差異の分析（原料別の標準単価で計算する方法）

原　料	原料配合差異	原料歩留差異
X	5,460円〔貸方〕	12,600円〔借方〕
Y	3,510円〔借方〕	5,400円〔借方〕
合　計	1,950円〔貸方〕	18,000円〔借方〕

② 原料配合差異および原料歩留差異の分析（加重平均標準単価で計算する方法）

原　料	原料配合差異	原料歩留差異
X	1,020円〔借方〕	6,120円〔借方〕
Y	2,970円〔貸方〕	11,880円〔借方〕
合　計	1,950円〔貸方〕	18,000円〔借方〕

【解　説】

1．原価標準の整理

　この設例では，（資料）1．より8.0kgの製品Bを製造するために10.0kgの原料（原料X 6.0kg＋原料Y 4.0kg）を投入しなければならないことが把握できる。したがって，正常減損が2.0kg発生し，産出された完成品は25％の正常減損費を負担することになる。

$$
\begin{array}{llr}
\text{原　料　X} & 6.0\text{kg} & (\,60\%) \\
\text{原　料　Y} & 4.0\text{kg} & (\,40\%) \\
\text{投 入 量 計} & 10.0\text{kg} & (100\%) \\
\text{正 常 減 損} & 2.0\text{kg} & \\
\text{産 出 量} & 8.0\text{kg} &
\end{array}
$$

}標準配合割合

正常減損率25％（＊）

（＊）正常減損率：$\dfrac{\text{正常減損量}2.0\text{kg}}{\text{製品B産出量}8.0\text{kg}} = 25\%$

　そこで，原料費の原価標準を正常減損費を含まない単位あたりの正味標準製造原価に正常減損費を特別費として加算する形式（いわゆる第2法）にまとめると次のようになる。

```
直 接 材 料 費
　原　料　X：70円/kg×0.6kg（＊1）＝　　42円
　原　料　Y：45円/kg×0.4kg（＊2）＝　　18円
　投 入 量 合 計　　　　　1.0kg　　　　60円 ◀----加重平均標準単価
　正 常 減 損 費：60円/kg×25％　　＝　　15円
　　製品B1kgあたりの標準原料費　　　　75円
```

（＊1）6kg÷10kg〈原料投入量合計〉= 0.6kg
（＊2）4kg÷10kg〈　　〃　　　〉= 0.4kg

２．生産データの整理

（注１）実際減損量（1,800kg）＝原料実際消費量合計（7,800kg）−製品Bの実際生産量（6,000kg）

（注２）仕掛品—原料費勘定は，仕掛品（標準減損）による生産データをもとに作成されることに注意する。

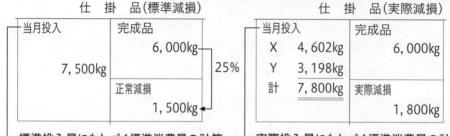

```
          仕  掛  品(標準減損)                    仕  掛  品(実際減損)
 ┌─当月投入     完成品            ┌─当月投入     完成品
 │              6,000kg          │  X  4,602kg          6,000kg
 │  7,500kg              ┐25%    │  Y  3,198kg
 │              正常減損  │       │  計  7,800kg  実際減損
 │              1,500kg ◄┘       │                      1,800kg
```

→標準投入量にもとづく標準消費量の計算　　　→実際投入量にもとづく標準消費量の計算

　原料X　7,500kg×60%（＊）＝4,500kg　　　　原料X　7,800kg×60%（＊）＝4,680kg

　原料Y　　　〃　×40%（＊）＝3,000kg　　　　原料Y　　　〃　×40%（＊）＝3,120kg

（＊）標準配合割合

$$\text{原料X}：\frac{0.6\text{kg}}{1.0\text{kg}}=60\% \qquad \text{原料Y}：\frac{0.4\text{kg}}{1.0\text{kg}}=40\%$$

３．各勘定の記入　　　　　　　　　　　　　　　　　　　　　　　（単位：円）

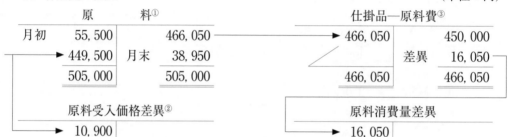

```
          原      料①                          仕掛品—原料費③
 月初    55,500        466,050 ──────────► 466,050        450,000
 ┌─►449,500   月末 38,950                       差異  16,050 ─┐
 │       505,000       505,000              466,050    466,050 │
 │                                                              │
          原料受入価格差異②                      原料消費量差異
 └─► 10,900                                 ──────► 16,050
```

① 原料勘定：

　　月　　初　70円/kg×600kg＋45円/kg×300kg＝ 55,500円

　　当月購入　70円/kg×4,300kg＋45円/kg×3,300kg＝ 449,500円

　　当月消費　70円/kg×4,602kg＋45円/kg×3,198kg＝ 466,050円

（注）本間はパーシャル・プランの勘定記入であるが，原料受入価格差異を把握しているため，仕掛品勘定に振り替える原料費は，「標準単価×実際消費量」で計算されることに注意する。

　　月　　末　70円/kg×298kg＋45円/kg×402kg＝ 38,950円

② 原料受入価格差異勘定：

　　（70円/kg−71円/kg）×4,300kg＋（45円/kg−47円/kg）×3,300kg＝(−)10,900円〔借方〕

③ 仕掛品—原料費勘定：

　　完 成 品　75円/kg×6,000kg＝ 450,000円

　　差　　異　貸借差額で 16,050円〔借方〕

4．原料配合差異および原料歩留差異の分析（原料別の標準単価で計算する方法）

〈原料X〉

原料X配合差異：70円/kg×（4,680kg－4,602kg）＝(＋)5,460円〔貸方〕

原料X歩留差異：70円/kg×（4,500kg－4,680kg）＝(－)12,600円〔借方〕

標準 @70円	価格差異 ── 円（＊）	
	原料X歩留差異 △12,600円	原料X配合差異 ＋5,460円

標準（標準投入）　　標準（実際投入）　　　実際
　　4,500kg　　　　　　4,680kg　　　　　4,602kg

（＊）受入価格差異を把握しているため，ここで（消費）価格差異は把握しない。

〈原料Y〉

原料Y配合差異：45円/kg×（3,120kg－3,198kg）＝(－)3,510円〔借方〕

原料Y歩留差異：45円/kg×（3,000kg－3,120kg）＝(－)5,400円〔借方〕

標準 @45円	価格差異 ── 円（＊）	
	原料Y歩留差異 △5,400円	原料Y配合差異 △3,510円

標準（標準投入）　　標準（実際投入）　　　実際
　　3,000kg　　　　　　3,120kg　　　　　3,198kg

（＊）受入価格差異を把握しているため，ここで（消費）価格差異は把握しない。

5．原料配合差異および原料歩留差異の分析（加重平均標準単価で計算する方法）

〈原料X〉

原料X配合差異：（70円/kg－60円/kg）×（4,500kg－4,602kg）＝(－)1,020円〔借方〕

原料X歩留差異：60円/kg×（4,500kg－4,602kg）＝(－)6,120円〔借方〕

標準 @70円 加重平均 @60円	価格差異 ── 円（＊）
	原料X配合差異　△1,020円
	原料X歩留差異　△6,120円

標準（標準投入）　　　　　　　　　実際
　　4,500kg　　　　　　　　　4,602kg

（＊）受入価格差異を把握しているため，ここで（消費）価格差異は把握しない。

〈原料Y〉

原料Y配合差異：（45円/kg－60円/kg）×（3,000kg－3,198kg）＝(＋)2,970円〔貸方〕

原料Y歩留差異：60円/kg×（3,000kg－3,198kg）＝(－)11,880円〔借方〕

標準 @45円 加重平均 @60円	価格差異 ── 円（＊）
	原料Y配合差異　　＋2,970円
	原料Y歩留差異　△11,880円

標準（標準投入）　　　　　　　　　実際
　　3,000kg　　　　　　　　　3,198kg

（＊）受入価格差異を把握しているため，ここで（消費）価格差異は把握しない。

原料消費量差異のうち，原料配合差異については，原料を配合して製造工程に投入する時点で把握可能であるため，原料歩留差異よりも先に分離されることがある。その場合，下記のような問題の指示になる。

「原料を掛けで仕入れたとき，標準単価で原料勘定に借記し，原料受入価格差異を算出している。また原料を出庫し，仕掛品－原料費勘定に借記するときに，原料配合差異を算出し，仕掛品－原料費勘定から製品勘定へ完成品の標準原料費を振り替えるときには，原料歩留差異を算出している。」

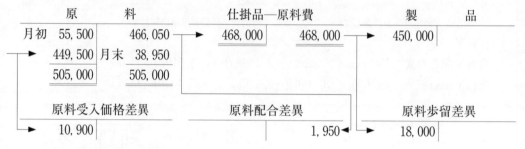

〈仕掛品－原料費勘定の記入〉

〔借方〕原料X：標準単価70円/kg×4,680kg〈実際投入量にもとづく標準消費量〉=327,600円

　　　　原料Y：標準単価45円/kg×3,120kg〈　　　　　〃　　　　　〉=140,400円

　　　　　　　　　　　　　　　　　　　　　　　　　　計　　468,000円

　　（注）原料配合差異を分離した額を仕掛品－原料費勘定に振り替えるため，
　　　　「実際投入量にもとづく標準消費量」を用いて計算する。

〔貸方〕完成品原価：75円/kg×6,000kg=450,000円

　　　　原料歩留差異：　　　　　　　18,000円

　　　　　　　　　　　計　　468,000円

3. 直接労務費や製造間接費に関する計算

　原料費に関して原料歩留差異を分析したのと同様に，直接労務費や製造間接費に関しても，労働歩留差異や製造間接費歩留差異を把握することができる。労働歩留差異および製造間接費歩留差異は，標準投入量（加工換算量）にもとづく標準作業時間と実際投入量（加工換算量）にもとづく標準作業時間の差によって計算される。

〈直接労務費〉

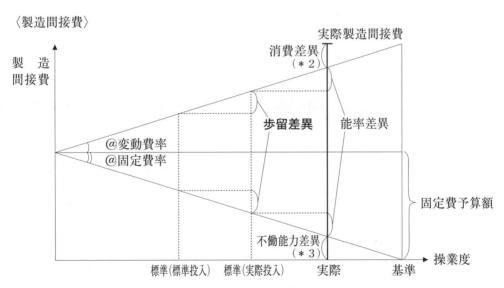

（＊1）労働能率差異は，（労働）時間差異を意味する。

（＊2）消費差異は，予算差異を意味する。

（＊3）不働能力差異は，操業度差異を意味する。

［設例 7 − 6］に次の資料を追加する。

　次に示す当月の資料にもとづき，(1)各勘定の記入を完成させるとともに，(2)直接労務費の労働能率差異をさらに（純粋な）労働能率差異と労働歩留差異とに分析し，また，(3)製造間接費の（変動費と固定費からなる）製造間接費能率差異をさらに（純粋な）製造間接費能率差異と製造間接費歩留差異とに分析しなさい。なお，減損は工程終点で生じたものとする。

（資　料）

1．10.0kgの原料を 8.0kgの製品Bに加工するのに必要な標準直接労務費
　　　直接労務費：標準賃率 200円/時 ×標準直接作業時間 4時間 = 800円

2．10.0kgの原料を 8.0kgの製品Bに加工するのに必要な標準製造間接費
　　　製造間接費：標準配賦率 250円/時 ×標準直接作業時間 4時間 = 1,000円
　　（注）製造間接費の変動費率は 100円/時，固定製造間接費の予算は 522,000円（月額）である。

3．直接労務費および製造間接費の当月実績データ
　　　直接労務費 202円/時間× 3,450時間 = 696,900円
　　　製造間接費 880,000円

【解　答】
　(1)　各勘定の記入（単位：円）

賃　　　金	
	696,900

仕掛品—直接労務費	
696,900	600,000
	差異　96,900
696,900	696,900

労 働 賃 率 差 異	
6,900	

労 働 能 率 差 異	
90,000	

製 造 間 接 費	
	880,000

仕掛品—製造間接費	
880,000	750,000
	差異　130,000
880,000	880,000

消 費 差 異	
13,000	

不 働 能 力 差 異	
4,500	

製造間接費能率差異	
112,500	

(2) 労働能率差異および労働歩留差異の分析

労働能率差異	労働歩留差異
66,000円〔借方〕	24,000円〔借方〕

(3) 製造間接費能率差異および製造間接費歩留差異の分析

製造間接費能率差異	製造間接費歩留差異
82,500円〔借方〕	30,000円〔借方〕

【解　説】

1．原価標準の整理

　　直接労務費・製造間接費についても，原料費の原価標準と同じように正常減損費を含まない単位あたりの正味標準製造原価に，正常減損費を特別費として加算する形式（いわゆる第2法）にまとめると次のようになる。

```
直接労務費：200円/時×0.4時間/kg（*）    ＝    80円
正常減損費：  80円/kg×25%            ＝    20円
　　　製品B1kgあたりの標準直接労務費        100円
```

```
製造間接費：250円/時×0.4時間/kg（*）    ＝   100円
正常減損費：100円/kg×25%             ＝    25円
　　　製品B1kgあたりの標準製造間接費        125円
```

（*）　4時間÷10kg〈原料投入量合計〉＝0.4時間/kg

2．生産データの整理（生産データの（　　）内は，加工費の完成品換算量）

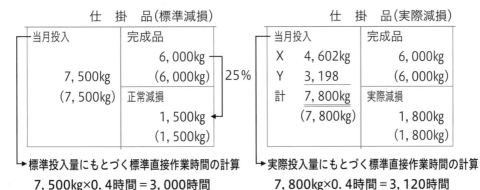

　（注）各仕掛品勘定は，仕掛品（標準減損）による生産データをもとに作成されることに注意する。

255

3．各勘定の記入（単位：円）

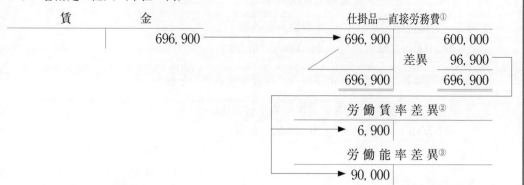

①仕掛品—直接労務費勘定：

　　完 成 品；100円/kg× 6,000kg = 600,000円

　　差　　異；貸借差額で 96,900円

②労働賃率差異勘定：（200円/時間－202円/時間）×3,450時間 = (-)6,900円〔借方〕

③労働能率差異勘定：200円/時間×（3,000時間－3,450時間）= (-)90,000円〔借方〕

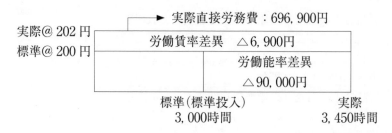

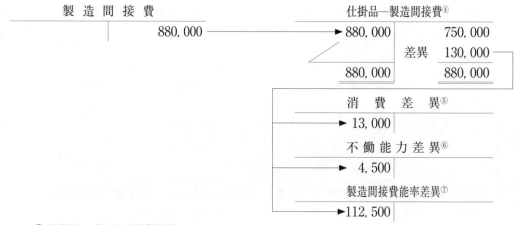

④仕掛品－製造間接費勘定：

　　完 成 品；125円/kg× 6,000kg = 750,000円

　　差　　異；貸借差額で 130,000円

⑤消費差異勘定：100円/時間×3,450時間＋522,000円－880,000円 = (-)13,000円〔借方〕

⑥不働能力差異勘定：150円/時間×（3,450時間－3,480時間）= (-)4,500円〔借方〕

⑦製造間接費能率差異勘定：250円/時間×（3,000時間－3,450時間）= (-)112,500円〔借方〕

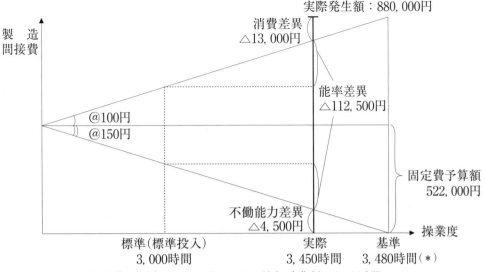

（＊）522,000円〈固定費予算額〉÷（250円/時－100円/時）〈固定費率〉＝3,480時間

4．（純粋な）労働能率差異および労働歩留差異の分析

労働能率差異：200円/時間×（3,120時間－3,450時間）＝（－）66,000円〔借方〕

労働歩留差異：200円/時間×（3,000時間－3,120時間）＝（－）24,000円〔借方〕

5．（純粋な）製造間接費能率差異および製造間接費歩留差異の分析

製造間接費能率差異：250円/時間×（3,120時間－3,450時間）＝（－）82,500円〔借方〕

製造間接費歩留差異：250円/時間×（3,000時間－3,120時間）＝（－）30,000円〔借方〕

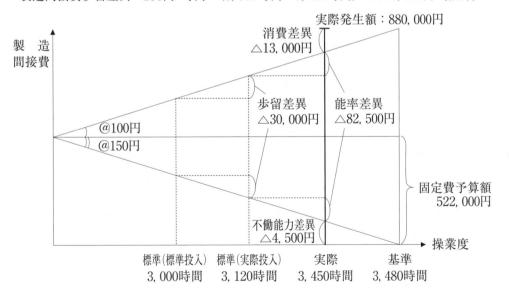

07

標準原価計算における仕損・減損

257

当社では，製品Sを量産し，パーシャル・プランの全部標準総合原価計算を採用している。製品Sは原料AおよびBを配合して製造され，その標準配合割合はA：B＝6：4と定められている。

次に示す当月の資料にもとづき，原料費と直接労務費および製造間接費の各差異を分析しなさい。

（資　料）

1．製品S 100個を製造するのに必要な各原料の標準単価および標準消費量

(1) 製品S 100個あたりの標準原料費

原 料 A　標準単価　70円/kg×標準消費量　6.0kg ＝　420円
原 料 B　標準単価　45円/kg×標準消費量　4.0kg ＝　180円
合　　計　　　　　　　　　　　　　　10.0kg　　600円

(2) 製品S 100個を製造するためには標準直接作業時間2時間を必要とする。標準賃率は1時間あたり800円である。

(3) 製造間接費は直接作業時間を配賦基準として予定配賦している。なお，月間の予定直接作業時間は405時間，月間の製造間接費予算は243,000円（うち，固定費162,000円）である。

2．原料AおよびBに関する当月実績データ

原 料	月初在庫量	当月購入量	当月実際購入単価	月末在庫量	当月実際消費量
A	200kg	1,200kg	71円/kg	220kg	1,180kg
B	100kg	800kg	47円/kg	110kg	790kg
合計	300kg	2,000kg	——	330kg	1,970kg

なお，原料は標準単価で受入記帳を行う。

3．直接労務費と製造間接費に関する当月実績データ

直接労務費　　323,600円（実際直接作業時間 402時間）
製造間接費　　245,000円

4．当月の製品Sの実際生産量は20,000個であった。

5．月初仕掛品および月末仕掛品はなかった。

6．原料配合差異および原料歩留差異の分析方法は，原料別の標準単価で計算する方法による。

7．製造間接費の能率差異および歩留差異の分析方法は，標準配賦率を用いて計算する方法による。

【解　答】

原　料　A	原料配合差異	140	円	（ F ）
	原料歩留差異	1,260	円	（ F ）
原　料　B	原料配合差異	90	円	（ U ）
	原料歩留差異	540	円	（ F ）
直接労務費	労働賃率差異	2,000	円	（ U ）
	労働能率差異	6,400	円	（ U ）
	労働歩留差異	4,800	円	（ F ）
製造間接費	予　算　差　異	2,600	円	（ U ）
	能　率　差　異	4,800	円	（ U ）
	歩　留　差　異	3,600	円	（ F ）
	操　業　度　差　異	1,200	円	（ U ）

（注）（　　）内は，有利な差異の場合には「F」，不利な差異の場合には「U」を記入すること。

【解　説】

1．原価標準の設定

　　本問では減損発生量が不明であることから，正常減損率を求めることができない。そのため，正常減損費を特別費として加算する方法（いわゆる第2法）では原価標準を設定することができない。そこで，下記のように原価標準を設定する（いわゆる第1法）。

```
直接材料費
  原料A：　70円/kg　　×　6.0kg　=　　420円
  原料B：　45円/kg　　×　4.0kg　=　　180円
  　合　計　　　　　　　　10.0kg　　　600円
直接労務費：800円/時間　×　2時間　=　1,600円
製造間接費：600円/時間(*)×　2時間　=　1,200円
  製品S100個あたりの総標準製造原価　　3,400円
```

（＊）製造間接費標準配賦率：243,000円÷405時間＝600円/時間

2．生産データの整理

仕　掛　品

投入量	生産量
20,000個	20,000個

〈標準歩留にもとづく標準消費量〉

原料A：生産量20,000個÷100個×10kg×6/10＝1,200kg
　　　　　　原料標準消費量合計2,000kg　標準配合

原料B：生産量20,000個÷100個×10kg×4/10＝800kg

作業時間：生産量20,000個÷100個×2時間＝400時間

〈実際歩留にもとづく標準消費量〉

原料A：1,970kg×6/10＝1,182kg
　　　　原料実際消費量合計　標準配合

原料B：1,970kg×4/10＝788kg

作業時間：1,970kg÷10kg×2時間＝394時間

3．差異分析

(1) 原料費の差異分析

〈原料A〉

	@70円	原料消費価格差異 ── （＊）	
		原料A歩留差異 +1,260円	原料A配合差異 +140円

標準(標準投入)　　　標準(実際投入)　　　　　実際
1,200kg　　　　　　1,182kg　　　　　　 1,180kg

原料A配合差異：70円/kg×(1,182kg－1,180kg)＝(＋) 140円 （F）

原料A歩留差異：70円/kg×(1,200kg－1,182kg)＝(＋)1,260円 （F）

（＊）原料は標準単価で受入記帳を行うことから，購入時に原料受入価格差異を分離している。したがって，原料消費価格差異は認識されない（原料Bも同様）。

〈原料B〉

	@45円	原料消費価格差異 ── （＊）	
		原料B歩留差異 +540円	原料B配合差異 △90円

標準(標準投入)　　　標準(実際投入)　　　　　実際
800kg　　　　　　 788kg　　　　　　　790kg

原料B配合差異：45円/kg×(788kg－790kg)＝(－) 90円 （U）

原料B歩留差異：45円/kg×(800kg－788kg)＝(＋)540円 （F）

(2) 直接労務費の差異分析

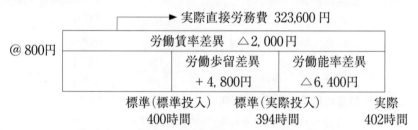

	@800円	労働賃率差異　△2,000円	
		労働歩留差異 +4,800円	労働能率差異 △6,400円

標準(標準投入)　　標準(実際投入)　　　　実際
400時間　　　　　394時間　　　　　402時間

労働賃率差異：800円/時間×402時間－323,600円＝(－)2,000円 （U）

労働能率差異：800円/時間×(394時間－402時間)＝(－)6,400円 （U）

労働歩留差異：800円/時間×(400時間－394時間)＝(＋)4,800円 （F）

(3)　製造間接費の差異分析

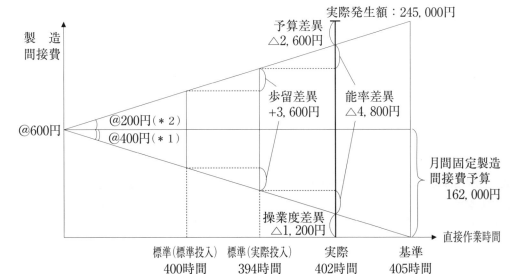

（＊1）固定費率：162,000円÷405時間＝400円/時間
（＊2）変動費率：600円/時間－400円/時間＝200円/時間

　予算差異：200円/時間×402時間＋162,000円－245,000円＝(−)2,600円（U）

　能率差異：600円/時間×（394時間－402時間）＝(−)4,800円（U）

　歩留差異：600円/時間×（400時間－394時間）＝(+)3,600円（F）

　操業度差異：400円/時間×（402時間－405時間）＝(−)1,200円〔U〕

　なお，有利差異の「F」は「Favorable variance」の頭文字を，不利差異の「U」は「Unfavorable variance」の頭文字を示している。

仕掛品がある場合の配合・歩留差異の分析について

■設 例

当社では，製品Bを量産し，パーシャル・プランの全部標準総合原価計算を採用している。製品B は原料XおよびYを配合して製造され，その標準配合割合はX：Y＝6：4と定められている。

次に示す当月の資料にもとづき，(1)各勘定の記入を完成させるとともに，(2)原料ごとの原料受入価格差異の分析をし，また，(3)原料ごとの原料消費量差異を，原料別の標準価格を用いて，原料配合差異と原料歩留差異とに分析しなさい。

さらに，(4)直接労務費の労働能率差異を（純粋な）労働能率差異と労働歩留差異とに分析し，また，(5)製造間接費の製造間接費能率差異を（純粋な）製造間接費能率差異と製造間接費歩留差異とに分析しなさい。

（資 料）

1．製品B 8.0kgを製造するのに必要な各原料の標準単価および標準消費量

　　　原料X　標準単価 70円/kg×標準消費量　6.0kg ＝ 420円

　　　原料Y　標準単価 45円/kg×標準消費量　4.0kg ＝ 180

　　　合　計　　　　　　　　　　　　　　　 10.0kg　　600円

2．10.0kgの原料を8.0kgの製品Bに加工するのに必要な標準直接労務費

　　　直接労務費：標準賃率 200円/時×標準直接作業時間　4時間＝800円

3．10.0kgの原料を8.0kgの製品Bに加工するのに必要な標準製造間接費

　　　製造間接費：標準配賦率 250円/時×標準直接作業時間　4時間＝1,000円

　　　（注）製造間接費の変動費率は100円/時，固定製造間接費の予算は522,000円（月額）である。

4．原料XおよびYの当月実績データ

原　料	月初在庫量	当月購入量	実際購入単価	月末在庫量	実際消費量
X	600kg	4,300kg	71円/kg	180kg	4,720kg
Y	300kg	3,300kg	47円/kg	320kg	3,280kg
	900kg	7,600kg		500kg	8,000kg

5．直接労務費および製造間接費の当月実績データ

　　　直接労務費　202円/時間×3,450時間＝696,900円

　　　製造間接費　880,000円

6．当月の製品B生産データ

　　　月初仕掛品量　2,800kg（0.5）

　　　月末仕掛品量　3,000kg（0.7）

　　　当月完成品量　6,000kg

　　　（注）原料Xおよび原料Yは工程の始点で投入される。（　　）内は加工費の進捗度を示す。減損はすべて工程の終点で発生した。

7．当社では，正常減損費を含まない正味標準製造原価に正常減損費を特別費として加算する方法により原価標準を設定している。

【解　答】

(1)　各勘定の記入（単位：円）

	原		料		
月初	55,500			478,000	
	449,500	月末		27,000	
	505,000			505,000	

	仕		掛	品	
月初	420,000	完成		1,800,000	
原料	478,000	差異		116,900	
賃金	696,900	月末		558,000	
間接費	880,000				
	2,474,900			2,474,900	

原料受入価格差異	
10,900	

原料消費量差異	
16,000	

賃	金
	696,900

労 働 賃 率 差 異	
6,900	

製 造 間 接 費	
	880,000

労 働 能 率 差 異	
34,000	

消 費 差 異	
13,000	

不 働 能 力 差 異	
4,500	

製造間接費能率差異	
42,500	

(2)　原料受入価格差異一覧表

原　料	金　額
X	4,300円〔借方〕
Y	6,600円〔借方〕
合　計	10,900円〔借方〕

(3)　原料配合差異および原料歩留差異の分析（原料別の標準単価で計算）

原　料	原料配合差異	原料歩留差異
X	5,600円〔貸方〕	12,600円〔借方〕
Y	3,600円〔借方〕	5,400円〔借方〕
合　計	2,000円〔貸方〕	18,000円〔借方〕

(4)　労働能率差異および労働歩留差異の分析

労働能率差異	労働歩留差異
10,000円〔借方〕	24,000円〔借方〕

(5)　製造間接費能率差異および製造間接費歩留差異の分析

製造間接費能率差異	製造間接費歩留差異
12,500円〔借方〕	30,000円〔借方〕

【解　説】

1．原価標準の整理

　　月初・月末仕掛品が存在している場合においても，［設例7－6］，［設例7－7］と同じく，いわゆる第2法による原価標準に整理すると，正常減損費の負担関係に応じた完成品や仕掛品の標準原価を計算することができる。この設例では減損は終点発生のため，仕掛品原価は，正常減損費を負担しない正味標準製造原価で計算する。

〈第2法による原価標準〉

```
直接材料費
  原 料 X： 70円/kg×  0.6 kg       =      42円
  原 料 Y： 45円/kg×  0.4 kg       =      18円
     合  計           1.0 kg              60円
直接労務費：200円/時×  0.4時/kg      =      80円
製造間接費：250円/時×  0.4時/kg      =     100円
        製品B1kgあたり正味標準製造原価      240円
正常減損費：240円/kg×25%            =      60円
        製品B1kgあたり総標準製造原価         300円
```

2．生産データの整理（生産データの（　　）内は，加工費の完成品換算量）

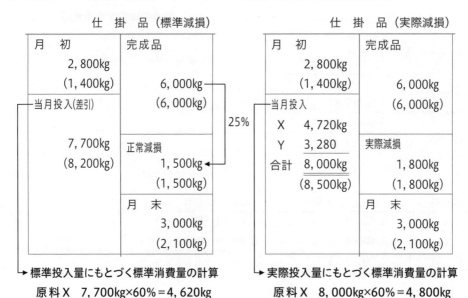

```
          仕 掛 品（標準減損）
月    初         完成品
   2,800kg
  (1,400kg)      6,000kg
当月投入(差引)    (6,000kg)
                             25%
   7,700kg       正常減損
  (8,200kg)      1,500kg
                (1,500kg)
                月    末
                 3,000kg
                (2,100kg)
```

```
          仕 掛 品（実際減損）
月    初         完成品
   2,800kg
  (1,400kg)      6,000kg
当月投入          (6,000kg)
   X   4,720kg
   Y   3,280     実際減損
合計  8,000kg    1,800kg
     (8,500kg)  (1,800kg)
                月    末
                 3,000kg
                (2,100kg)
```

▶標準投入量にもとづく標準消費量の計算
　原料X　7,700kg×60％＝4,620kg
　原料Y　 〃　　×40％＝3,080kg
　作業時間　8,200kg×0.4時間＝3,280時間

▶実際投入量にもとづく標準消費量の計算
　原料X　8,000kg×60％＝4,800kg
　原料Y　 〃　　×40％＝3,200kg
　作業時間　8,500kg×0.4時間＝3,400時間

　（注）仕掛品勘定は，仕掛品（標準減損）による生産データをもとに作成されることに注意する。

3．各勘定の記入（単位：円）

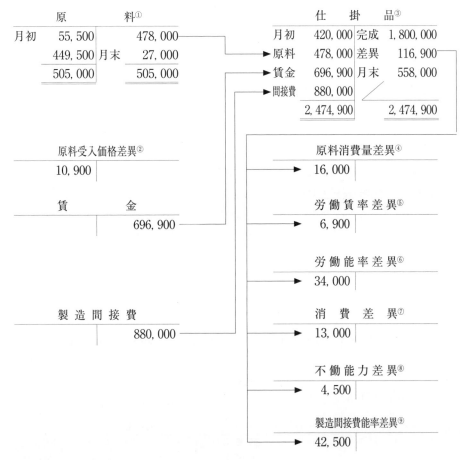

①原料勘定：

 月 初；70円/kg×600kg＋45円/kg×300kg＝55,500円

 当月購入；70円/kg×4,300kg＋45円/kg×3,300kg＝449,500円

 当月消費；70円/kg×4,720kg＋45円/kg×3,280kg＝478,000円

 （注）本問はパーシャル・プランの勘定記入であるが，原料受入価格差異を把握しているため仕掛品勘定に
   振り替える原料費は，「標準単価×実際消費量」で計算されることに注意する。

 月 末；70円/kg×180kg＋45円/kg×320kg＝27,000円

②原料受入価格差異勘定：

 （70円/kg－71円/kg）×4,300kg＋（45円/kg－47円/kg）×3,300kg＝(－)10,900円〔借方〕

③仕掛品勘定：

〈月初仕掛品原価〉

原料X； 42円/kg×2,800kg＝117,600円

原料Y； 18円/kg×2,800kg＝ 50,400円

直労費； 80円/kg×1,400kg＝112,000円

製間費；100円/kg×1,400kg＝140,000円

　　　　計　　420,000円…正常減損費を負担しない原価

〈月末仕掛品原価〉

原料X； 42円/kg×3,000kg＝126,000円

原料Y； 18円/kg×3,000kg＝ 54,000円

直労費； 80円/kg×2,100kg＝168,000円

製間費；100円/kg×2,100kg＝210,000円

　　　　計　　558,000円…正常減損費を負担しない原価

〈完成品総合原価〉

300円/kg×6,000kg＝1,800,000円…正常減損費を負担した原価

〈差　異〉貸借差額で116,900円〔借方〕

④原料消費量差異勘定：

70円/kg×(4,620kg－4,720kg)＋45円/kg×(3,080kg－3,280kg)＝(−)16,000円〔借方〕

〈原料X〉

（＊）受入価格差異を把握しているため，ここで（消費）価格差異は把握しない。

〈原料Y〉

（＊）受入価格差異を把握しているため，ここで（消費）価格差異は把握しない。

⑤労働賃率差異勘定：(200円/時間−202円/時間)×3,450時間＝(−)6,900円〔借方〕

⑥労働能率差異勘定：200円/時間×(3,280時間－3,450時間)＝(−)34,000円〔借方〕

⑦消費差異勘定：100円/時間×3,450時間+522,000円−880,000円＝(−)13,000円〔借方〕

⑧不働能力差異勘定：150円/時間×(3,450時間−3,480時間)＝(−)4,500円〔借方〕

⑨製造間接費能率差異勘定：250円/時間×(3,280時間−3,450時間)＝(−)42,500円〔借方〕

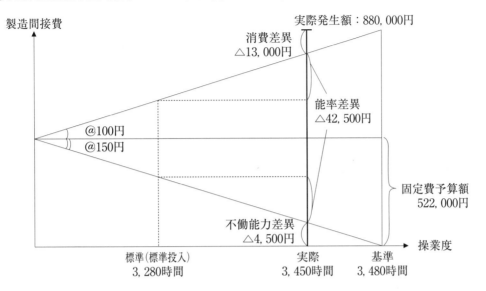

4．原料配合差異および原料歩留差異の分析（原料別の標準単価で計算）

〈原料X〉

原料X配合差異：70円/kg×(4,800kg−4,720kg)＝(+)5,600円〔貸方〕

原料X歩留差異：70円/kg×(4,620kg−4,800kg)＝(−)12,600円〔借方〕

標準 @70円	価格差異　——　円	
	原料X歩留差異 △12,600円	原料X配合差異 ＋5,600円

標準(標準投入) 4,620kg　　　標準(実際投入) 4,800kg　　　実際 4,720kg

〈原料Y〉

原料Y配合差異：45円/kg×(3,200kg−3,280kg)＝(−)3,600円〔借方〕

原料Y歩留差異：45円/kg×(3,080kg−3,200kg)＝(−)5,400円〔借方〕

標準 @45円	価格差異　——　円	
	原料Y歩留差異 △5,400円	原料Y配合差異 △3,600円

標準(標準投入) 3,080kg　　　標準(実際投入) 3,200kg　　　実際 3,280kg

5．（純粋な）労働能率差異および労働歩留差異の分析

労働能率差異：200円/時間×（3,400時間－3,450時間）＝(-)10,000円〔借方〕

労働歩留差異：200円/時間×（3,280時間－3,400時間）＝(-)24,000円〔借方〕

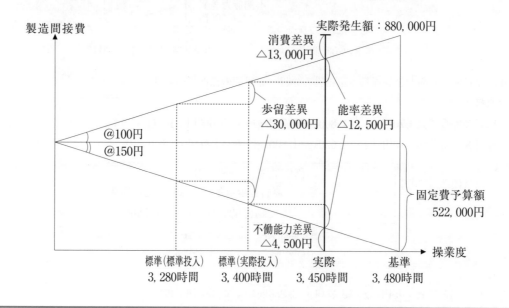

	実際直接労務費：696,900円	
実際＠202円 標準＠200円	労働賃率差異 △6,900円	
	労働歩留差異 △24,000円	労働能率差異 △10,000円

標準(標準投入)　　　標準(実際投入)　　　実際
　3,280時間　　　　　3,400時間　　　　3,450時間

6．（純粋な）製造間接費能率差異および製造間接費歩留差異の分析

製造間接費能率差異：250円/時間×（3,400時間－3,450時間）＝(-)12,500円〔借方〕

製造間接費歩留差異：250円/時間×（3,280時間－3,400時間）＝(-)30,000円〔借方〕

製造間接費

実際発生額：880,000円

消費差異
△13,000円

歩留差異
△30,000円

能率差異
△12,500円

@100円
@150円

固定費予算額
522,000円

不働能力差異
△4,500円

操業度

標準(標準投入)　　　標準(実際投入)　　　実際　　　　基準
　3,280時間　　　　　3,400時間　　　　3,450時間　　　3,480時間

268

参考 **剪断差異と作業屑差異の分析**
せんだん

1. 標準原価計算における作業屑の処理

　作業屑とは，製品の製造中に生じる材料の切り屑や残り屑などのうち，価値のあるものをいう。投入された原材料のうち製品化しない部分という点では，作業屑も減損も同じといえるが，作業屑には価値があるという点で，減損とは異なる。

　したがって，標準原価計算を行っている企業において，製品を製造するうえで経常的に作業屑が発生する場合には，原価計算上，通常発生する作業屑を考慮に入れて原価標準を設定すべきであり，また，作業屑の発生に対する原価管理を行う必要がある。

　たとえば，作業屑が良品に対して20%発生し，作業屑の評価額が1kgあたり5円である場合，原価標準（直接材料費標準のみ）は次のように示される。

標準原価カード	
完成品1個の重量	1.0kg
標準作業屑の重量（完成品重量の20%）	0.2
作業屑発生前の重量	1.2kg
直接材料1kgあたりの価格	50円
直接材料費総額 50円/kg×1.2kg	60円
差引：作業屑正常処分価額 5円×0.2kg	1
製品1個あたり標準直接材料費	59円

■設　例

　シングル・プランの全部標準総合原価計算を採用する当社では，鋼板を正方形に剪断し，それを丸く型抜きして部品Kを製造している。

　次に示す当月の資料にもとづき，当月の勘定記入を完成しなさい。

（資　料）

1．部品Kの直接材料費標準

型抜き済み完成部品1個の重量	1.0kg
標準型抜作業屑の重量（完成部品重量の20%）	0.2
剪断後，型抜前の重量	1.2kg
鋼板1kgあたりの価格	50円
直接材料費総額 50円/kg×1.2kg	60円
差引：作業屑正常処分価額 5円×0.2kg	1
部品K1個あたり標準直接材料費	59円

2．当月2,000個の部品を製造するため，2,400kgの鋼板を出庫し，1,980個に剪断した。

3．上記1,980個のうち，1,800個について型抜きを行い，部品倉庫へ納入した。

4．当月の型抜作業において340kgの作業屑を回収し，1kgあたり4.5円で現金売却した。

【解　答】

(単位：円)

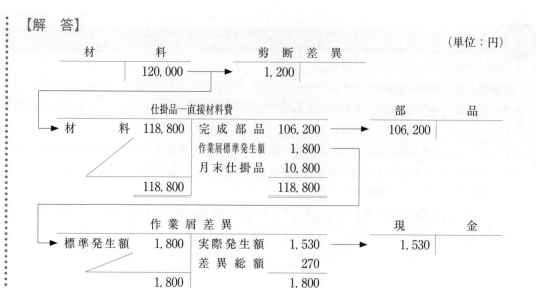

【解　説】

1．製造工程と原価標準の整理

　　本設例の製造工程を原価標準とともに整理すると次のようになる。したがって，作業屑は減損（ただし評価額があり）が発生するのと同じであることがわかる。

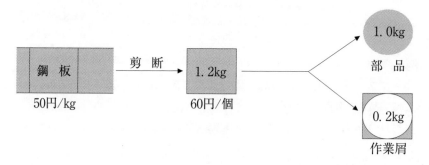

　　また，（資料）1．の原価標準により，部品K1個（＝1.0kg）を完成させるための材料（＝鋼板）の標準消費量が1.2kgであり，作業屑の発生を考慮に入れたこの原価標準は，材料の標準消費量を作業屑の発生分だけ増やす，いわゆる第1法の形式による原価標準であることがわかる。

2．生産データの整理

仕　掛　品

　当月標準消費量の計算

　　鋼板消費量　1,980個×1.2kg/個＝2,376kg

3．勘定記入の完成

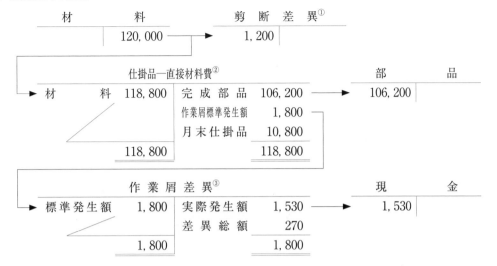

① 剪断差異勘定

　シングル・プランであるから，仕掛品－直接材料費勘定の借方には，「標準単価×標準消費量」で計上し，材料勘定の貸方には，「標準単価×実際出庫量」を計上する。両者の差額が剪断差異（＝材料消費量差異）である。

　　剪断差異：50円/kg×(2,376kg－2,400kg)＝(－)1,200円〔借方〕

	価格差異　？円	
標準　@50円	標準直接材料費	剪断差異
	118,800円	△1,200円

標準　　　　　　　　　実際
2,376kg　　　　　　2,400kg

　または，こう考えてもよい。材料2,400kgを出庫したのであるから，本来2,000個に剪断すべきところを，1,980個にしか剪断できなかった。

　　剪断差異：50円/kg×1.2kg×(1,980個－2,000個)＝(－)1,200円〔借方〕
　　　　　　　　　　　　　　　　　　剪断不足

② 仕掛品―直接材料費勘定

　　材　　　料：50円/kg×2,376kg＝118,800円

　　完成部品：59円/個×1,800個＝106,200円

　　作 業 屑：1円/個×1,800個＝1,800円

　　　　　　　または

　　　　　　　5円/kg×1,800個×1.0kg/個×20％＝1,800円
　　　　　　　　　　　　　　360kg

　　月　　　末：60円/個×180個＝10,800円

　　　　　　　または

　　　　　　　50円/kg×180個×1.2kg＝10,800円

　（注）月末仕掛品は型抜作業前であり，作業屑処分価額差引前の単価で計算する。

③　作業屑差異勘定（貸方）

　　　　実際発生額：4.5円/kg×340kg＝1,530円

　　　　作業屑差異：1,530円－1,800円＝(－)270円〔借方〕

　　なお，作業屑差異は，原価差異ではなく収益（利益）に関する差異であり，「実際発生額－標準発生額」でマイナスの場合，借方（不利）差異となる。本問においては作業屑を，標準どおりの金額で処分できなかったので借方（不利）差異となる。

　　また，作業屑差異をさらに，価格差異と数量差異に分析することができる。

　　　　価格差異：(4.5円/kg－5円/kg)×340kg＝(－)170円〔借方〕

　　　　数量差異：5円/kg×(340kg－360kg)＝(－)100円〔借方〕

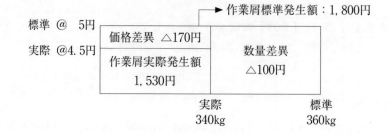

MEMO

08 原価差異の会計処理
Theme

Check ここでは，主に標準原価計算において生じた原価差異の会計処理方法について学習する。

1 原価差異の会計処理

1. 原価差異の会計処理とは

　原価差異は，会計年度末に財務会計（＝外部報告会計）との関連において適正に処理しなければならない。すなわち，売上原価や期末棚卸資産（注）について期末調整を行うことにより，利害関係者に対し財務諸表を通じて当期の経営成績と財政状態に関する，適切な原価情報を提供するためである。

　　（注）期末棚卸資産とは，原価差異の配賦対象となる期末製品，期末仕掛品（および材料）を意味する。

　原価差異の会計処理方法をまとめると次のようになる。

---

(1)　異常な状態にもとづく原価差異は，非原価項目として処理する。

(2)　原価差異は，材料受入価格差異を除き，原則として当年度の売上原価に賦課する。

(3)　材料受入価格差異は，当年度の材料払出高と期末有高に配賦する。この場合，材料の期末有高については，材料の適当な種類群別に配賦する。

(4)　標準の設定ないし予定価格等が不適当なため，比較的多額の原価差異が生じる場合には，当年度の売上原価と期末棚卸資産に配賦する。

　通常，毎月の原価差異は累積され，会計年度末にまとめて上記の会計処理を行う。

　上記の内容を図で示せば次のようになる。

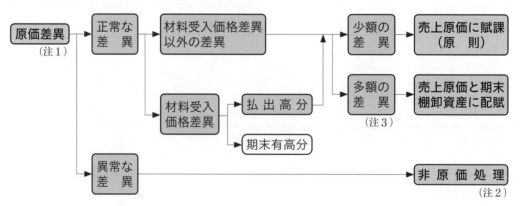

　　（注1）上記の原価差異の会計処理は，標準原価計算制度を採用している場合だけでなく，実際原価計算制度において予定価格等を使用した場合にも同様である。

　　（注2）異常な原価差異の「非原価処理」は，**特別損失**（または営業外費用）に計上するのが妥当である。

274

（注3）標準の設定ないし予定価格等が不適当なため，比較的多額の差異が生じた場合の処理は次のようになる。
　　①　個別原価計算の場合→当年度の売上原価と期末棚卸資産に指図書別または科目別に配賦する。
　　②　総合原価計算の場合→当年度の売上原価と期末棚卸資産に科目別に配賦する。

〈図〉

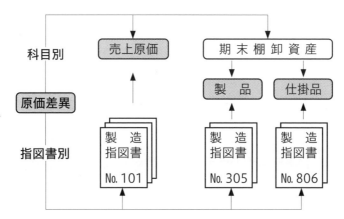

（＊）原価差異が多額かどうかの判断は，実務上，当期総製造費用の100分の1を超えるかどうかによる（法人税基本通達5-3-3）。

2．財務諸表への記載方法

　原価差異を当年度の売上原価に賦課（または，当年度の売上原価と期末棚卸資産に配賦）する場合の損益計算書への記載方法は下記のようになる（「企業会計原則注解【注9】」参照）。

　なお，損益計算書上，標準売上原価は，原価差異の処理方法に関係なく，必ず標準原価により計算が行われ，原価差額の区分には，原価差異の処理方法（少額で全額売上原価賦課か，多額で追加配賦か）により異なる金額が計上されることに注意する。

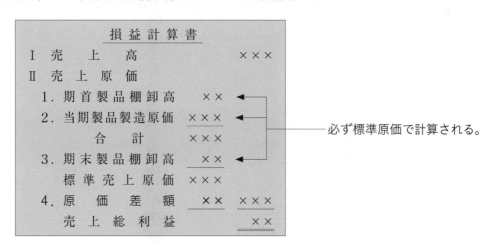

2 原価差異の会計処理方法

1. 原則的な処理方法

　原価計算制度上，標準原価を使用することにより生じる正常な原価差異は，製品原価性を有するため，本来なら売上原価，期末製品，期末仕掛品に追加配賦すべきである。

　しかしながら，標準原価計算制度においては，原価標準が正しく設定されているかぎり，正常な状態で生じる原価差異総額は少額なものと考えられる。また，売上原価に配賦されるべき原価差異は，通常，期末製品や期末仕掛品への配賦額に比べ圧倒的に大きくなる。そこで，重要性の原則を適用することにより，原価差異は（材料受入価格差異を除き）原則として当年度の売上原価のみに賦課する。

原価差異の処理 …… 原　則：当年度の売上原価に賦課

2. 原価差異を追加配賦する場合の計算方法

　不適当な予定価格等により，比較的多額の原価差異が生じた場合には，その原価差異を当年度の売上原価と期末棚卸資産に追加配賦しなければならない。この場合，原価差異の追加配賦の方法には一括調整法ところがし計算法がある。

(1) 一括調整法

　　追加配賦すべき原価差異を，当年度の売上原価と期末棚卸資産に対して，それぞれの標準原価の金額を基準に一括して追加配賦する方法である。一括調整法は，期末仕掛品の原価要素ごとの進捗度が，原価差異の追加配賦の計算上明確に区別されないので，簡便的な配賦方法といえる。

　　一括調整法によった場合の追加配賦額は次のように計算する。

$$売上原価に対する追加配賦額 = 原価差異 \times \frac{当年度の標準売上原価}{売上原価と期末棚卸資産の標準原価合計}$$

$$期末製品に対する追加配賦額 = 原価差異 \times \frac{期末製品の標準原価}{売上原価と期末棚卸資産の標準原価合計}$$

$$期末仕掛品に対する追加配賦額 = 原価差異 \times \frac{期末仕掛品の標準原価}{売上原価と期末棚卸資産の標準原価合計}$$

⑵ ころがし計算法

追加配賦すべき原価差異を，棚卸資産の原価配分方法に応じて，追加配賦していく方法をいう。したがって，ころがし計算法では，各原価差異を，その差異が発生した原価要素別の原価配分割合で追加配賦していくことになる。

ころがし計算法によった場合の追加配賦額は，次のように計算する。

$$\text{売上原価に対する追加配賦額} = \text{原価差異} \times \frac{\text{売上原価の完成品換算量}}{\text{売上原価と期末棚卸資産の完成品換算量合計}}$$

$$\text{期末製品に対する追加配賦額} = \text{原価差異} \times \frac{\text{期末製品の完成品換算量}}{\text{売上原価と期末棚卸資産の完成品換算量合計}}$$

$$\text{期末仕掛品に対する追加配賦額} = \text{原価差異} \times \frac{\text{期末仕掛品の完成品換算量}}{\text{売上原価と期末棚卸資産の完成品換算量合計}}$$

(注) 標準原価計算では，売上原価，期末製品，期末仕掛品とも標準原価（＝原価標準×完成品換算量）で計算されるため，上記式の完成品換算量を（原価要素別の）標準原価や標準消費量に置き換えても同様の計算結果が得られる。

参考 原価計算基準47：原価差異の会計処理

⑴ 実際原価計算制度における原価差異の処理は，次の方法による。

1 原価差異は，材料受入価格差異を除き，原則として当年度の売上原価に賦課する。

2 材料受入価格差異は，当年度の材料の払出高と期末在高に配賦する。この場合，材料の期末在高については，材料の適当な種類群別に配賦する。

3 予定価格等が不適当なため，比較的多額の原価差異が生ずる場合，直接材料費，直接労務費，直接経費および製造間接費に関する原価差異の処理は，次の方法による。

　⑴ 個別原価計算の場合

　　次の方法のいずれかによる。

　　イ　当年度の売上原価と期末におけるたな卸資産に指図書別に配賦する。

　　ロ　当年度の売上原価と期末におけるたな卸資産に科目別に配賦する。

　⑵ 総合原価計算の場合

　　当年度の売上原価と期末におけるたな卸資産に科目別に配賦する。

⑵ 標準原価計算制度における原価差異の処理は，次の方法による。

1 数量差異，作業時間差異，能率差異等であって異常な状態に基づくと認められるものは，これを非原価項目として処理する。

2 前記1の場合を除き，原価差異はすべて実際原価計算制度における処理の方法に準じて処理する。

当社は，標準製品Aを製造し，パーシャル・プランの標準原価計算制度を採用している。次に示す当年度の資料にもとづいて，各設問に答えなさい。

（資　料）

1．原価標準

直接材料費：200円/kg × 10kg/個　　= 2,000円

加　工　費：500円/時間 × 4時間/個 = 2,000円

製品1個あたりの標準製造原価　　4,000円

（注）加工費の標準配賦率は公式法変動予算（直接作業時間基準）にもとづいて算出されている。

2．当年度の年間生産データおよび販売データ

投　入　量	2,200個	完　成　量	2,000個
期末仕掛品量	200個 (0.5)	期末製品量	200個
完　成　量	2,000個	販　売　量	1,800個

（注）直接材料は工程始点ですべて投入される。上記の期末仕掛品の（　　）内の数値は加工費の進捗度を示す。また期首仕掛品，期首製品はなかった。

3．直接材料購入高と消費高

実際購入単価	実際購入量	実際消費量	期末在庫量
200円	24,000kg	22,473kg	1,527kg

当社では，掛けで購入したときに標準単価で受け入れている。また期首材料はなかった。

4．加工費の当期実際発生額　4,380,600円

5．原価差異はすべて正常なものであり，期末において原価差異の会計処理を行う。

ただし，加工費においては加工費配賦差異を計算するのみにとどめている。

6．製品Aの販売価格は5,000円/個である。

〔設問1〕

上記のデータにもとづき，(1)材料受入価格差異，(2)材料消費量差異，(3)加工費配賦差異を計算しなさい。

〔設問2〕

以下の各問の条件にもとづき，当期の損益計算書（売上総利益まで）と貸借対照表（一部）を作成しなさい。

（問1）原価差異はすべて少額なものとして，その全額を当年度の売上原価に賦課する場合

（問2）原価差異はすべて予定価格等が不適当であったため比較的多額の差異が発生したものとして，当年度の売上原価と期末棚卸資産に追加配賦する場合（一括調整法）

（問3）原価差異はすべて予定価格等が不適当であったため比較的多額の差異が発生したものとして，当年度の売上原価と期末棚卸資産に追加配賦する場合（ころがし計算法）

【解　答】

〔設問1〕　(1)　材料受入価格差異　　　　──円〔──〕

　　　　　　(2)　材料消費量差異　　94,600円〔借方〕

　　　　　　(3)　加工費配賦差異　　180,600円〔借方〕

〔設問2〕（単位：円）

（問1）原価差異は少額なため，当年度の売上原価に全額を賦課する場合

損　益　計　算　書			貸借対照表（一部）	
売　　上　　高		9,000,000	資　産　の　部	
売　上　原　価			流　動　資　産	
1．当期製品製造原価	8,000,000		⋮	
2．期末製品棚卸高	800,000		製　　　　　品	800,000
標準売上原価	7,200,000		材　　　　　料	305,400
3．原　価　差　額	275,200	7,475,200	仕　　掛　　品	600,000
売上総利益		1,524,800		

（問2）原価差異は比較的多額であるとして追加配賦する場合（一括調整法）

損　益　計　算　書			貸借対照表（一部）	
売　　上　　高		9,000,000	資　産　の　部	
売　上　原　価			流　動　資　産	
1．当期製品製造原価	8,000,000		⋮	
2．期末製品棚卸高	800,000		製　　　　　品	825,600
標準売上原価	7,200,000		材　　　　　料	305,400
3．原　価　差　額	230,400	7,430,400	仕　　掛　　品	619,200
売上総利益		1,569,600		

（問3）原価差異は比較的多額であるとして追加配賦する場合（ころがし計算法）

損　益　計　算　書			貸借対照表（一部）	
売　　上　　高		9,000,000	資　産　の　部	
売　上　原　価			流　動　資　産	
1．当期製品製造原価	8,000,000		⋮	
2．期末製品棚卸高	800,000		製　　　　　品	825,800
標準売上原価	7,200,000		材　　　　　料	305,400
3．原　価　差　額	232,200	7,432,200	仕　　掛　　品	617,200
売上総利益		1,567,800		

Theme
08

原価差異の会計処理

【解 説】

〔設問1〕

1. 生産データと販売データの整理（生産データの（　　）内は, 加工費の完成品換算量）

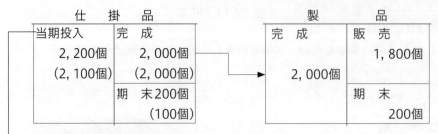

　仕　掛　品

当期投入	完　成
2,200個	2,000個
(2,100個)	(2,000個)
	期　末200個
	(100個)

　製　　品

完　成	販　売
2,000個	1,800個
	期　末
	200個

当期標準消費量の計算

材料　2,200個 ×10kg/個 = 22,000kg

直作　2,100個 × 4時間/個 = 8,400時間

2. 標準原価差異の把握

(1) 材料受入価格差異：標準単価と実際単価とが等しいため生じない。

(2) 材料消費量差異：200円/kg ×（22,000kg － 22,473kg）=（−）94,600円〔借方〕

(3) 加工費配賦差異：500円/時間× 8,400時間−4,380,600円 =（−）180,600円〔借方〕

〔設問2〕

まず各問に共通の項目を計算する。

1. 標準原価の計算

(1) 当期完成品原価

直接材料費：2,000円/個×2,000個 = 4,000,000円

加　工　費：2,000円/個×2,000個 = 4,000,000円

合　　計　　　　　8,000,000円 ………P/L 当期製品製造原価

(2) 期末仕掛品原価

直接材料費：2,000円/個×200個 = 400,000円

加　工　費：2,000円/個×100個 = 200,000円

合　　計　　　　　600,000円 ……………… （問1）B/S 仕掛品

(3) 当期売上原価

直接材料費：2,000円/個×1,800個 = 3,600,000円

加　工　費：2,000円/個×1,800個 = 3,600,000円

合　　計　　　　　7,200,000円 ……………P/L 標準売上原価

(4) 期末製品原価

直接材料費：2,000円/個×200個 = 400,000円

加　工　費：2,000円/個×200個 = 400,000円

合　　計　　　　　800,000円 ………………{ （問1）B/S 製品
　　　　　　　　　　　　　　　　　　　　　　　P/L 期末製品棚卸高

(5) 期 末 材 料：200円/kg×1,527kg = 305,400円 ………………………B/S 材　料

(6) 売　上　高：5,000円/個×1,800個 = 9,000,000円 ………………P/L 売上高

２．原価差異の会計処理

（問１）売上原価賦課

> 原価差異は少額のため，全額当年度の売上原価に賦課する。

原価差異合計：$\underset{\text{材料消費量差異}}{(-)94,600円} + \underset{\text{加工費配賦差異}}{(-)180,600円} = (-)275,200円〔借方〕$

〈勘定連絡図〉

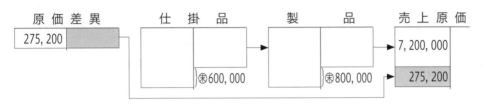

（問２）一括調整法

> 原価差額は，売上原価，期末製品，期末仕掛品にその標準原価の割合で一括して追加配賦する。

売上原価への配賦額：$\dfrac{(-)275,200円}{7,200,000円 + 800,000円 + 600,000円} \times 7,200,000円 = (-)230,400円〔借方〕$

期末製品への配賦額：　　　　〃　　　　　　　× 800,000円 = (-)25,600円〔借方〕

期末仕掛品への配賦額：　　　　〃　　　　　　　× 600,000円 = (-)19,200円〔借方〕

〈勘定連絡図〉

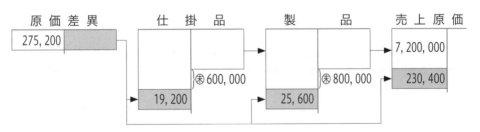

（問3）ころがし計算法

> 原価差額は，原価要素別に売上原価，期末製品，期末仕掛品へ完成品
> 換算量の割合（または原価要素別の標準原価ないし標準消費量の割合）
> で追加配賦する。

(1) 材料消費量差異の追加配賦

売上原価への配賦額：$\dfrac{(-)94,600円}{1,800個+200個+200個} \times 1,800個 = (-)77,400円$〔借方〕

期末製品への配賦額：　　　〃　　　$\times$　200個 $= (-)8,600円$〔借方〕

期末仕掛品への配賦額：　　　〃　　　$\times$　200個 $= (-)8,600円$〔借方〕

(2) 加工費配賦差異の追加配賦

売上原価への配賦額：$\dfrac{(-)180,600円}{1,800個+200個+100個} \times 1,800個 = (-)154,800円$〔借方〕

期末製品への配賦額：　　　〃　　　$\times$　200個 $= (-)17,200円$〔借方〕

期末仕掛品への配賦額：　　　〃　　　$\times$　100個 $= (-)8,600円$〔借方〕

(3) 合　　　計

売上原価への配賦額：$(-)77,400円 + (-)154,800円 = (-)232,200円$〔借方〕

期末製品への配賦額：$(-)8,600円 + (-)17,200円 = (-)25,800円$〔借方〕

期末仕掛品への配賦額：$(-)8,600円 + (-)8,600円 = (-)17,200円$〔借方〕

〈勘定連絡図〉

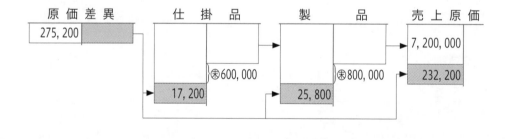

3. 材料受入価格差異の追加配賦

材料受入価格差異は，金額の多少にかかわらず，当年度の材料払出高と期末有高に配賦する。これはいまだ製造過程に投入されていない材料（＝期末材料）については，原則として取得原価にもとづいて評価するためである（注）。

（注）この処理は法人税法との調整による。

材料受入価格差異 …… 当年度の材料払出高と期末有高に配賦

なお，不適当な標準ないし予定価格等の設定により，材料受入価格差異が比較的多額であった場合には，当年度の材料払出高に配賦された材料受入価格差異（＝材料消費価格差異）をさらに追加配賦しなければならない。

この追加配賦の計算を行うにあたり，実際原価計算制度を採用している場合と標準原価計算制度を採用している場合とでは処理方法が異なるが，いずれの場合も，材料費の計算を実際単価に修正することにほかならない。

(1) 実際原価計算制度の場合

実際原価計算制度では，材料消費量は実績数値により計算されるため，当年度の材料払出高（＝実際消費量）は，最終的には売上品，期末製品，期末仕掛品に対して払い出されることになる。したがって，払出高分の材料受入価格差異（＝材料消費価格差異）は，売上原価と期末製品，期末仕掛品に対して追加配賦される。

(2) 標準原価計算制度の場合

標準原価計算制度では，製品原価は標準原価により計算されるため，直接材料費についても標準消費量にもとづいて計算されることになる。したがって，材料の払出高（＝実際消費量）は，売上原価と期末製品，期末仕掛品への標準消費量合計と，数量差異を合わせたものとなり，これらに対して追加配賦される。

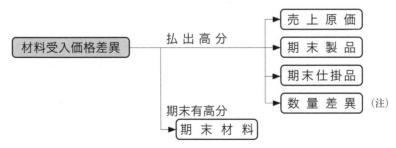

（注）数量差異には配賦しない処理法もある。

　当社は，標準製品Ａ（販売価格5,000円/個）を製造し，パーシャル・プランの標準原価計算制度を採用している。次に示す当年度の資料にもとづいて，各設問に答えなさい。

（資　料）
１．原価標準

　　　　直接材料費：200円/kg×10kg/個＝2,000円

　　　　加　工　費：500円/時×4時/個＝2,000円

　　　　　製品１個あたりの標準製造原価　4,000円

　　（注）加工費の標準配賦率は公式法変動予算（直接作業時間基準）にもとづいて算出されている。

２．当年度の年間生産データおよび販売データ

投　入　量	2,200個	完　成　量	2,000個
期末仕掛品量	200個（0.5）	期末製品量	200個
完　成　量	2,000個	販　売　量	1,800個

　　（注）材料はすべて工程の始点で投入される。上記の期末仕掛品の（　　）内の数値は加工費の進捗度を示す。また期首仕掛品，期首製品はなかった。

３．直接材料購入高と消費高

実際購入単価	実際購入量	実際消費量	期末在庫量
210円/kg	24,000kg	22,473kg	1,527kg

　　当社では，掛けで購入したときに標準単価で受け入れている。また期首材料はなかった。

４．加工費の当期実際発生額　4,380,600円

５．原価差異はすべて正常なものであり，期末において原価差異の処理を行う。

　　ただし，加工費においては加工費配賦差異を計算するのみにとどめている。

〔設問１〕

　　上記のデータにもとづき，⑴材料受入価格差異，⑵材料消費量差異，⑶加工費配賦差異を計算しなさい。

〔設問２〕

　　上記のすべての原価差異は予定価格等が不適当であったため，比較的多額の差異が発生してしまったとする。そこで，外部報告目的のための標準原価差異の会計処理を行って，その結果を原価計算関係諸勘定へ記入し，関係勘定の実際原価を計算して各勘定を締め切りなさい。なお，追加配賦して得られた各関係勘定の期末残高ができるだけ実際原価に一致するように追加配賦すること。

〔設問３〕

　　上記のすべての標準原価差異が少額であったものとして，当年度の売上総利益を計算しなさい。

【解　答】

〔設問1〕
(1)　材料受入価格差異：　240,000円〔借方〕
(2)　材料消費量差異：　94,600円〔借方〕
(3)　加工費配賦差異：　180,600円〔借方〕

〔設問2〕

　勘定記入は、相手勘定科目と金額を記入する。期末有高については次期繰越とし、金額はまず標準原価を記入し、その下の行に追加配賦額を、さらにその下の行に両者の合計額（実際原価）を記入する（単位：円）。

材　　　料

買　掛　金	4,800,000	仕　掛　品	4,494,600
材料受入価格差異	15,270	次　期　繰　越	
		標　準　原　価	305,400
		追　加　配　賦　額	15,270
		合　　計	320,670
	4,815,270		4,815,270

加　　　工　　　費

諸　　　　口	4,380,600	仕　掛　品	4,380,600

仕　　　掛　　　品

材　　　料	4,494,600	製　　　品	8,000,000
加　工　費	4,380,600	材料消費量差異	94,600
材料受入価格差異	20,000	加工費配賦差異	180,600
材料消費量差異	9,030	次　期　繰　越	
加工費配賦差異	8,600	標　準　原　価	600,000
		追　加　配　賦　額	37,630
		合　　計	637,630
	8,912,830		8,912,830

製　　　品

仕　掛　品	8,000,000	売　上　原　価	7,200,000
材料受入価格差異	20,000	次　期　繰　越	
材料消費量差異	9,030	標　準　原　価	800,000
加工費配賦差異	17,200	追　加　配　賦　額	46,230
		合　　計	846,230
	8,046,230		8,046,230

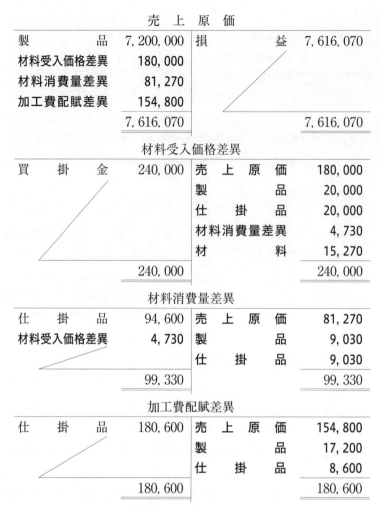

売　上　原　価

製　　　　品	7,200,000	損　　　　益	7,616,070
材料受入価格差異	180,000		
材料消費量差異	81,270		
加工費配賦差異	154,800		
	7,616,070		7,616,070

材料受入価格差異

買　　掛　　金	240,000	売　上　原　価	180,000
		製　　　　品	20,000
		仕　　掛　　品	20,000
		材料消費量差異	4,730
		材　　　　料	15,270
	240,000		240,000

材料消費量差異

仕　　掛　　品	94,600	売　上　原　価	81,270
材料受入価格差異	4,730	製　　　　品	9,030
		仕　　掛　　品	9,030
	99,330		99,330

加工費配賦差異

仕　　掛　　品	180,600	売　上　原　価	154,800
		製　　　　品	17,200
		仕　　掛　　品	8,600
	180,600		180,600

（注）解答のゴシック体の箇所は追加配賦計算の部分を示す。

〔設問3〕　当年度の売上総利益：　1,300,070円

【解　説】

〔設問1〕

1．生産データと販売データの整理（生産データの（　　）内は，加工費の完成品換算量）

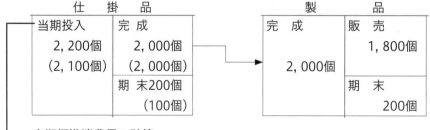

当期標準消費量の計算

　　直 接 材 料　2,200個 × 10kg/個 ＝ 22,000kg

　　直接作業時間　2,100個 × 4時/個 ＝ 8,400時間

2．標準原価差異の把握

(1) 材料受入価格差異：$(200円/kg-210円/kg)×24,000kg=(-)240,000円〔借方〕$

(2) 材料消費量差異：$200円/kg×(22,000kg-22,473kg)=(-)94,600円〔借方〕$

(3) 加工費配賦差異：$500円/時×8,400時間-4,380,600円=(-)180,600円〔借方〕$

〔設問2〕

1．原価差異追加配賦前の各勘定の記入

(1) 材料勘定

〈借方〉掛 仕 入 額：$200円/kg×24,000kg=4,800,000円$

〈貸方〉材料消費額：$200円/kg×22,473kg=4,494,600円$（仕掛品勘定へ振替え）

期末（標準）：$200円/kg× 1,527kg= 305,400円$

(2) 仕掛品

〈借方〉当期材料費：$4,494,600円$（材料勘定からの振替額）

当期加工費：$4,380,600円$（実際発生額）

〈貸方〉完成品原価：$4,000円/個×2,000個=8,000,000円$（製品勘定へ振替え）

材料消費量差異：$94,600円$（パーシャル・プランのため仕掛品勘定で把握）

加工費配賦差異：$180,600円$（パーシャル・プランのため仕掛品勘定で把握）

期末仕掛品：$2,000円/個×200個+2,000円/個×100個=600,000円$

(3) 製品勘定

〈借方〉完成品原価：$8,000,000円$（仕掛品勘定からの振替額）

〈貸方〉売 上 原 価：$4,000円/個×1,800個=7,200,000円$（売上原価勘定へ振替え）

期 末 製 品：$4,000円/個× 200個= 800,000円$

2．標準原価差異の追加配賦

　本問では，〔設問2〕の計算条件に「追加配賦して得られた各関係勘定の期末残高ができるだけ実際原価に一致するように追加配賦すること」とあることから，正確に追加配賦する「ころがし計算法」による追加配賦を行うことになる。

　なお，本問での追加配賦計算を図で示すと次のようになる。

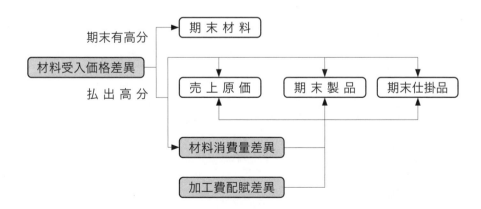

(1) 材料受入価格差異の追加配賦

　本問における材料受入価格差異は標準単価が不適当なため多額の差異が計算されたものであり，これをできるだけ正確に追加配賦しなければならない。そこで，実際単価に修正するための追加配賦計算を行う。

　なお，直接材料は工程の始点で投入するため，加工費進捗度を加味しないで追加配賦する。

　また，売上原価と期末製品・期末仕掛品は，材料の物量単位（kg）に換算しておくと，まとめて配賦することができる。

	材料消費量または在庫量	追加配賦額（すべて〔借方差異〕）
売 上 原 価	10kg×1,800個＝18,000kg	@10円（＊）×18,000kg＝180,000円
期 末 製 品	10kg× 200個＝ 2,000kg	〃 × 2,000kg＝ 20,000円
期 末 仕 掛 品	10kg× 200個＝ 2,000kg	〃 × 2,000kg＝ 20,000円
材料消費量差異	473kg	〃 × 473kg＝ 4,730円
計：実際消費量	22,473kg	224,730円
期 末 材 料	1,527kg	〃 × 1,527kg＝ 15,270円
合　　　計	24,000kg	240,000円

（＊）配賦率：$\dfrac{240,000円}{24,000kg}$＝@10円

(2) 材料消費量差異の追加配賦

　材料消費量差異は，材料受入価格差異からの追加配賦額4,730円を含めた総額99,330円（＝94,600円＋4,730円）を追加配賦することに注意する。

	数　　量	追加配賦額（すべて〔借方差異〕）
売 上 原 価	1,800個	@45.15円（＊）×1,800個＝81,270円
期 末 製 品	200個	〃 × 200個＝ 9,030円
期 末 仕 掛 品	200個	〃 × 200個＝ 9,030円
合　　　計	2,200個	99,330円

（＊）配賦率：$\dfrac{99,330円}{2,200個}$＝@45.15円

(3) 加工費配賦差異の追加配賦

　加工費配賦差異の追加配賦は，〔設例8－1〕（問3）と同じである。

	加工換算量	追加配賦額（すべて〔借方差異〕）
売 上 原 価	1,800個	@86円（＊）×1,800個＝154,800円
期 末 製 品	200個	〃 × 200個＝ 17,200円
期 末 仕 掛 品	100個	〃 × 100個＝ 8,600円
合　　　計	2,100個	180,600円

（＊）配賦率：$\dfrac{180,600円}{2,100個}$＝@86円

(4) 合計（すべて借方差異）

	売上原価	期末製品	期末仕掛品	期末材料
材料受入価格差異	180,000円	20,000円	20,000円	15,270円
材料消費量差異	81,270円	9,030円	9,030円	
加工費配賦差異	154,800円	17,200円	8,600円	
合　　計	416,070円	46,230円	37,630円	15,270円

［参考］勘定連絡図（パーシャル・プラン）

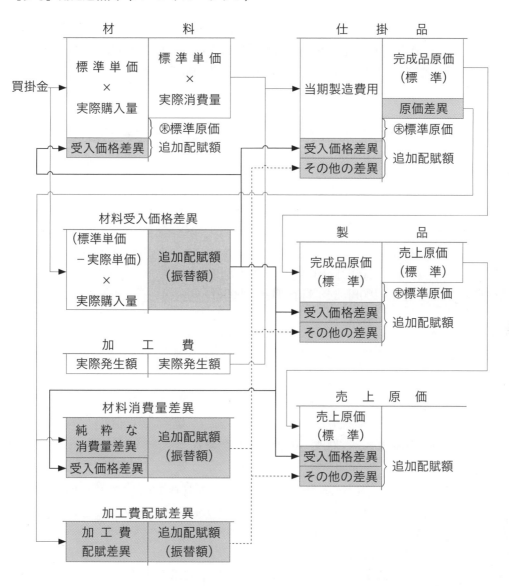

〔設問3〕

1．売上原価に賦課する標準原価差異

　すべての標準原価差異が少額であったものとした場合，期末材料に配賦される材料受入価格差異を除き，売上原価に賦課する。

　　　材料受入価格差異：240,000円－15,270円＝224,730円〔借方〕

　　　材料消費量差異：　　　　　　　　　　94,600円〔借方〕

　　　加工費配賦差異：　　　　　　　　　180,600円〔借方〕

　　　　合計：売上原価に賦課する標準原価差異　499,930円〔借方〕

2．当年度の売上総利益

　　　売　上　高：5,000円/個×1,800個＝9,000,000円

　　　売 上 原 価：4,000円/個×1,800個＋499,930円＝7,699,930円

　　　売上総利益：9,000,000円－7,699,930円＝1,300,070円

設例 8-3

　当社は，標準製品Aを製造し，パーシャル・プランの標準原価計算制度を採用している。次に示す当年度の資料にもとづいて，各設問に答えなさい。

（資　料）

1．原価標準

　　　直接材料費

　　　　Ｘ 材 料：200円/kg×10kg/個＝ 2,000円

　　　　Ｙ 材 料：100円/kg×5 kg/個＝　 500円

　　　加 　工 　費：500円/ 時×4 時/個＝ 2,000円

　　　製品1個あたりの標準製造原価　4,500円

　　（注）加工費の標準配賦率は公式法変動予算（直接作業時間基準）にもとづいて算出されている。

2．当年度の年間生産データおよび販売データ

投　入　量	2,200個	完　成　量	2,000個
期末仕掛品量	200個（0.5）	期 末 製 品 量	200個
完　成　量	2,000個	販　売　量	1,800個

　　（注）Ｘ材料は工程の始点ですべて投入され，Ｙ材料は工程を通じて平均的に投入される。上記の期末仕掛品の（　　）内の数値は加工費の進捗度を示す。また期首仕掛品，期首製品はなかった。

3．直接材料購入高と消費高

	実際購入単価	実際購入量	実際消費量	期末在庫量
Ｘ材料	210円/kg	24,000kg	22,473kg	1,527kg
Ｙ材料	105円/kg	12,000kg	10,620kg	1,380kg

当社では，掛けで購入したときに標準単価で受け入れている。また期首材料はなかった。

4．加工費の当期実際発生額　4,380,600円

5．原価差異はすべて正常なものであり，期末において原価差異の処理を行う。

　　ただし，加工費においては加工費配賦差異を計算するのみにとどめている。

6．製品Aの販売価格は5,000円/個である。

〔設問1〕
　　上記のデータにもとづき，(1)各材料の材料受入価格差異，(2)材料消費量差異，(3)加工費配賦差異を計算しなさい。

〔設問2〕
　　上記のすべての原価差異は予定価格等が不適当であったため，比較的多額の差異が発生してしまったとする。そこで，外部報告目的のための標準原価差異の会計処理を行って，その結果を原価計算関係諸勘定へ記入し，関係勘定の実際原価を計算して各勘定を締め切りなさい。なお，追加配賦して得られた各関係勘定の期末残高ができるだけ実際原価に一致するように追加配賦すること。

〔設問3〕
　　上記のすべての標準原価差異が少額であったものとして，当年度の売上総利益を計算しなさい。

【解　答】

〔設問1〕　(1)　材料受入価格差異：

　　　　　　　　X 材 料　240,000円〔借方〕　　　Y 材 料　60,000円〔借方〕

　　　　　　(2)　材料消費量差異：

　　　　　　　　X 材 料　94,600円〔借方〕　　　Y 材 料　12,000円〔借方〕

　　　　　　(3)　加工費配賦差異：　180,600円〔借方〕

〔設問2〕
　　勘定記入は，相手勘定科目と金額を記入する。期末有高については次期繰越とし，金額はまず標準原価を記入し，その下の行に追加配賦額を，さらにその下の行に両者の合計額（実際原価）を記入する。

（単位：円）

材		料	
買 掛 金	6,000,000	仕 掛 品	5,556,600
材料受入価格差異	22,170	次 期 繰 越	
		標 準 原 価	443,400
		追 加 配 賦 額	22,170
		合 計	465,570
	6,022,170		6,022,170

加 工 費

諸　　　　　口	4,380,600	仕	掛	品	4,380,600

仕 掛 品

材　　　　　料	5,556,600	製			品	9,000,000
加　　工　　費	4,380,600	材料消費量差異				106,600
材料受入価格差異	22,500	加工費配賦差異				180,600
材料消費量差異	9,630	次	期	繰	越	
加工費配賦差異	8,600	標	準	原	価	650,000
		追 加 配 賦 額				40,730
		合		計		690,730
	9,977,930					9,977,930

製 品

仕　掛　品	9,000,000	売	上	原	価	8,100,000
材料受入価格差異	25,000	次	期	繰	越	
材料消費量差異	10,230	標	準	原	価	900,000
加工費配賦差異	17,200	追 加 配 賦 額				52,430
		合		計		952,430
	9,052,430					9,052,430

売 上 原 価

製　　　　　品	8,100,000	損		益	8,571,870
材料受入価格差異	225,000				
材料消費量差異	92,070				
加工費配賦差異	154,800				
	8,571,870				8,571,870

材料受入価格差異

買　掛　金	300,000	売	上	原 価	225,000
		製		品	25,000
		仕	掛	品	22,500
		材料消費量差異			5,330
		材		料	22,170
	300,000				300,000

材料消費量差異

仕　掛　品	106,600	売	上	原 価	92,070
材料受入価格差異	5,330	製		品	10,230
		仕	掛	品	9,630
	111,930				111,930

加工費配賦差異

仕 掛 品	180,600	売 上 原 価	154,800
		製 品	17,200
		仕 掛 品	8,600
	180,600		180,600

（注）解答のゴシック体の箇所は追加配賦計算の部分を示す。

〔設問3〕当年度の売上総利益：　334,970円

【解　説】

〔設問1〕

1．生産データと販売データの整理（生産データの（　　）内は，加工費の完成品換算量）

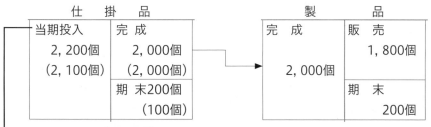

仕　掛　品			製　品	
当期投入	完　成		完　成	販　売
2,200個	2,000個			1,800個
(2,100個)	(2,000個)		2,000個	
	期　末200個			期　末
	(100個)			200個

→ **当期標準消費量の計算**

X材　2,200個×10kg/個＝22,000kg

Y材　2,100個× 5kg/個＝10,500kg

直作　2,100個× 4時/個＝8,400時間

（注）Y材料は平均的に投入されるため加工費の完成品換算量で計算する。

2．標準原価差異の把握

(1)　材料受入価格差異：

X　材　料；(200円/kg−210円/kg)×24,000kg＝(−)240,000円〔借方〕

Y　材　料；(100円/kg−105円/kg)×12,000kg＝(−) 60,000円〔借方〕

(2)　材料消費量差異：

X　材　料；200円/kg×(22,000kg−22,473kg)＝(−)94,600円〔借方〕

Y　材　料；100円/kg×(10,500kg−10,620kg)＝(−)12,000円〔借方〕

(3)　加工費配賦差異：

500円/時×8,400時間−4,380,600円＝(−)180,600円〔借方〕

〔設問2〕

1．原価差異追加配賦前の各勘定の記入

(1)　材料勘定

〈借方〉掛 仕 入 額：200円/kg×24,000kg＋100円/kg×12,000kg＝6,000,000円

〈貸方〉材料消費額：200円/kg×22,473kg＋100円/kg×10,620kg＝5,556,600円

期末（標準）：200円/kg× 1,527kg＋100円/kg× 1,380kg＝　443,400円

(2) 仕掛品勘定

　〈借方〉当期材料費：5,556,600円（材料勘定からの振替額）

　　　　　当期加工費：4,380,600円（実際発生額）

　〈貸方〉完成品原価：4,500円/個×2,000個＝9,000,000円

　　　　　材料消費量差異：106,600円（パーシャル・プランのため仕掛品勘定で把握）

　　　　　加工費配賦差異：180,600円（パーシャル・プランのため仕掛品勘定で把握）

　　　　　期末仕掛品：2,000円/個×200個＋(500円/個＋2,000円/個)×100個＝650,000円

(3) 製品勘定

　〈借方〉完成品原価：9,000,000円（仕掛品勘定からの振替額）

　〈貸方〉売 上 原 価：4,500円/個×1,800個＝8,100,000円（売上原価勘定へ振替え）

　　　　　期 末 製 品：4,500円/個×　200個＝　900,000円

2．標準原価差異の追加配賦

　　本問では，〔設問2〕の計算条件に「追加配賦して得られた各関係勘定の期末残高
ができるだけ実際原価に一致するように追加配賦すること」とあることから，正確に
追加配賦する「ころがし計算法」による追加配賦を行うことになる。

　　なお，本問での追加配賦計算を図で示すと次のようになる。

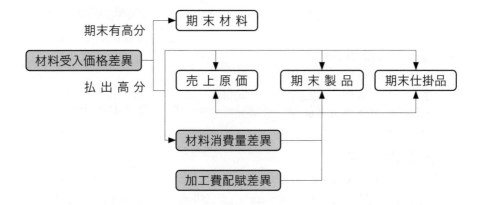

(1) 材料受入価格差異の追加配賦

　　本問における材料受入価格差異は標準単価が不適当なため多額の差異が計算され
たものであり，これをできるだけ正確に追加配賦しなければならない。そこで，実
際単価に修正するための追加配賦計算を行う。

　① X材料

　　　X材料は工程の始点で投入するため，加工費進捗度を加味しないで追加配賦す
る。

　　　なお，売上原価と期末製品・期末仕掛品は，材料の物量単位（kg）に換算し
ておくと，まとめて配賦することができる。

	材料消費量または在庫量	追加配賦額(すべて〔借方差異〕)
売 上 原 価	10kg×1,800個=18,000kg	@10円(＊)×18,000kg=180,000円
期 末 製 品	10kg× 200個= 2,000kg	〃 × 2,000kg= 20,000円
期 末 仕 掛 品	10kg× 200個= 2,000kg	〃 × 2,000kg= 20,000円
材料消費量差異	473kg	〃 × 473kg= 4,730円
計：実際消費量	22,473kg	224,730円
期 末 材 料	1,527kg	〃 × 1,527kg= 15,270円
合 計	24,000kg	240,000円

（＊）配賦率：$\dfrac{240,000円}{24,000kg}$＝@10円

② Y材料

Y材料は工程を通じて平均的に投入するため，加工費進捗度を加味して追加配賦する。

なお，X材料と同じく，材料の物量単位（kg）に換算しておくと，まとめて配賦することができる。

	材料消費量または在庫量	追加配賦額(すべて〔借方差異〕)
売 上 原 価	5kg×1,800個=9,000kg	@5円(＊)×9,000kg= 45,000円
期 末 製 品	5kg× 200個=1,000kg	〃 ×1,000kg= 5,000円
期 末 仕 掛 品	5kg× 100個= 500kg	〃 × 500kg= 2,500円
材料消費量差異	120kg	〃 × 120kg= 600円
計：実際消費量	10,620kg	53,100円
期 末 材 料	1,380kg	〃 ×1,380kg= 6,900円
合 計	12,000kg	60,000円

（＊）配賦率：$\dfrac{60,000円}{12,000kg}$＝@5円

(2) 材料消費量差異の追加配賦

材料消費量差異は，材料受入価格差異からの追加配賦額を含めたうえで，改めて追加配賦計算を行う。

① X材料

	数 量	追加配賦額(すべて〔借方差異〕)
売 上 原 価	1,800個	@45.15円(＊)×1,800個=81,270円
期 末 製 品	200個	〃 × 200個= 9,030円
期 末 仕 掛 品	200個	〃 × 200個= 9,030円
合 計	2,200個	99,330円

（＊）配賦率：$\dfrac{94,600円＋4,730円}{2,200個}$＝@45.15円

② Y材料

	加工換算量	追加配賦額(すべて〔借方差異〕)
売 上 原 価	1,800個	@6円(*)×1,800個＝10,800円
期 末 製 品	200個	〃 × 200個＝ 1,200円
期 末 仕 掛 品	100個	〃 × 100個＝ 600円
合 計	2,100個	12,600円

（＊）配賦率：$\dfrac{12,000円+600円}{2,100個}$＝@6円

(3) 加工費配賦差異の追加配賦

加工費配賦差異の追加配賦は，〔設例8－1〕（問3）と同じである。

	加工換算量	追加配賦額(すべて〔借方差異〕)
売 上 原 価	1,800個	@86円(*)×1,800個＝154,800円
期 末 製 品	200個	〃 × 200個＝ 17,200円
期 末 仕 掛 品	100個	〃 × 100個＝ 8,600円
合 計	2,100個	180,600円

（＊）配賦率：$\dfrac{180,600円}{2,100個}$＝@86円

(4) 合計（すべて借方差異）

	売上原価	期末製品	期末仕掛品	期末材料
材料受入価格差異(X)	180,000円	20,000円	20,000円	15,270円
材料受入価格差異(Y)	45,000円	5,000円	2,500円	6,900円
材料消費量差異(X)	81,270円	9,030円	9,030円	
材料消費量差異(Y)	10,800円	1,200円	600円	
加 工 費 配 賦 差 異	154,800円	17,200円	8,600円	
合 計	471,870円	52,430円	40,730円	22,170円

[参考] 勘定連絡図（パーシャル・プラン）

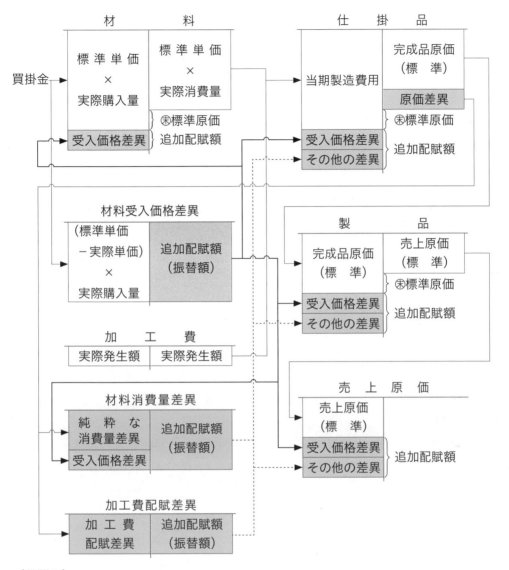

〔設問３〕

1．売上原価に賦課する標準原価差異

　　すべての標準原価差異が少額であったものとした場合，期末材料に配賦される材料
　受入価格差異を除き，売上原価に賦課する。

　　　材料受入価格差異：

　　　　X　材　料：240,000円－15,270円＝　　　　224,730円〔借方〕

　　　　Y　材　料：　60,000円－　6,900円＝　　　　53,100円〔借方〕

　　　材料消費量差異：

　　　　X　材　料；　　　　　　　　　　　　　　　94,600円〔借方〕

　　　　Y　材　料；　　　　　　　　　　　　　　　12,000円〔借方〕

　　　加工費配賦差異　　　　　　　　　　　　　　180,600円〔借方〕

　　　　合計：売上原価に賦課する標準原価差異　　565,030円〔借方〕

Theme 08　原価差異の会計処理

2．当年度の売上総利益

　　売　上　高：5,000円/個×1,800個＝9,000,000円

　　売 上 原 価：4,500円/個×1,800個＋565,030円＝8,665,030円

　　売上総利益：9,000,000円－8,665,030円＝334,970円

MEMO

09 標準の改訂
Theme

Check ここでは，原価標準を改訂する場合の処理について学習する。

1 標準の改訂

　標準原価計算において，原価標準そのものが誤っていたり，あるいは生産工程の実態を反映しなくなっていては，原価標準にもとづいて行われる差異分析は無意味なものとなってしまう。

　したがって，原価標準が適切かどうかについて定期的に点検を行い，作業方法の変更など重要な変化が生じたときは，会計期間の途中においても原価標準を改訂しなければならない。

　ここでは，標準の改訂を行った場合の会計処理について考察する。

2 旧標準が正しかった場合

1．期中における新標準の採用

　上述のとおり，作業方法を変更するなどの理由により原価標準に重大な変化が生じたときは，期中であっても原価標準を改訂し，新標準を採用する。この場合，会計上の処理方法には次の方法がある。

⑴　2組の仕掛品勘定を使用する方法

　この方法は，すでに製造着手され，製造過程にある製品分については旧標準を使用し，今後，新たに製造着手する製品分については，新標準を使用する方法である。このため，新旧2組の仕掛品勘定を一時的に使用する。旧標準使用の製品が完成したときに，旧標準による仕掛品勘定は締め切られ，それ以後は，新標準による仕掛品勘定のみを使用するという方法である。

⑵　標準改訂差異勘定を使用する方法

　この方法は，旧標準から新標準に変更することによって生じる差額を標準改訂差異勘定へ振り替える方法である。

　たとえば，新作業方法の導入により，製品1単位の直接労務費が300円から250円に引き下げられた場合に，期中に標準を改訂したときの会計処理は次のようになる。

　仕掛品勘定から標準改訂差異勘定への振替えは期末に行われる。なお，標準改訂差異は，新作業方法による原価低減を示す。

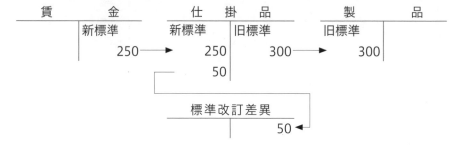

2．期末における新標準の採用

会計期末に原価標準を点検し，当期の原価標準は正しかったが，翌期においては，予想される諸条件の変化のために新標準に改訂する場合，翌期の計算に備えて，棚卸資産の勘定残高を新標準に修正しておく。

そのために，標準改訂差額引当金勘定を設け，期末棚卸資産の旧標準による原価と新標準による原価の差額を調整する。

なお，標準改訂差額引当金勘定は貸借対照表上，棚卸資産の付加勘定となる。なお，翌期になって，当期末の棚卸資産がすべて販売されたときは，標準改訂差額引当金勘定の残高を売上原価勘定に振り替える。

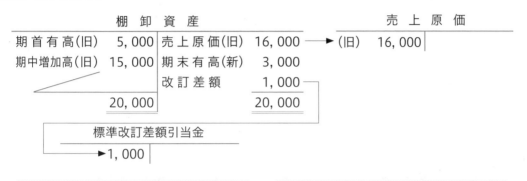

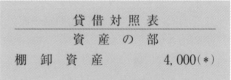

（＊）3,000円＋1,000円＝4,000円

③ 旧標準が誤りであった場合

原価標準を点検し，誤ったものであると発見するのは，多くの場合は期末においてである。このとき，当年度の売上原価，期末棚卸資産および標準原価差異はすでに旧標準を前提に計算されている。したがって，これらすべてを新標準で計算しなおすことになる。

参考　原価統制と原価低減

原価管理と一言でいった場合，狭義としての原価管理と，広義としての原価管理がある。狭義の原価管理とは，一定の品質や規格を保った製品を生産するという前提を満たしたうえで，原価の発生を一定の幅のなかにおさえていくことであり，コスト・コントロール（原価統制）を意味する。他方，広義の原価管理とは，コスト・コントロールに加え，原価低減活動が含まれる。原価低減とは，これまでの生産・技術条件そのものを変更し，原価水準（＝標準）自体を引き下げることであり，広義の原価管理はコスト・マネジメントともよばれる。

原価低減を実現させるためには，原価統制活動が必要であることからも，原価管理といった場合，コスト・マネジメント，すなわち原価低減を目的にした一連の活動と，引き下げられた原価水準の維持を目的とした一連の活動の総称を指すのが一般的といえる。

当工場における，次の資料にもとづき，設問に答えなさい。なお，解答にあたっては，資料以外のものは考慮しなくてよい。

（資　料）

1．原価標準（製品1個あたり）

    1,000円/時間 × 5時間 = 5,000円

2．生産・販売データ

    完　成　量　　1,000個

    販　売　量　　　800個

  （注）期首仕掛品，期首製品および期末仕掛品はない。

3．原価の実際発生額

    1,060円/時間 × 4,800時間 = 5,088,000円

4．原価差額は，全額を売上原価に賦課する。

〔設問1〕

    新作業方法の導入にともない，翌期より製品1個あたりの標準作業時間を4時間に変更することになり，翌期からの新標準の採用に備えて，適切に会計処理を行うことになった。そこで，関係諸勘定の記入を行うとともに，期末製品の貸借対照表価額を求めなさい。

〔設問2〕

    当期の原価標準が誤りであったことを発見し，正しくは，製品1個あたりの作業時間が4.5時間であった。この場合，当期の売上原価および期末製品の貸借対照表価額を求めなさい。

【解　答】

〔設問1〕　　　　　　　　　　　　　　　　　　　　　　　　　　（単位：円）

製　　品

仕　掛　品	5,000,000	売　上　原　価	4,000,000
		次　期　繰　越	800,000
		標準改訂差額引当金	200,000
	5,000,000		5,000,000

売　上　原　価

製　　品	4,000,000	損　　　　益	4,088,000
総　差　異	88,000		
	4,088,000		4,088,000

標準改訂差額引当金

製　　品	200,000	次　期　繰　越	200,000

期末製品の貸借対照表価額　　1,000,000円

〔設問2〕

    当 期 の 売 上 原 価   4,188,000円

    期末製品の貸借対照表価額   900,000円

【解　説】

〔設問1〕

　　当期完成品：5,000円/個 × 1,000個 = 5,000,000円

　　原価差異：5,000,000円 − 5,088,000円 =(−)88,000円〔借方〕

　　売上原価：5,000円/個 × 800個 + 88,000円 = 4,088,000円

　　翌期からの新標準：1,000円/時間 × 4時間 = 4,000円

　　新標準による当期末製品：4,000円/個 × 200個 = 800,000円

　　標準改訂差額：(5,000円/個 − 4,000円/個) × 200個 = 200,000円

　　期末製品：800,000円 + 200,000円 = 1,000,000円

〈勘定連絡〉　　　　　　　　　　　　　　　　　　　　　　　　　　　（単位：円）

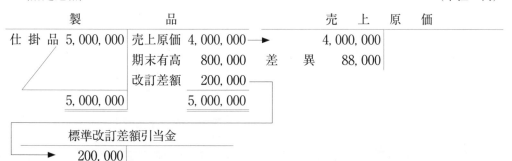

〔設問2〕

　　正しい原価標準：1,000円/時間 × 4.5時間 = 4,500円

　　原価差異：4,500円/個 × 1,000個 − 5,088,000円 =(−)588,000円〔借方〕

　　売上原価：4,500円/個 × 800個 + 588,000円 = 4,188,000円

　　期末製品：4,500円/個 × 200個 = 900,000円

10 本社工場会計
Theme

Check ここでは，工場を本社から独立した会計単位とした場合の処理を学習する。

1 本社工場会計とは

　組織の分権化を促進するなどの目的から，工場の会計を本社から切り離し，独立の会計単位とすることがある。このような，工場を独立の会計単位として処理することを「工場会計の独立」といい，本社と工場が独立の会計単位となるため，一般に「本社工場会計」という。

　工場会計を本社から独立させることにより，工場独自の業績評価が可能となることから，工場の経営責任者にとって必要な意思決定に役立てることができる。

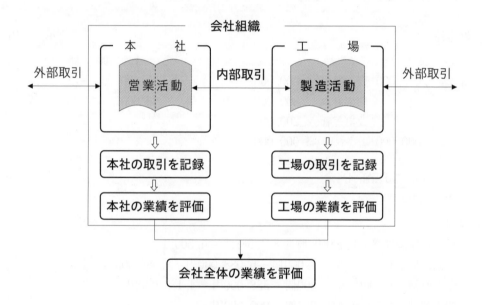

2 本社工場会計における簿記一巡

　本社工場会計では，本社および工場がそれぞれ独立した会計単位となっている。そのため，それぞれの帳簿に期中取引や決算の記入が行われ，それぞれ純損益を算定し，さらに，会社全体の純損益を算定する。

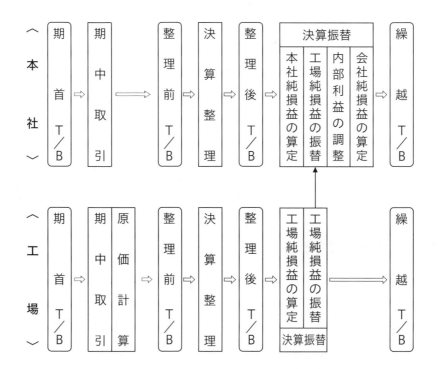

❸ 本社工場間取引

1. 本社勘定と工場勘定

　本社工場会計においては，本社工場間で生じる取引は企業内部の貸借関係，つまり債権・債務の関係とみなされ，本社では「工場（元帳）」勘定を，工場では「本社（元帳）」勘定を設けて処理する。「工場」・「本社」は，それぞれ独立した会計単位を構成する本社と工場の帳簿を結びつける役割を果たしている。また，この両勘定は，本社工場間の貸借関係を処理するためのものであり，その残高は貸借逆で必ず一致することから，「照合勘定」といわれる。

2. 製品の受払取引

　工場で製造した製品は，工場で外部販売するほかに，本社に送付して本社で販売する。この場合，本社と工場の業績を正しく評価するため，通常，製造原価に一定の内部利益を付加した価格（振替価格）により本社に送付する。このとき，外部取引による「仕入」，「売上」と区別するため，本社では「工場仕入」勘定，工場では「本社売上」勘定という照合勘定で処理することが一般的である。

設例 10-1

　工場は製品6,600千円（振替価格）を本社へ送付した。本社および工場のそれぞれの仕訳を示しなさい。

【解答・解説】　　　　　　　　　　　　　　　　　　　　　　　　　（単位：千円）

本　　　社		工　　　場	
（工場仕入）6,600　（工　場）6,600		（本　社）6,600　（本社売上）6,600	

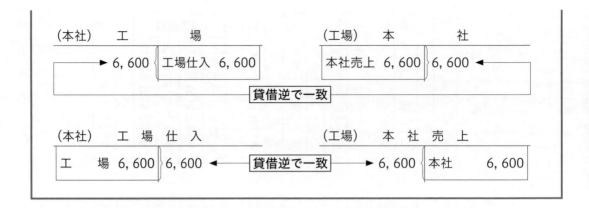

4 帳簿上の決算手続

1. 決算整理

通常の決算整理と同様の処理を，本社と工場のそれぞれが行う。ただし，工場側では，期中に原価計算を処理済みである点に注意する。

設例 10-2

当社では，工場を独立した会計単位として処理している。工場では，材料を加工して製品を製造するが，完成した製品について，外部に販売するとともに，製造原価に10％の内部利益を加算した振替価格で本社に送付している。本社では工場から仕入れた製品のみを外部に販売している。

下記の資料にもとづいて，本社および工場の決算整理後残高試算表を作成しなさい。

(資　料)

1．決算整理前残高試算表

決算整理前残高試算表　　　　　　　(単位：千円)

借 方 科 目	本　社	工　場	貸 方 科 目	本　社	工　場
現 金 預 金	1,250	730	買　　掛　　金	——	780
売　　掛　　金	2,500	1,500	貸 倒 引 当 金	30	20
製　　　　　品	330	250	繰 延 内 部 利 益	30	——
材　　　　　料	——	550	減価償却累計額	2,500	——
仕　　掛　　品	——	400	本　　　　　社	——	2,000
固　定　資　産	8,000	——	資　　本　　金	10,000	——
工　　　　　場	2,000	——	繰越利益剰余金	940	——
工　場　仕　入	6,600	——	売　　　　　上	9,000	3,000
売　上　原　価	——	8,000	本　社　売　上	——	6,600
営　　業　　費	1,820	970			
	22,500	12,400		22,500	12,400

306

2．決算整理事項

(1) 棚卸資産（単位：千円）

	期　　首			期　　末		
	材　料	仕掛品	製　品	材　料	仕掛品	製　品
本　社	——	——	330	——	——	440
工　場	600	450	200	550	400	250

（注1）期末棚卸資産に棚卸減耗は生じていない。

（注2）本社の売上原価は，工場仕入勘定を用いて算定する。

(2) 貸倒引当金

　　本社・工場ともに売掛金の期末残高に対して毎期2％の貸倒引当金を差額補充法により設定している。

(3) 減価償却

　　機械などの固定資産に対する工場負担の減価償却費：500千円

　　建物などの固定資産に対する本社負担の減価償却費：300千円

　（注）工場負担の減価償却費については，期中において適切に会計処理済みである。

(4) 費用の繰延べと見越し

　　本社の前払営業費：30千円

　　工場の未払営業費：20千円

【解　答】

決算整理後残高試算表　　　　　　（単位：千円）

借 方 科 目	本　社	工　場	貸 方 科 目	本　社	工　場
現 金 預 金	1,250	730	買　掛　金	——	780
売　掛　金	2,500	1,500	未 払 営 業 費	——	20
製　　　品	440	250	貸 倒 引 当 金	50	30
材　　　料	——	550	繰 延 内 部 利 益	30	——
仕　掛　品	——	400	減価償却累計額	2,800	——
前 払 営 業 費	30	——	本　　　社		2,000
固 定 資 産	8,000	——	資　本　金	10,000	——
工　　　場	2,000	——	繰越利益剰余金	940	——
工 場 仕 入	6,490	——	売　　　上	9,000	3,000
売 上 原 価	——	8,000	本 社 売 上	——	6,600
営　業　費	2,110	1,000			
	22,820	12,430		22,820	12,430

【解　説】

1．本社における決算整理仕訳（単位：千円）

　(1)　売上原価の計算

| （工　場　仕　入） | 330 | （製　　　　　品） | 330 |
| （製　　　　　品） | 440 | （工　場　仕　入） | 440 |

　(2)　貸倒引当金の設定

| （営　業　費）(＊) | 20 | （貸　倒　引　当　金） | 20 |
| 　貸倒引当金繰入 | | | |

　　（＊）売掛金期末残高2,500千円×2％－前T/B貸倒引当金30千円＝20千円

　(3)　減価償却費の計上

| （営　業　費） | 300 | （減価償却累計額） | 300 |
| 　減価償却費 | | | |

　(4)　営業費の繰延べ

| （前　払　営　業　費） | 30 | （営　業　費） | 30 |

2．工場における決算整理仕訳（単位：千円）

　　期中の原価計算において，売上原価は計算済みであり，棚卸資産についても期末残高がすでに計上済みである。また，減価償却費の計上も期中において適切に処理済みである。

　(2)　貸倒引当金の設定

| （営　業　費）(＊) | 10 | （貸　倒　引　当　金） | 10 |
| 　貸倒引当金繰入 | | | |

　　（＊）売掛金期末残高1,500千円×2％－前T/B貸倒引当金20千円＝10千円

　(4)　営業費の見越し

| （営　業　費） | 20 | （未　払　営　業　費） | 20 |

2. 純損益の算定および振替

　本社，工場のそれぞれが必要な決算整理を行い，決算整理後の収益および費用をそれぞれの帳簿ごとに設けた「損益」勘定に振り替えることにより，本社・工場独自の純損益が算定される。本社はこれらの純損益を合算して会社全体の純損益を算定することになる。

　ここでは，本社において「総合損益」勘定を設けている場合について示す。

設例 10-3

　次の決算整理後残高試算表をもとに，本社と工場の純損益についての振替仕訳をそれぞれ行いなさい。なお，工場の純損益は本社の総合損益勘定に振り替えるものとする。

決算整理後残高試算表　　　　　　　（単位：千円）

借方科目	本　社	工　場	貸方科目	本　社	工　場
現 金 預 金	1,250	730	買　　掛　　金	——	780
売　　掛　　金	2,500	1,500	未 払 営 業 費	——	20
製　　　　　品	440	250	貸 倒 引 当 金	50	30
材　　　　　料	——	550	繰 延 内 部 利 益	30	——
仕　　掛　　品	——	400	減価償却累計額	2,800	——
前 払 営 業 費	30	——	本　　　　　社		2,000
固 定 資 産	8,000	——	資　　本　　金	10,000	——
工　　　　　場	2,000		繰越利益剰余金	940	
工　　場　　仕　　入	6,490	——	売　　　　　上	9,000	3,000
売　　上　　原　　価	——	8,000	本　社　売　上	——	6,600
営　　業　　費	2,110	1,000			
	22,820	12,430		22,820	12,430

【解答・解説】

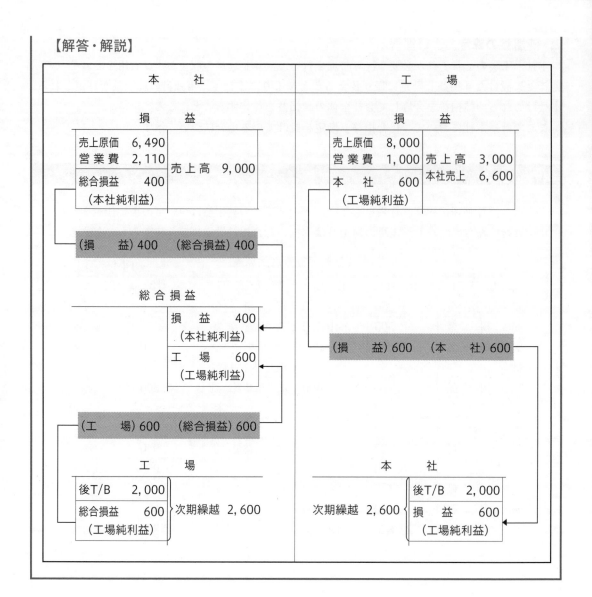

3. 内部利益の整理

(1) 内部利益とは

内部利益とは，企業内部において，材料や製品などの発送側がその原価に加算した利益のことをいう。発送側が内部利益を付加した価格（振替価格）で受入側に送付した資産が，受入側で期末に残っている場合，その資産に含まれている内部利益は未実現の利益ということになる。たとえば，工場で製造した製品の原価に一定の内部利益を付加した振替価格で本社に送付している場合には，本社の期末製品に内部利益が含まれている。その内部利益は未実現の利益であるため，会社全体の純損益の計算上，控除しなければならない。

(2) 棚卸資産に含まれる内部利益の整理

（繰延内部利益）	××	（繰延内部利益戻入）	××	←期首
（繰延内部利益控除）	××	（繰 延 内 部 利 益）	××	←期末

(3) 内部利益の戻入と控除の総合損益勘定への振替え

（繰延内部利益戻入）	××	（総 合 損 益）	××
（総 合 損 益）	××	（繰延内部利益控除）	××

内部利益の整理は内部利益を付加した側で行う場合と，本社が一括して行う場合があるが，以下，本社で一括して行うケースを確認する。

設例 10-4

当社では，工場を独立した会計単位として処理している。工場では，材料を加工して製品を製造するが，完成した製品については，製造原価に10%の内部利益を加算した振替価格を用いて本社に送付している。本社では工場から仕入れた製品のみを外部に販売している。

下記の資料にもとづいて，内部利益の整理の仕訳および総合損益勘定への振替仕訳を行いなさい。

（資　料）

本社における期首製品は330千円，期末製品は440千円であった。

【解答・解説】

(1) 内部利益の整理の仕訳（単位：千円）

（繰 延 内 部 利 益）（＊1）	30	（繰延内部利益戻入）	30
（繰延内部利益控除）（＊2）	40	（繰 延 内 部 利 益）	40

（＊1）期首内部利益：$330千円 \times \dfrac{0.1}{1.1} = 30千円$

（＊2）期末内部利益：$440千円 \times \dfrac{0.1}{1.1} = 40千円$

(2) 内部利益の総合損益勘定への振替仕訳（単位：千円）

| （繰延内部利益戻入） | 30 | （総 合 損 益） | 30 |
| （総 合 損 益） | 40 | （繰延内部利益控除） | 40 |

　なお，本社独自の純利益が400千円，工場独自の純利益が600千円であるとすると，本社における総合損益勘定は以下のようになる（単位：千円）。

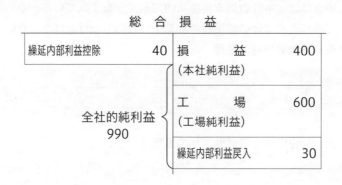

総 合 損 益

繰延内部利益控除	40	損　益 （本社純利益）	400
全社的純利益 990		工　場 （工場純利益）	600
		繰延内部利益戻入	30

5 本社工場合併財務諸表の作成

1. 本社工場合併財務諸表の作成

　会社全体の経営成績および財政状態を明らかにするため，本社と工場の独立した帳簿をもとに，本社において本社工場合併財務諸表を作成する。

　その手続きは下記のとおりである。

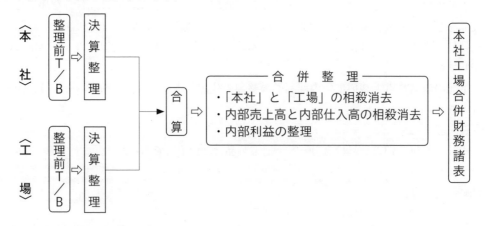

2. 本社工場合併財務諸表の作成手順

　合併財務諸表は，通常，決算整理前残高試算表上の諸数値に決算整理事項を加減算したあと，合併整理事項を考慮して作成する。

　合併整理事項には，①本社勘定と工場勘定の相殺消去，②内部売上高と内部仕入高の相殺消去，③内部利益の整理がある。

3. 合併整理事項

(1) 照合勘定の相殺消去

① 本社勘定と工場勘定の相殺消去

本社の工場勘定と工場の本社勘定とは，会社内部の投資と資本（純資産），あるいは，債権・債務関係を示すものであり，対外的には意味がないので，合併貸借対照表には表示しない。

② 内部取引の相殺消去

内部売上高と内部仕入高は会社内部の取引を示したものであり，対外的には意味がないので，合併損益計算書には表示しない。

(2) 内部利益の調整

会社全体の経営成績および財政状態を明らかにするために，内部利益の調整を行う。これにより，内部利益が含まれる製品，材料，仕掛品は内部利益を直接控除した原価により表示される。したがって，本社工場合併損益計算書や製造原価報告書において「繰延内部利益戻入」および「繰延内部利益控除」が計上されることはなく，また，本社工場合併貸借対照表において「繰延内部利益」が計上されることはない。

4. 本社工場合併財務諸表

(1) 製造原価報告書

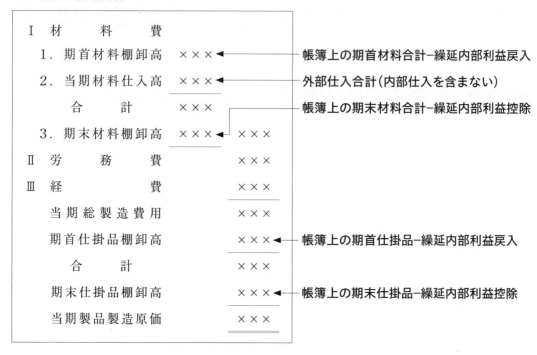

(2) **損益計算書**

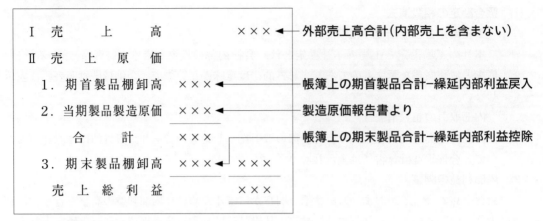

I 売 上 高   ×××◀── 外部売上高合計(内部売上を含まない)

II 売 上 原 価

  1. 期首製品棚卸高   ×××◀── 帳簿上の期首製品合計−繰延内部利益戻入

  2. 当期製品製造原価   ×××◀── 製造原価報告書より

     合 計   ×××

  3. 期末製品棚卸高   ×××◀ ××× ── 帳簿上の期末製品合計−繰延内部利益控除

    売 上 総 利 益   ×××

(3) **貸借対照表**

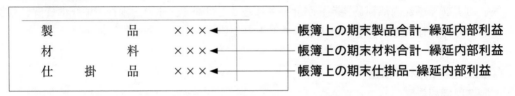

製 品   ×××◀── 帳簿上の期末製品合計−繰延内部利益

材 料   ×××◀── 帳簿上の期末材料合計−繰延内部利益

仕 掛 品   ×××◀── 帳簿上の期末仕掛品−繰延内部利益

(注) 本社で仕入れた材料に内部利益を付加して工場に送付した場合には，工場で保有する材料および仕掛品ならびに製品に内部利益が含まれている。なお，本社が保有する製品には，その他に，工場が製品に付加した内部利益が含まれることになる。

　当社では，工場を独立した会計単位として処理している。工場では，材料を加工して製品を製造するが，完成した製品について，外部に販売するとともに，製造原価に10％の内部利益を加算した振替価格で本社に送付している。本社では工場から仕入れた製品のみを外部に販売している。

　下記の資料にもとづいて，製造原価報告書および本社工場合併損益計算書と貸借対照表（一部）を作成しなさい。

（資　料）

1．決算整理後残高試算表

決算整理後残高試算表　　　　　　（単位：千円）

借方科目	本　社	工　場	貸方科目	本　社	工　場
現 金 預 金	1,250	730	買 掛 金	――	780
売 掛 金	2,500	1,500	未 払 営 業 費	――	20
製 品	440	250	貸 倒 引 当 金	50	30
材 料	――	550	繰 延 内 部 利 益	30	――
仕 掛 品		400	減 価 償 却 累 計 額	2,800	
前 払 営 業 費	30	――	本 社	――	2,000
固 定 資 産	8,000	――	資 本 金	10,000	――
工 場	2,000		繰 越 利 益 剰 余 金	940	
工 場 仕 入	6,490	――	売 上	9,000	3,000
売 上 原 価	――	8,000	本 社 売 上	――	6,600
営 業 費	2,110	1,000			
	22,820	12,430		22,820	12,430

2．期首棚卸資産（単位：千円）

	材　料	仕 掛 品	製　品
本　社	――	――	330
工　場	600	450	200

　（注）本社の期首製品は，内部利益を含んでいる。

3．その他
　⑴　当期における材料の仕入高は4,150千円であった。
　⑵　当期における賃金の支払高は1,800千円である。なお，当社の給与計算期間と原価計算期間は一致している。
　⑶　当期における経費の消費高は2,000千円である。
　⑷　当社では，材料費は実際消費単価，労務費は実際賃率，製造間接費は実際配賦率を用いて計算している。

【解答・解説】

製造原価報告書

Ⅰ	材　料　費		
	1．期首材料棚卸高	600	
	2．当期材料仕入高	4,150	
	合　計	4,750	
	3．期末材料棚卸高	550	4,200
Ⅱ	労　務　費		1,800
Ⅲ	経　費		2,000
	当期総製造費用		8,000
	期首仕掛品棚卸高		450
	合　計		8,450
	期末仕掛品棚卸高		400
	当期製品製造原価		8,050

損益計算書

Ⅰ	売　上　高		12,000（＊1）
Ⅱ	売　上　原　価		
	1．期首製品棚卸高	500（＊2）	
	2．当期製品製造原価	8,050（＊3）	
	合　計	8,550	
	3．期末製品棚卸高	650（＊4）	7,900
	売上総利益		4,100
Ⅲ	販売費および一般管理費		3,110
	営業利益		990

貸借対照表

製　　品	650（＊4）	
材　　料	550	
仕　掛　品	400	

　本問では，材料費，労務費，経費とも製品との関連における分類（直間分類）が明らかでないが，製造間接費を実際配賦していることから，それらの消費額は全額，仕掛品勘定に集計される。

　また，本社の保有する製品に内部利益が含まれているが，その額は下記のとおりである。

$$期首製品の内部利益：330千円 \times \frac{0.1}{1.1} = 30千円$$

$$期末製品の内部利益：440千円 \times \frac{0.1}{1.1} = 40千円$$

（＊1）外部売上のみ：9,000千円＋3,000千円＝12,000千円（内部売上高は含めない）

（＊2）本社期首製品330千円－期首内部利益30千円＋工場期首製品200千円＝500千円

（＊3）製造原価報告書で求めた金額（内部仕入高は含めない）

（＊4）本社期末製品440千円－期末内部利益40千円＋工場期末製品250千円＝650千円

付　録

日商簿記で使う算数と数学

1.　分数

⑴　加算（たしざん）・減算（ひきざん）

①　分母が同じ分数同士のときは，分子同士をそのまま加算・減算する。

（例1）　　　　　　　　　　　　　　　　　そのまま加算

$$\frac{3}{7} + \frac{2}{7} = \frac{3+2}{7} = \frac{5}{7}$$

（例2）　　　　　　　　　　　　　　　　　そのまま減算

$$\frac{3}{7} - \frac{2}{7} = \frac{3-2}{7} = \frac{1}{7}$$

②　分母が違う分数同士のときは，分母の数を揃えてから分子同士を加算・減算する。

（例）

$$\frac{1}{3} + \frac{1}{2} = \frac{1\times2}{3\times2} + \frac{1\times3}{2\times3}$$

分母を6に揃える（通分）ためにそれぞれ2と3を掛ける。
なお，分数の分母と分子に同じ数を掛けても，分数の大きさは変わらない。

$$= \frac{2}{6} + \frac{3}{6} = \frac{5}{6}$$

⑵　乗算（かけざん）

分数同士の乗算は，分母同士，分子同士を掛ける。

（例）

$$\frac{1}{3} \times \frac{2}{5} = \frac{1\times2}{3\times5} = \frac{2}{15}$$

⑶　除算（わりざん）

除算は，割る数の逆数（分子と分母を入れ替えた分数）を掛ける。

（例）　　　　　　　　　　　　　　　　分子と分母を入れ替えて掛ける。

$$\frac{1}{3} \div \frac{2}{5} = \frac{1}{3} \times \frac{5}{2} = \frac{1\times5}{3\times2} = \frac{5}{6}$$

2.　歩合と百分率

割合を表す単位として，歩合（ぶあい）や百分率（ひゃくぶんりつ）などがある。

⑴　歩合

通常，試合の勝率などを「○割（わり）○分（ぶ）○厘（りん）」のように表すが，これを歩合という。

「割」は分数で10分の1（小数で0.1），「分」は100分の1（0.01），「厘」は1,000分の1（0.001）を表す。

具体的には，試合の勝率で「5割4分1厘」を小数で表すと0.541となる。

⑵ **百分率**

百分率とは，%（パーセント）のことをいい，もとになるものを100等分した場合の割合を表したものをいう。

たとえば，空気中に含まれる窒素の割合はおよそ78%だが，これは，もとになる空気を100等分したうちのおよそ78の割合が窒素であることを表す。空気を1としたとき，窒素の割合を小数で表すと，およそ0.78となる。

⑶ **小数，分数，歩合，百分率の関係**

小数，分数，歩合，百分率を表にすると以下のようになる。

小　数	0.1	0.25	0.5
分　数	$\dfrac{1}{10}=\dfrac{10}{100}$	$\dfrac{1}{4}=\dfrac{25}{100}$	$\dfrac{1}{2}=\dfrac{5}{10}=\dfrac{50}{100}$
歩　合	1割	2割5分	5割
百分率	10%	25%	50%

3．一次方程式

一次方程式は次のように解く。

⑴ 「$25x-50=75$」を解く。

①　左辺の「-50」を右辺に移項する。このとき，符号の「$-$」は「$+$」に変わる。

$25x\ \boxed{-50}\ =75$

← 左辺から右辺へ移項

$25x=75\ \boxed{+50}$

← 右辺を計算

$25x=125$

①は，次のようにも計算できます。

$25x-50=75$

→ 両辺に50を加算

$25x-50\ \boxed{+50}\ =75\ \boxed{+50}$

$25x=125$

②　両辺を25で割って，xを求める。

← 両辺を25で割る

$25x\ \boxed{\div 25}\ =125\ \boxed{\div 25}$

$x=5$　…（答）

⑵ 「$5-x=4(2-x)$」を解く。

①　右辺のカッコ（ ）をはずす。

それぞれの項に掛ける。

$5-x=\boxed{4}(2-x)$

$5-x=\boxed{4}\times 2-\boxed{4}\times x$

$5-x=8-4x$

②　右辺の$-4x$を左辺に移項する。

$5-x\ \boxed{+4x}\ =8$

$5+3x=8$

③　左辺の2を右辺に移項する。

$3x=8\ \boxed{-5}$

$3x=3$

④　両辺を3で割って，xを求める。

$3x\ \boxed{\div 3}\ =3\ \boxed{\div 3}$

$x=1$　…（答）

さくいん······ Index

参考文献

「原価計算論」（廣本敏郎，挽文子　中央経済社）

「工業簿記の基礎」（廣本敏郎　税務経理協会）

「原価計算」（岡本清　国元書房）

「管理会計」（岡本清，廣本敏郎，尾畑裕，挽文子　中央経済社）

「管理会計の基礎知識」（岡本清編著　中央経済社）

「現代原価計算講義」（小林啓孝　中央経済社）

「企業行動と管理会計」（小林啓孝　中央経済社）

「棚卸資産会計」（番場嘉一郎　国元書房）

「経営原価計算論」（櫻井通晴　中央経済社）

「原価計算」（櫻井通晴　税務経理協会）

「管理会計」（櫻井通晴　同文館出版）

「間接費の管理」（櫻井通晴　中央経済社）

「管理会計学テキスト」（門田安弘編著　税務経理協会）

「現代原価計算論」（小林哲夫　中央経済社）

「原価計算用語辞典」（角谷光一編　同文館出版）

「企業会計」（中央経済社）

よくわかる簿記シリーズ

ごうかく
合格テキスト　日商簿記1級工業簿記・原価計算Ⅱ　Ver. 8. 0
にっしょうぼき　きゅうこうぎょうぼき　げんかけいさん

2002年1月15日　初　版　第1刷発行
2023年11月26日　第7版　第1刷発行

編　著　者　　Ｔ　Ａ　Ｃ　株　式　会　社
　　　　　　　　　　　　　（簿記検定講座）
発　行　者　　多　　田　　敏　　男
発　行　所　　ＴＡＣ株式会社　出版事業部
　　　　　　　　　　　　　（ＴＡＣ出版）

〒101-8383
東京都千代田区神田三崎町3-2-18
電　話　03（5276）9492（営業）
FAX　03（5276）9674
https://shuppan.tac-school.co.jp

組　　　版　　朝日メディアインターナショナル株式会社
印　　　刷　　株式会社　ワ　　コ　　ー
製　　　本　　株式会社　常　川　製　本

© TAC 2023　　　　Printed in Japan　　　　ISBN 978-4-300-10663-1
　　　　　　　　　　　　　　　　　　　　　　N.D.C. 336

本書は，「著作権法」によって，著作権等の権利が保護されている著作物です。本書の全部または一部につき，無
断で転載，複写されると，著作権等の権利侵害となります。上記のような使い方をされる場合，および本書を使用
して講義・セミナー等を実施する場合には，小社宛許諾を求めてください。

乱丁・落丁による交換，および正誤のお問合せ対応は，該当書籍の改訂版刊行月末日までといたします。なお，
交換につきましては，書籍の在庫状況等により，お受けできない場合もございます。
また，各種本試験の実施の延期，中止を理由とした本書の返品はお受けいたしません。返金もいたしかねますので，
あらかじめご了承くださいますようお願い申し上げます。

簿記検定講座のご案内

選べる学習メディアでご自身に合うスタイルでご受講ください!

通学講座

| 3級コース | 3・2級コース | 2級コース | 1級コース | 1級上級・アドバンスコース |

教室講座 〔通って学ぶ〕

定期的な日程で通学する学習スタイル。常に講師と接することができるという教室講座の最大のメリットがありますので、疑問点はその日のうちに解決できます。また、勉強仲間との情報交換も積極的に行えるのが特徴です。

ビデオブース講座 〔通って学ぶ〕〔予約制〕

ご自身のスケジュールに合わせて、TACのビデオブースで学習するスタイル。日程を自由に設定できるため、忙しい社会人に人気の講座です。

直前期教室出席制度
直前期以降、教室受講に振り替えることができます。

無料体験入学
ご自身の目で、耳で体験し納得してご入学いただくために、無料体験入学をご用意しました。

無料講座説明会
もっとTACのことを知りたいという方は、無料講座説明会にご参加ください。

無料
予約不要※

※ビデオブース講座の無料体験入学は要予約。
　無料講座説明会は一部校舎では要予約。

通信講座

| 3級コース | 3・2級コース | 2級コース | 1級コース | 1級上級・アドバンスコース |

Web通信講座 〔スマホやタブレットにも対応〕〔見て学ぶ〕

教室講座の生講義をブロードバンドを利用し動画で配信します。ご自身のペースに合わせて、24時間いつでも何度でも繰り返し受講することができます。また、講義動画はダウンロードして2週間視聴可能です。有効期間内は何度でもダウンロード可能です。
※Web通信講座の配信期間は、お申込コースの目標月の翌月末までです。

TAC WEB SCHOOL ホームページ
 URL https://portal.tac-school.co.jp/

※お申込み前に、左記のサイトにて必ず動作環境をご確認ください。

DVD通信講座 〔見て学ぶ〕

講義を収録したデジタル映像をご自宅にお届けします。講義の臨場感をクリアな画像でご自宅にて再現することができます。
※DVD-Rメディア対応のDVDプレーヤーでのみ受講が可能です。パソコンやゲーム機での動作保証はいたしておりません。

資料通信講座（1級のみ）

テキスト・添削問題を中心として学習します。

Webでも無料配信中! 〔スマホ タブレット〕〔パソコン〕

「TAC動画チャンネル」

- **講座説明会** ※収録内容の変更のため、配信されない期間が生じる場合がございます。
- **1回目の講義（前半分）が視聴できます**

詳しくは、TACホームページ「TAC動画チャンネル」をクリック!

| TAC動画チャンネル　簿記 | 検索 |

コースの詳細は、簿記検定講座パンフレット・TACホームページをご覧ください。

パンフレットのご請求・お問い合わせは、TACカスタマーセンターまで

通話無料 **0120-509-117** ゴウカク　イイナ

受付時間　月～金 9:30～19:00
　　　　　土・日・祝 9:30～18:00
※携帯電話からもご利用になれます。

TAC簿記検定講座ホームページ

| TAC 簿記 | 検索 |

簿記検定講座

お手持ちの教材がそのまま使用可能!
【テキストなしコース】のご案内

TAC簿記検定講座のカリキュラムは市販の教材を使用しておりますので、こちらのテキスト
を使ってそのまま受講することができます。独学では分かりにくかった論点や本試験対策も、
TAC講師の詳しい解説で理解度も120％UP! 本試験合格に必要なアウトプット力が身に
つきます。独学との差を体感してください。

左記の各メディアが【テキストなしコース】でお得に受講可能!

こんな人にオススメ!

- ●テキストにした書き込みをそのまま活かしたい!
- ●これ以上テキストを増やしたくない!
- ●とにかく受講料を安く抑えたい!

※お申込前に必ずお手持ちのバージョンをご確認ください。場合によっては最新のものに
買い直していただくことがございます。詳細はお問い合わせください。

お手持ちの教材をフル活用!!

合格テキスト

合格トレーニング

会計業界への就職・転職支援サービス

TPB

TACの100%出資子会社であるTACプロフェッションバンク（TPB）は、会計・税務分野に特化した転職エージェントです。勉強された知識とご希望に合ったお仕事を一緒に探しませんか? 相談だけでも大歓迎です! どうぞお気軽にご利用ください。

人材コンサルタントが無料でサポート

Step1 相談受付
完全予約制です。HPからご登録いただくか、各オフィスまでお電話ください。

Step2 面談
ご経験やご希望をお聞かせください。あなたの将来について一緒に考えましょう。

Step3 情報提供
ご希望に適うお仕事があれば、その場でご紹介します。強制はいたしませんのでご安心ください。

正社員で働く

- 安定した収入を得たい
- キャリアプランについて相談したい
- 面接日程や入社時期などの調整をしてほしい
- 今就職すべきか、勉強を優先すべきか迷っている
- 職場の雰囲気など、求人票でわからない情報がほしい

TACキャリアエージェント

https://tacnavi.com/

派遣で働く（関東のみ）

- 勉強を優先して働きたい
- 将来のために実務経験を積んでおきたい
- まずは色々な職場や職種を経験したい
- 家庭との両立を第一に考えたい
- 就業環境を確認してから正社員で働きたい

TACの経理・会計派遣

https://tacnavi.com/haken/

※ご経験やご希望内容によってはご支援が難しい場合がございます。予めご了承ください。　※面談時間は原則お一人様30分とさせていただきます。

自分のペースでじっくりチョイス

正社員 アルバイトで働く

- 自分の好きなタイミングで就職活動をしたい
- どんな求人案件があるのか見たい
- 企業からのスカウトを待ちたい
- WEB上で応募管理をしたい

Webで

TACキャリアナビ

https://tacnavi.com/kyujin/

就職・転職・派遣就労の強制は一切いたしません。会計業界への就職・転職を希望される方への無料支援サービスです。どうぞお気軽にお問い合わせください。

 TACプロフェッションバンク

東京オフィス
〒101-0051
東京都千代田区神田神保町 1-103
東京パークタワー 2F
TEL.03-3518-6775

大阪オフィス
〒530-0013
大阪府大阪市北区茶屋町 6-20
吉田茶屋町ビル 5F
TEL.06-6371-5851

名古屋 登録会場
〒453-0014
愛知県名古屋市中村区則武 1-1-7
NEWNO 名古屋駅西 8F
TEL.0120-757-655

10860572

■ 有料職業紹介事業 許可番号13-ユ-010678　■ 一般労働者派遣事業 許可番号（派）13-010932

2022年4月現在

TAC出版 書籍のご案内

TAC出版では、資格の学校TAC各講座の定評ある執筆陣による資格試験の参考書をはじめ、資格取得者の開業法や仕事術、実務書、ビジネス書、一般書などを発行しています！

TAC出版の書籍

*一部書籍は、早稲田経営出版のブランドにて刊行しております。

資格・検定試験の受験対策書籍

- 日商簿記検定
- 建設業経理士
- 全経簿記上級
- 税理士
- 公認会計士
- 社会保険労務士
- 中小企業診断士
- 証券アナリスト

- ファイナンシャルプランナー(FP)
- 証券外務員
- 貸金業務取扱主任者
- 不動産鑑定士
- 宅地建物取引士
- 賃貸不動産経営管理士
- マンション管理士
- 管理業務主任者

- 司法書士
- 行政書士
- 司法試験
- 弁理士
- 公務員試験(大卒程度・高卒者)
- 情報処理試験
- 介護福祉士
- ケアマネジャー
- 社会福祉士　ほか

実務書・ビジネス書

- 会計実務、税法、税務、経理
- 総務、労務、人事
- ビジネススキル、マナー、就職、自己啓発
- 資格取得者の開業法、仕事術、営業術
- 翻訳ビジネス書

一般書・エンタメ書

- ファッション
- エッセイ、レシピ
- スポーツ
- 旅行ガイド (おとな旅プレミアム/ハルカナ)
- 翻訳小説

TAC出版

(2021年7月現在)

書籍のご購入は

1 全国の書店、大学生協、ネット書店で

2 TAC各校の書籍コーナーで

資格の学校TACの校舎は全国に展開！
校舎のご確認はホームページにて

資格の学校TAC ホームページ
https://www.tac-school.co.jp

3 TAC出版書籍販売サイトで

CYBER TAC出版書籍販売サイト

24時間
ご注文
受付中

TAC出版 で 検索

https://bookstore.tac-school.co.jp/

新刊情報を
いち早くチェック！

たっぷり読める
立ち読み機能

学習お役立ちの
特設ページも充実！

TAC出版書籍販売サイト「サイバーブックストア」では、TAC出版および早稲田経営出版から刊行されている、すべての最新書籍をお取り扱いしています。
また、無料の会員登録をしていただくことで、会員様限定キャンペーンのほか、送料無料サービス、メールマガジン配信サービス、マイページのご利用など、うれしい特典がたくさん受けられます。

サイバーブックストア会員は、特典がいっぱい！ (一部抜粋)

通常、1万円（税込）未満のご注文につきましては、送料・手数料として500円（全国一律・税込）頂戴しておりますが、1冊から無料となります。

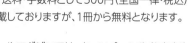
専用の「マイページ」は、「購入履歴・配送状況の確認」のほか、「ほしいものリスト」や「マイフォルダ」など、便利な機能が満載です。

メールマガジンでは、キャンペーンやおすすめ書籍、新刊情報のほか、「電子ブック版TACNEWS（ダイジェスト版）」をお届けします。

書籍の発売を、販売開始当日にメールにてお知らせします。これなら買い忘れの心配もありません。

日商簿記検定試験対策書籍のご案内

TAC出版の日商簿記検定試験対策書籍は、学習の各段階に対応していますので、あなたのステップに応じて、合格に向けてご活用ください!

3タイプのインプット教材

① 簿記を専門的な知識にしていきたい方向け

● 満点合格を目指し 次の級への土台を築く
「合格テキスト」
「合格トレーニング」

- 大判のB5判、3級〜1級累計300万部超の、信頼の定番テキスト&トレーニング! TACの教室でも使用している公式テキストです。3級のみオールカラー。
- 出題論点はすべて網羅しているので、簿記をきちんと学んでいきたい方にぴったりです!
◆3級 □2級 商簿、2級 工簿 ■1級 商・会 各3点、1級 工・原 各3点

② スタンダードにメリハリつけて学びたい方向け

● 教室講義のような わかりやすさでしっかり学べる
「簿記の教科書」
「簿記の問題集」

滝澤 ななみ 著

- A5判、4色オールカラーのテキスト(2級・3級のみ)&模擬試験つき問題集!
- 豊富な図解と実例つきのわかりやすい説明で、もうモヤモヤしない!!
◆3級 □2級 商簿、2級 工簿 ■1級 商・会 各3点、1級 工・原 各3点

DVDの併用で、さらに理解が深まります!

『簿記の教科書DVD』
- 「簿記の教科書」3、2級の準拠DVD。わかりやすい解説で、合格力が短時間で身につきます!
◆3級 □2級 商簿、2級 工簿

③ 気軽に始めて、早く全体像をつかみたい方向け

● 初学者でも楽しく続けられる!
「スッキリわかる」

テキスト／問題集一体型

滝澤 ななみ 著(1級は商・会のみ)

- 小型のA5判によるテキスト／問題集一体型。これ一冊でOKの、圧倒的に人気の教材です。
- 豊富なイラストとわかりやすいレイアウト! かわいいキャラの「ゴエモン」と一緒に楽しく学べます。
◆3級 □2級 商簿、2級 工簿 ■1級 商・会 4点、1級 工・原 4点

売上NO.1

シリーズ待望の問題集が誕生!
「スッキリとける本試験予想問題集」

滝澤 ななみ 監修　TAC出版開発グループ 編著

- 本試験タイプの予想問題9回分を掲載
◆3級 □2級

DVDの併用で、さらに理解が深まります!

『スッキリわかる 講義DVD』
- 「スッキリわかる」3、2級の準拠DVD。超短時間でも要点はのがさず解説。3級10時間、2級14時間+10時間で合格へひとっとび。
◆3級 □2級 商簿、2級 工簿

コンセプト問題集

● 得点力をつける!

『みんなが欲しかった! やさしすぎる解き方の本』

B5判 滝澤 ななみ 著

● 授業で解き方を教わっているような 新感覚問題集。再受験にも有効。
◆3級 □2級

本試験対策問題集

● 本試験タイプの 問題集

『合格するための 本試験問題集』
（1級は過去問題集）

B5判

● 12回分（1級は14回分）の問題を収載。
ていねいな「解答への道」、各問対策が
充実。
◆3級 □2級 ■1級

● 知識のヌケを なくす!

『まるっと 完全予想問題集』
（1級は網羅型完全予想問題集）

A4判

● オリジナル予想問題(3級10回分、2級12回分、
1級8回分)で本試験の重要出題パターンを網羅。
● 実力養成にも直前の本試験対策にも有効。
◆3級 □2級 ■1級

直前予想

『○年度試験をあてる TAC予想模試 +解き方テキスト』
（1級は第○回をあてるTAC直前予想模試）

A4判

● TAC講師陣による4回分の予想問題で最終仕上げ。
● 2級・3級は、第1部解き方テキスト編、第2部予想模試編
の2部構成。
● 年3回(1級は年2回)、各試験に向けて発行します。
◆3級 □2級 ■1級

あなたに合った合格メソッドをもう一冊!

『究極の仕訳集』
B6変型判
● 悩む仕訳をスッキリ整理。ハンディサイズ、
一問一答式で基本の仕訳を一気に覚える。
◆3級 □2級

理論『究極の会計学理論集』
B6変型判
● 会計学の理論問題を論点別に整理、手軽
なサイズが便利です。
■1級 商・会、全経上級

仕訳『究極の計算と仕訳集』
B6変型判 境 浩一朗 著
● 1級商会で覚えるべき計算と仕訳がすべて
つまった1冊!
■1級 商・会

電卓『カンタン電卓操作術』
A5変型判 TAC電卓研究会 編
● 実践的な電卓の操作方法について、丁寧
に説明します!

：ネット試験の演習ができる模擬試験プログラムつき（2級・3級）

：スマホで使える仕訳Webアプリつき（2級・3級）

・2023年8月現在 ・刊行内容、表紙等は変更することがあります ・とくに記述がある商品以外は、TAC簿記検定講座編です

書籍の正誤に関するご確認とお問合せについて

書籍の記載内容に誤りではないかと思われる箇所がございましたら、以下の手順にてご確認とお問合せをしてくださいますよう、お願い申し上げます。

なお、正誤のお問合せ以外の書籍内容に関する解説および受験指導などは、一切行っておりません。
そのようなお問合せにつきましては、お答えいたしかねますので、あらかじめご了承ください。

1 「Cyber Book Store」にて正誤表を確認する

TAC出版書籍販売サイト「Cyber Book Store」の
トップページ内「正誤表」コーナーにて、正誤表をご確認ください。

CYBER TAC出版書籍販売サイト
BOOK STORE

URL：https://bookstore.tac-school.co.jp/

2 ①の正誤表がない、あるいは正誤表に該当箇所の記載がない ⇒ 下記①、②のどちらかの方法で文書にて問合せをする

★ご注意ください★

お電話でのお問合せは、お受けいたしません。
①、②のどちらの方法でも、お問合せの際には、「お名前」とともに、
「対象の書籍名（○級・第○回対策も含む）およびその版数（第○版・○○年度版など）」
「お問合せ該当箇所の頁数と行数」
「誤りと思われる記載」
「正しいとお考えになる記載とその根拠」
を明記してください。
なお、回答までに1週間前後を要する場合もございます。あらかじめご了承ください。

① ウェブページ「Cyber Book Store」内の「お問合せフォーム」より問合せをする

【お問合せフォームアドレス】

https://bookstore.tac-school.co.jp/inquiry/

② メールにより問合せをする

【メール宛先　TAC出版】

syuppan-h@tac-school.co.jp

※土日祝日はお問合せ対応をおこなっておりません。
※正誤のお問合せ対応は、該当書籍の改訂版刊行月末日までといたします。

乱丁・落丁による交換は、該当書籍の改訂版刊行月末日までといたします。なお、書籍の在庫状況等により、お受けできない場合もございます。
また、各種本試験の実施の延期、中止を理由とした本書の返品はお受けいたしません。返金もいたしかねますので、あらかじめご了承くださいますようお願い申し上げます。

（2022年7月現在）